Venedig wird in jedem Jahr von Zehntausenden deutschsprachiger Urlauber besucht, für die ein Aufenthalt in der Lagunenstadt unverzichtbarer Bestandteil, wenn nicht Ziel einer Reise in den Süden ist. Die Anziehungskraft Venedigs beruht sicher auf der besonderen Struktur der Stadt: in ihr kann man sich nur zu Fuß oder mit dem Boot fortbewegen, Autos sind glücklicherweise ausgeschlossen. Die Touristen erwandern die Stadt entlang der Gassen und Gäßchen, durchqueren die Plätze, um schließlich an der einzigen ›Piazza‹ Venedigs, der von San Marco, anzulangen.

Dokumente der Größe – nicht nur der vergangenen – und des Verfalls bestimmen wechselseitig diesen Band, der in Collage aus Text und Bild ein lebendiges und faszinierendes Bild dieser einmaligen Stadt entstehen läßt.

Doris Maurer, Jahrgang 1951, promovierte mit einer Arbeit zu August von Kotzebue; 1978-1982 Wissenschaftliche Mitarbeiterin bei der Schiller-Nationalausgabe; lebt als freie Schriftstellerin in Bonn. Sie veröffentlichte die Biographie »Annette von Droste-Hülshoff. Ein Leben zwischen Auflehnung und Gehorsam« (1982).

Arnold E. Maurer, Jahrgang 1952, promovierte mit einer Arbeit zur deutschen Goldoni-Rezeption im 18. Jahrhundert; 1977-1979 Stipendiat des Deutschen Studienzentrums in Venedig; seit 1979 im Schuldienst.

insel taschenbuch 626
Venedig

VENEDIG

*Herausgegeben von Doris Maurer
und Arnold E. Maurer
Mit zahlreichen Abbildungen*

Insel Verlag

Umschlagabbildung: Venedig.
Blick über den Kanal auf die San Maggiore Kirche.
Bildagentur Mauritius / S. Vidler

insel taschenbuch 626
Erste Auflage 1983
© Insel Verlag Frankfurt am Main 1982
Quellenhinweise am Schluß des Bandes
Vertrieb durch den Suhrkamp Taschenbuch Verlag
Umschlag nach Entwürfen von Willy Fleckhaus
Satz: LibroSatz, Kriftel
Druck: Nomos Verlagsgesellschaft, Baden-Baden
Printed in Germany

2 3 4 5 6 – 88 87 86

VENEDIG

GESCHICHTE UND
VERFASSUNG

Die Ursprünge

Venedig entstand, als sich viele Leute auf einige Inseln an der Spitze des Adriatischen Meeres geflüchtet hatten, um den ewigen Kriegen zu entgehen, die in Italien nach dem Untergang des römischen Reiches durch die fortwährenden Barbareneinfälle ausbrachen. Diese Flüchtlinge begannen miteinander ohne einen besonderen Fürsten zu leben, der ihnen Einrichtungen gab; sie schufen sich selbst die Gesetze, die ihnen zu ihrer Selbsterhaltung geeignet erschienen. Das gelang aufs beste, dank der langen Ruhe, die ihnen ihre Lage gab; denn das Meer verwehrte den Zugang, und die Völker, die Italien verheerten, hatten keine Schiffe, um sie anzugreifen. So konnte sich Venedig aus ganz kleinen Anfängen zu seiner jetzigen Größe erheben.

Niccolò Machiavelli, 1531

Schreiben an die Tribunen von Venedig

Da die Wein- und Oelernte in Istrien sehr reichlich ausgefallen ist, hat man Befehl ertheilt, einen Vorrath dieser Produkte nach Ravenna kommen zu lassen. Ihr besitzt auf diesen Gewässern eine große Anzahl Schiffe. Trefft schleunige Anstalt, diesen Transport zu besorgen. Die Ueberfahrt muß leicht für Euch sein, da Ihr an langwierige Seereisen gewöhnt seid. Das Meer ist Eure Heimath, Ihr seid mit seinen Gefahren vertraut. Wenn Euch die Winde nicht gestatten, in die See zu stechen, dann trotzen Eure Boote, indem sie sich dicht an die Küsten

1 *Hof des Dogenpalastes (Cesare Vecellio, 1540).*

halten oder die Flußmündungen durchschneiden, den Stür-
men. Fehlt ihnen der Wind, so werden sie von den ans Land
gestiegenen Schiffern selbst gezogen. Sieht man sie aus der
Ferne, so möchte man glauben, sie glitten über die Wiesen hin.
Ich bin selbst Zeuge davon gewesen und erinnere mich bei
dieser Gelegenheit mit Vergnügen, wie anziehend der Anblick
Eurer Wohnungen für mich gewesen ist. Das treffliche Venetien hat im Süden den Po und Ravenna zur Grenze; gegen
Osten genießt es den Anblick des adriatischen Meeres. Das

Meer, welches bald steigt, bald zurückweicht, bedeckt und entblößt abwechselnd einen Theil des Gestades und zeigt das eine Mal ein zusammenhängendes Land und alsdann von Kanälen durchschnittene Inseln. Gleich Wasservögeln habt Ihr Eure Wohnungen auf der Meeresfläche zerstreut. Ihr habt das zersplitterte Land vereinigt und der Wuth der Wellen Dämme entgegengestellt. Die Fischerei genügt, alle Eure Einwohner zu ernähren. Bei Euch ist der Arme dem Reichen gleich: Eure Häuser sind gleichförmig; es herrscht kein Unterschied unter den Ständen, keine Eifersucht unter Euren Bürgern. Diese Gleichheit bewahrt Euch vor vielen Uebeln. Eure Salzwerke vertreten für Euch die Stelle der Felder: sie sind die Quelle Eures Reichthums und sichern Euch Euren Unterhalt. Man kann weder das Salz noch das Gold entbehren. – Versäumt nicht, Eure Schiffe bereit zu halten, um das Oel und den Wein aus Istrien zu holen, sobald Euch Laurentius deshalb Nachricht gegeben haben wird. *Magnus Aurelius Cassiodor, 537 n. Chr.*

Die Verfassungsentwicklung im 13. und 14. Jahrhundert

Sie unterscheidet sich grundlegend dadurch von der anderer italienischer Kommunen, daß es nach der Beseitigung der »dogalen Monarchie«, von einzelnen gescheiterten Versuchen abgesehen, nie zur Ausbildung der Herrschaft eines einzelnen, einer einzelnen Familie oder Gruppe gekommen ist und daß allein der Adel die – kollektive – politische Führung der Seerepublik ausübte; die nichtadligen sozialen Schichten, auch wenn sie in Zünften usw. organisiert waren, haben selten politische Ansprüche geäußert und niemals durchsetzen können. Die Macht des 1172 entstandenen Großen (consilium maius, Maggior Consiglio) und des Kleinen Rates (consilium minus,

Collegio, Signoria) hatte sich weiter gefestigt; der vor dem vierten Kreuzzug abgeschlossene Vertrag, der die Modalitäten der Überfahrt und des dafür benötigten Schiffsraumes regelte, wurde von den sechs Mitgliedern des Kleinen und vierzig Vertretern des Großen Rates beschworen. Der Große Rat (im 13. Jh. zwischen 300 und 500, im 14. Jh. sogar 900-1200 Mitglieder, 1510 insgesamt 1651 aus ca. 200 Familien) pflegte schon in dieser Zeit Kommissionen einzusetzen, die seit Beginn des 13. Jh. zu ständigen Einrichtungen wurden. Er wurde ebenso wie der Kleine Rat indirekt durch Wahlmänner gewählt, die ihrerseits von der Volksversammlung (concio, arengo) gewählt wurden. So sah es das älteste erhaltene Wahlgesetz von 1207 vor, das aber nur einen älteren Zustand kodifizierte und im Laufe des 13. Jh. abgewandelt und präzisiert wurde. Der schon 1286 gestellte, zunächst durchgefallene Antrag auf ein neues Wahlgesetz wurde 1297 angenommen; danach wählte bis 1436 die Quarantia, der Rat der Vierzig, die Mitglieder des Großen Rates. Dies lief auf die Erschwerung der Aufnahme neuer Familien in den Kreis der für wählbar Erklärten hinaus, da Mitglied des Großen Rates nur sein konnte, wer selbst schon dazu gehörte oder wessen unmittelbare Vorfahren Mitglieder gewesen waren (Gesetz des Dogen Piero Gradenigo von 1296). 1314 wurde verfügt, daß der Rat der Vierzig alle diejenigen, die der Große Rat für wählbar befand, in ein Buch eintragen sollte. 1319 wurde jedem 25jährigen Wahlfähigen der Eintritt in den Großen Rat ohne Wahl gestattet, 1323 die Erblichkeit des Sitzes im Großen Rat ausgesprochen und damit für andere, vor allem die nicht rechtmäßig und nicht standesgemäß Geborenen gesperrt (»Serrata«, endgültig 1422 bzw. 1510). Die zum Großen Rat zugelassenen Familien wurden in Verzeichnissen, deren erstes von 1314 datiert, eingetragen; daraus wurde zu Beginn des 16. Jh. das »Goldene Buch«, »dieses Wahrzeichen, gleichsam Grundbuch der streng und stolz sich abschließenden Aristokratie«

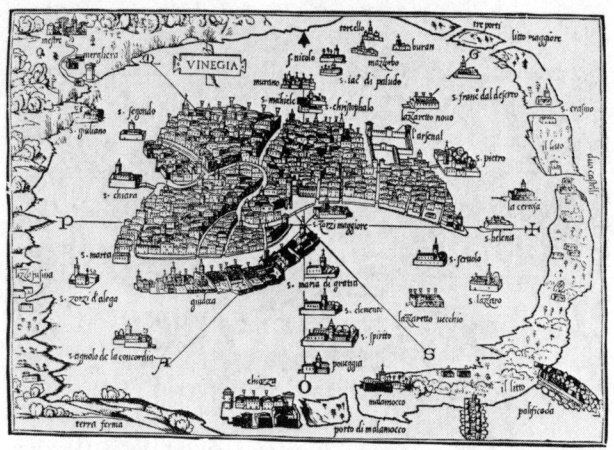

2   *Venedig und die Lagune nach der Karte des Benedetto Bordoni (1528).*

(H. Kretschmayr). Dieser kastenmäßige Abschluß nach außen
(»Serrata«) hat aber, dies darf nicht verkannt werden, die von
außenstehenden Beobachtern, nicht zuletzt von Niccolò Mac-
chiavelli gerühmte einheitliche politische Willensbildung und
die Stetigkeit der venezianischen Politik durch Jahrhunderte
bedingt.

Von den vom Großen Rat eingesetzten Kommissionen gewan-
nen schon seit Beginn des 13. Jh. der »Rat der Vierzig« (Quarantia) und der Senat zunehmend an Bedeutung. In ihnen, die
richterliche und politische Befugnisse ausübten, erwuchsen der
Seerepublik die wichtigsten, nach 1204 ein großes Kolonial-
reich verwaltenden Zentralbehörden. Zugleich waren sie Ausdruck des Bemühens des Adels, die eigentliche Herrschaft einer
kleinen Gruppe dadurch zu sichern, daß die Gremien, in denen
sie vertreten waren, kleiner, der Zugang zu diesen immer
schwerer wurden. Hierbei standen sich allerdings auch im
engsten Kreise der Angehöriger altadliger Geschlechter zwei
Gruppen gegenüber, eine konservative, zu der die Dandolo,

3 Botschafter vor dem Kleinen Rat (Collegio) [Cesare Vecellio, 1540].

Ziani, Gradenigo und Morosini gehörten, und eine »liberale«, als deren Vertreter vor allem die Tiepolo, aber auch die Quirini, die Barozzi u. a. galten.

Die große Mehrheit der Bevölkerung bildeten die Popolanen (populares), die in Handel, Handwerk, Gewerbe, Landwirtschaft und Fischerei Tätigen. Wachsender Wohlstand nach dem Beginn des 13. Jh. führte auch hier zu sozialer Differenzierung. Schon zu 1177 wird von Unruhe unter den Popolanen berichtet, die möglicherweise den Aufenthalt Kaiser Friedrich Barbarossas im Lagunengebiet benutzen wollten, um Anteil an der Herrschaft im Gemeinwesen zu erringen. Um die Mitte des 13. Jh. haben in der Tat Popolanen (antiqui populares) die Gleichberechtigung mit den Adligen erkämpft, aber es handelte sich um eine kleine Gruppe. Die Mehrheit stand zu Verschwörungen bereit, insbesondere dann, wenn Wahlen zum Dogenamt nur mühsam oder gar gewaltsam durchgesetzt werden mußten, wie 1289 bei der (mißglückten) Wahl von

Jacopo Tiepolo. 1293 wurde abermals die Aufnahme von 30 Popolanenfamilien in den Großen Rat erzwungen, und 1300 unterstützten auch Adlige die Verschwörung des Marinus Bocconius. Bajamonte Tiepolo konnte sich 1310/12 ebenso auf die Popolanen stützen wie Marino Falier 1355. Freilich haben die Popolanen die Herrschaft der Aristokratie und der von ihnen beherrschten Behörden nicht zu brechen vermocht, sondern nur mitgeholfen, die faktische Macht in immer kleineren Gremien zu konzentrieren.

Mit dem Jahre 1335 war die Verfassungsentwicklung Venedigs abgeschlossen. Die fünf Gremien (Großer und Kleiner Rat, Rat der Vierzig, Senat, Rat der Zehn) waren in ihrem Tätigkeitsbereich »so ineinander verschlungen, daß keiner wirklich entscheidend über die anderen emporsteigen, höchstens eine Art Vorherrschaft üben« konnte (H. Kretschmayr). Diese Verfassung erinnere, meinte Ranke, »an die Konstruktion der Markuskirche: fünf Kuppeln nebeneinander, auf die gleiche Weise gewölbt und prächtig, durch die das Licht in den weiten Dom dringt, jedoch eine von ihnen ist die größte, breiteste und höchste, sie bringt das meiste Licht, sie macht doch nicht, daß es in dieser Halle eigentlich Tag wird«. (›Zur venezianischen Geschichte‹, 1878.)   *Manfred Hellmann, 1976*

Die Kleidung des Dogen

Der Hertzogliche Hut hat ein angehefften Spitz / so sich am hinderen ort erhebt / darunter ist ein weisse Hauben / unnd darumb ein gulden Börtlein / in gestalt einer Cron. Der Mantel ist von allerley schöner Seidenwahr / alß Damast / Atlaß / Sammet / unnd gulden stucken gemacht: ist so lang daß er ihm an die erden reichet / am Halß hat er ein ronden uberschlag / biß auff den Gürtel / ist mit köstlichen gefulwercken underfütert.

Wann gedachter Hertzog außgehet / so leutet man Sant Marc Glocken / man tregt ihm etliche Fahnen in der höhe vornenher / blaset etliche sehr grosse Trommeten / darauff volgt das Küsse / unnd ubergülte Sessel.

Will von der stattlichen Musica nichts melden / weil dieselbe bey den Fürsten unnd grossen Herrn in Italia nicht seltzam ist.

Hierauff erzeiget sich des Hertzogen Person under einem Himmel / zwischen zwo fürnembsten Bottschafften: auff diese volgen die andern / alß dann gehen bey dreyssig Glieder der Edelleuth / alle mit Fürstlichem auß Seiden oder Scharlacken gemachten Röcken bekleidet / unnd der so im ersten Glied zur rechten gehet / tregt ein auffgehoben Schwerdt im seiner Hand / welches alles sehr lustig und herrlich anzusehen.

Joh. Jacob Grasser, 1610

Der Doge

Fast hätte ich vergessen des Doge zu erwähnen. Er hat fürstliche Ehre, aber nur in seinem Palast und im Rath. Im Rath hat er den Titel *Serenitá* (Durchlaucht), und unterscheidet sich von den andern Herren in der Versammlung durch einen purpurnen Mantel, und einem rothen sammtenen Hut. Er hat den Vorsitz in den vier verschiednen Kammern des Raths. An ihn werden alle Bittschriften und Berichte gerichtet, er aber muß sie dem Rathe mittheilen. Alle Schriften des großen Raths werden in seinem Namen ausgefertigt. So auch die Beglaubigungsschreiben der Gesandten an fremde Höfe, welche doch nicht von ihm unterschrieben, und mit dem Wapen der Republik besiegelt werden. Er hat nicht zwo Stimmen im Rath, wie in verschiednen Büchern gesagt wird, sondern nur Eine. Auf der einen Seite der Münzen steht sein Name, und die Figur eines Doge, der vor dem heiligen Marcus kniet; auf der andern das Wapen der Republik. Wenn er den großen Rath

4 *Festtagsgewand des Dogen (Giacomo Franco, um 1610).*

anredet, so ist es mit diesen Worten: Großer Rath, Herr der Republik, und der meinige!

Seine Einkünfte belaufen sich nur auf 15,000 venezianische Ducaten. Ein venezianischer Ducaten ist ohngefähr ein Thaler Conventionsgeld.

Er muß jährlich fünf große Mahlzeiten geben, zu welchen alle fremden Botschafter, und nach der Reihe die in Aemtern stehenden Patricier geladen werden. Diese Einkünfte, oder vielmehr dieses Gehalt, ist wirklich zu gering, wenn man bedenkt, daß der zum Doge gewählte diese Ehre nicht ablehnen, auch nachher, wiewohl der Rath ihn absetzen kann, nicht abdanken darf. Doch hat er noch einige zufällige Einkünfte. Er verkauft alle Aemter seines Palastes.

Die Kirche des heiligen Marcus steht allein unter seiner Gerichtsbarkeit, und die zu ihr gehörigen Pfründen vergiebt er. Er vergiebt den Ritterorden des heiligen Marcus. Weder seine Kinder noch Brüder dürfen, so lang er lebt, zu den hohen Ehren der Republik gelangen, oder zu Gesandtschaften gebraucht werden.

Man pflegt vom Doge zu sagen: Er sei König im Purpur; Rathsherr im Rath; ein Gefangner in der Stadt, außer derselben ein Privatmann. In der Stadt wird er immer begleitet von den sechs Senatoren, welche mit ihm die Signoria ausmachen. Ohne ihre Erlaubniß kann er nicht aufs Land gehen.

Am Himmelfahrtstage fährt er auf einem prächtigen Schiffe, welches der Bucentauro heißt, begleitet von den Herren der Signoria und den fremden Gesandten, auf das Meer, welches mit zahllosen Gondeln bedeckt ist. Hier wirft er einen goldenen Ring aus mit den lateinischen Worten: *desponsamus te mare, in signum veri perpetuique dominii* (ich verlobe mich mit dir, o Meer, zum Zeichen wahrer und ewiger Herrschaft.)

Mit allen Zeichen seiner Würde steht sein Leichnam drei Tage lang im Palaste ausgesetzt, und während dieser Zeit wird von dazu ernannten Inquisitoren seine Verwaltung untersucht.

Auch werden seine Schuldner aufgeboten. Findet sich, daß er Unrecht begangen habe, so müssen seine Verwandten eine Geldbuße erlegen; auch müssen sie seine Schulden bezahlen; sonst wird er nicht auf Unkosten der Republik bestattet. Du wirst dich erinnern, daß über Aegyptens alte Könige nach ihrem Tode ein ähnliches Gericht gehalten ward.

Der Doge wird nach Mehrheit der Stimmen im großen Rath erwählt. Man giebt in Venedig nie seine Stimme mündlich; sondern immer, bei jeder Berathschlagung, wird das Ja oder das Nein durch Kugeln angedeutet. Bei der Wahl der Doge hat man dem freien Willen der Wählenden etwas, und etwas dem Glück überlassen. Dieses entscheidet, welche zuletzt wählen sollen; es wird also nicht leicht ein unbrauchbarer Mann Doge werden, da er erwählt wird; und es ist jedem schwer, die Wahl zu leiten, da er nicht vorher weiß, wer die Wählenden sein werden. Diejenigen, welchen die neun ersten Kügelchen zufallen, erwählen vierzig. Welche von den Vierzigen zwölf Kügelchen erhalten, erwählen fünf und zwanzig andre. Unter diesen wählen neun, welche vergüldete Kügelchen gezogen haben, wieder vierzig. Elf von diesen, auf gleiche Art dazu bestimmt, erwählen ein und vierzig Räthe. Diese schreiten endlich zur Wahl, welche unentschieden bleibt, bis ein Gewählter fünf und zwanzig Stimmen für sich hat. Bei allen andern wichtigen Berathschlagungen wird eine Mehrheit von zwei Kügelchen erfordert; bei minder wichtigen entscheidet die Mehrheit Eines Kügelchens.

Diese Kügelchen werden in ein Kästchen von Pappe geworfen, welches unten drei Röhren hat. Eine weiße, eine grüne und eine rothe. Die Zeichen der Bejahung wirft man in die weiße, der Verneinung in die grüne Röhre. Die rothe heißt *non sincera*; in diese werfen diejenigen ihre Kugeln, welche unschlüssig sind. Auf diese Weise bleibt vollig unbekannt, wofür ein jeder, und ob er gestimmet habe.

Als Präsident der verschiednen Kammern hat der Doge das

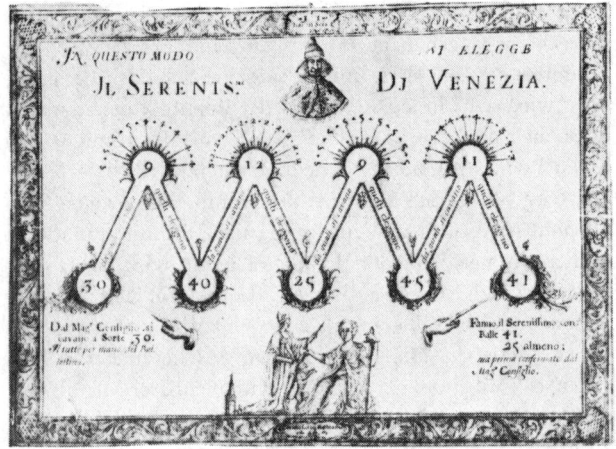

5   Das Diagramm des späten 17. Jahrhunderts erklärt die Zusammensetzung
der Gremien bei der Dogenwahl.

Recht, die Richter und andre Magistratspersonen an ihre
Schuldigkeit zu erinnern, macht aber, seines geringen Ansehens sich bewußt, fast nie Gebrauch davon.

In den Rathsversammlungen stehen alle auf, wenn er redet. Die
ihm erzeigte Ehre hindert ihn aber oft den Mund aufzuthun,
oder lange zu sprechen, weil er sich hüten wird, allen be-
schwerlich zu fallen.

Dem Anscheine nach möchte man gereizt werden, den Doge
für eine überflüssige Person in der Republik zu halten, und den
Venezianern vorzuwerfen, daß sie besser gethan hätten, statt
dieser immer währenden Schattenwürde, sich die Möglichkeit
vorzubehalten, dann und wann Einem Bürger auf kurze Zeit,
und so, daß er nachheriger Rechenschaftsablegung unterwor-
fen bliebe, Allgewalt anzuvertrauen, nach dem Beispiel der
Römer, wenn sie entweder einem der Konsuln durch die
Formel:»Der Konsul sehe zu, daß die Republik keinen Schaden
leide,« (Ne quid detrimenti capiat res publica) gränzenlose

Vollmacht gaben, oder wenn einer der Konsuln einen Dictator ernannte.

Bei näherer Beleuchtung dieses wichtigen Gegenstandes möchte doch wohl das Ansehen des Doge nicht gering scheinen. Das Recht des Vorsitzes in den vier Kammern giebt ihm unstreitig vielen Einfluß, wenn er auch nur Eine Stimme hat. Und derjenige müßte die Menschen nicht kennen, welcher noch daran zweifeln könnte, ob des Ranges Pomp nicht auch seine Stimme g e l t e n d e r machen sollte, als sie an sich g ü l t i g ist. Jene Maßregeln der Römer waren sehr würksam, und retteten mehr als einmal die Republik. Aber sie waren gefährlich.

Friedrich Leopold Graf zu Stolberg, 1794

Als Gesandter in Venedig

Ah, wie ward ich herrlich erstaunt, als ich diese wunderbare Stadt selbst liegen sah, so viele, ach, so viele Glockentürme und Klöster und so großes Bauwerk, alles im Wasser! Als ich sah, daß das Volk keine andere Möglichkeit des Gehens hat als in diesen Gondelchen, ich glaube dreißigtausend an der Zahl! Rings um die Stadt erheben sich auf weniger als einer halben französischen Meile in der Runde all auf Inseln siebzig Klöster, Klöster von Männern und Frauen, sehr schöne und reiche Gebäude und künstlich geschmückt mit den holdseligsten Lustgärten, ohne der zu gedenken in der Stadt, wo die vier Bettelorden, wohl zweiundsiebzig Pfarren und manche Brüderschaft ihren Sitz haben. Ein fremder, fabelhafter Anblick, diese schönen, mächtigen Kirchen, die gleichsam aus dem Meere emporwachsen! Nach Liza Fusina kamen mir fünfundzwanzig Edelleute entgegen, mit schönem Seidenzeug und Scharlach wohl und reich angetan, und boten mir den Willkommensgruß und geleiteten mich nach einer Kirche San

6   Ansicht des Canal Grande mit den Kirchen Santa Lucia und degli Scalzi.
Gemälde von Francesco Guardi (1712-1793).
Die Kirche Santa Lucia wurde im 19. Jahrhundert abgerissen.

Andrea, nahe der Stadt, wo ich abermals ebensoviele andere Edelleute und mit ihnen die Gesandten der Herzöge von Mailand und Ferrara antraf. Da hielten sie mir noch eine festliche Ansprache und brachten mich dann in ein anderes flaches Fahrzeug, sogenannten »Bucentoro«, das viel größer war als die vorigen. Da gab's zwei Dächer aus Karmesinatlas, unten gestickt, und für vierzig Personen in jedem dieser Boote Sitzgelegenheit. Mir wiesen sie den Platz mitten zwischen beiden Gesandten an, weil bei ihnen der Ehrenplatz in der Mitte ist, und nun fuhren wir die große Straße hin, die sie *Canale grande* heißen. Sie ist so sehr breit, daß die Galeen sie durchqueren. Dicht bei den Häusern habe ich Schiffe von vierhundert Tonnen und mehr gesehen. Ja, das ist meines Erachtens die schönste Straße auf der ganzen Welt, unübertrefflich fein angelegt und läuft die Stadt entlang. Sehr groß und hoch sind die Häuser, von gutem Stein die alten und alle bemalt. Die anderen, die seit hundert Jahren gebaut sind, haben alle Fassaden aus blendend weißem Marmel, der ihnen hundert Meilen her aus Istrien kommt. Auch schmückt die Fassade so mancher große Block Porphyr und Serpentin. Innen haben sie in der Regel zwei Gemächer mit übergüldeter Decke, kostbaren, aus Marmor geschnittenen Kaminmänteln, vergoldeten Bettstollen, bemalten und vergoldeten Wandschirmen und allerschönstem Hausrat. Und das ist die triumphierendste Stadt, die ich mein Lebtag je gesehen, die Gesandte und Fremde am höchsten ehrt und am weisesten regiert wird, wo der Gottesdienst feierlichst begangen wird. Wenn es auch sonst Gebrechen da geben mag, so glaube ich doch, daß Gott es gut mit ihnen meint, weil sie so ehrerbietig der Kirche dienen. In dieser Gesellschaft von fünfzig Edelmännern geleitete man mich nach San Giorgio, einer Abtei schwarzer, reformierter Mönche, wo ich nächtigte. Am nächsten Morgen holten sie mich ab und führten mich nach der Signorie. Ich überreichte dem Dogen meine Briefe, welcher in allen ihren Ratsversammlungen den Vorsitz führt, lebenslänglich im Amte ist und wie ein König geehrt wird. An ihn sind alle Briefe gerichtet; aber von sich aus vermag er nicht gar viel. Immerhin hat gerade dieser Agostino Barbarigo ungewöhnliches Ansehen, mehr als je einer ihrer Fürsten, ist auch schon seit zwölf Jahren Doge, und ich habe ihn als einen edlen, klugen und in italienischen Angelegenheiten wohlerfahrenen Mann befunden, der von Person sanft und liebenswürdig war. Für diesmal sagte ich nichts anderes, und man zeigte mir drei oder vier Gemächer mit überreich vergoldeten Decken und Betten und Wandschirmen. Wie schön und prächtig in allem, was er birgt, ist nicht der Dogenpalast, wohl geschnittener Marmor über und über seine Front, zollbreit vergoldet der Rand der Steine! Drin sind vier schöne Säle, köstlich im Golde schimmernd, und ein sehr großer Raum. Doch der Hof ist klein. Von der Kammer des Dogen kann man am Hauptaltar der Kapelle San Marco die Messe hören, der schönsten, üppigsten Kapelle von der Welt, die ja nur den Namen einer Kapelle führt, der ihrer spottet. Von oben bis unten ist sie mit Mosaiken überzogen. Auch rühmen sie sich, die Kunst des Mosaiks wiedergefunden zu haben, und lassen sie von Handwerkern ausüben, und ich habe es gesehen. In dieser Kapelle liegt ihr Schatz, von dem man spricht, Dinge, welche bestimmt sind, die Kirche zu schmücken. Da sind zwölf oder vierzehn große Edelsteine. Ich habe nie so große gesehen, zwei besonders, von denen einer siebenhundert, der andere achthundert Karat wiegt, sind aber nicht fleckenlos. Da sind zwölf Pyramiden von Stücken goldener Rüstungen, Vorderteil und Borten mit herrlichen Edelsteinen fein besetzt, und zwölf goldene Kronen. Zwölf Frauen erstrahlten drin in grauer Vorzeit, die sie »Königinnen« nannten, wenn sie zu gewissen Festen im Jahre zu den Kirchen auf den Inseln wallten. Einmal geschah es nun, daß sie und die meisten Frauen der Stadt von Räubern entführt wurden, die aus Istrien oder Friaul, nicht weit von Venedig, kamen und sich hinter diesen Inseln verborgen hatten. Doch die Männer setzten ihnen nach und holten sie sich wieder und brachten diese Schätze nach San Marco und gründeten eine Kapelle, wohin die Signorie alljährlich am Gedenktag dieses Sieges in feierlicher Prozession schreitet. Welch unermeßlicher Reichtum, bloß zum Schmuck der Kirche, neben manch anderem güldenen Tand in Gefäßen von Hyazinth, Amethyst und einem niedlichen Töpfchen aus lauterem Smaragd! Aber das ist nicht etwa als großer Schatz anzusehen, wie man wohl tut. Gemünztes Gold und Silber haben sie nicht im Hort. Vor der Signorie hat mir der Doge gesagt, daß es bei ihnen ein Kapitalverbrechen ist, zu sagen, man müsse einen Schatz gründen. Ich glaube, da haben sie Recht, da sie Bürgerkrieg vermeiden wollen. Dann zeigten sie mir ihr Arsenal, wo sie ihre Galeen halten und alles herstellen, was für die Kriegsflotte erforderlich, das schönste auf der Welt heutzutage, so nach wie vor das zweckmäßigste. In der Tat hielt ich mich acht Monate da auf, wie die anderen Gesandten da in allem freigehalten. Ich sage Euch allen Ernstes, daß ich sie als so klug und so geneigt, ihre Signorie zur Macht zu bringen, erkannt habe, daß, wenn da nicht gleich vorgebeugt wird, alle ihre Nachbarn ihre Saumseligkeit verwünschen werden. Denn als der König dagewesen und später haben sie mehr denn je die Kunst verstanden, sie abzuwehren und zu beaufsichtigen.

Philippe de Commynes, 1491

ORTSBESCHREIBUNG

Mestre

Dieser Ort ist zwar sehr lang, aber schlecht bebaut, schlecht bevölkert und armselig. Er würde fast gänzlich aus der Geographie der gewöhnlichen Geographen ausgestrichen seyn, wenn Venedig nicht wäre. Venedig ist die große Sonne, die diesem armseligen Monde sein bischen Schein giebt; so wie manche Menschen durch die Nähe eines Monarchen oder eines Ministers erst ihren Glanz erhalten.

Fragt man, warum? so erfordert die Antwort keinen Aristoteles. Wer, außer der Brenta, von der Landseite nach Venedig will, der muß durch Mestre. Mestre ist das lange Thor vor Venedig. Hier ist die Endstation, wie vor dem Bernhard und dem St. Gotthard in der Schweiz. Hier verwandeln sich die rollenden Wagen in sanfthingleitende Gondeln, die Kutscher in Schiffsknechte, und die Pferde in schallende Ruder. Ein großer Theil von dem Glanze der großen Herren bleibt in Mestre zurück: Ekipagen, Pferde, Geschirre; wenn man ihnen auch den andern Theil nehmen wollte: Kleiderpracht, Ordensbänder, Chatoulle; was würde von den meisten übrig bleiben? Und doch wird die Zeit kommen, wo sie auch diesen zweiten Theil hergeben müssen. Ich bitte indessen die großen Herren, mir nicht übel zu nehmen, daß ich sie daran erinnert habe.

Der lange Kanal, der von Mestre in die Lagunen (seichtes Meer) vor Venedig führt, ist in Mestre sehr breit und überall mit Gondeln und andern Fahrzeugen bedeckt. Die symbolische Farbe von Venedig, das schauerliche Schwarz, zeigt sich hier zum ersten Mal, und viele Gondeln sind mit schwarzem Tuch überzogen. Anfangs scheinen dieselben Trauergondeln

7   Ansicht Venedigs von Hartmann Schedel. –
In: Liber cronicarum. Nürnberg 1493.

zu seyn; aber das Schwarze zeigt hier nicht Trauer an, sondern
etwas Vornehmes.
Fast in jeder Minute gehen Fahrzeuge nach Venedig ab, und
nicht allein mit Menschen, sondern auch mit Thieren beladen.
Ich selbst habe eine ganze Barke voller Schöpse gesehen, die
man dahin führte. Es läßt sich rathen, daß auch Ochsen,
Schweine und Kälber diese Reise machen müssen; aber man
will behaupten, daß kein einziges wieder lebendig aus Venedig
herauskommt. Man sollte die Fährleute Charons nennen.

Karl Friedrich Benkowitz, 1804

Casanovas Wiederbegegnung mit Venedig

Es war am dritten Morgen seiner Reise, daß er, von Mestre
aus, den Glockenturm nach mehr als zwanzig Jahren der Sehnsucht zum erstenmal wieder erschaute, – ein graues Steinge-
bilde, das einsam ragend aus der Dämmerung wie aus weiter

Ferne vor ihm auftauchte. Aber er wußte, daß ihn jetzt nur mehr eine Fahrt von zwei Stunden von der geliebten Stadt trennte, in der er jung gewesen war. Er entlohnte den Kutscher, ohne zu wissen, ob es der vierte, fünfte oder sechste war, mit dem er seit Mantua abzurechnen hatte, und eilte, von einem Jungen gefolgt, der ihm das Gepäck nachtrug, durch die armseligen Straßen zum Hafen, um das Marktschiff zu erreichen, das heute noch, wie vor fünfundzwanzig Jahren, um sechs Uhr nach Venedig abging. Es schien nur noch auf ihn gewartet zu haben; kaum hatte er unter Weibern, die ihre Ware zur Stadt brachten, kleinen Geschäftsleuten, Handwerkern auf einer schmalen Bank seinen Platz eingenommen, als sich das Schiff in Bewegung setzte. Der Himmel war trüb; Dunst lag auf den Lagunen; es roch nach faulem Wasser, nach feuchtem Holz, nach Fischen und nach frischem Obst. Immer höher ragte der Campanile, andre Türme zeichneten sich in der Luft ab, Kirchenkuppeln wurden sichtbar; von irgendeinem Dach, von zweien, von vielen glänzte der Strahl der Morgensonne ihm entgegen; – Häuser rückten auseinander, wuchsen in die Höhe; Schiffe, größere und kleinere, tauchten aus dem Nebel; Grüße von einem zum andern wurden getauscht. Das Geschwätz rings um ihn wurde lauter; ein kleines Mädchen bot ihm Trauben zum Kauf; er verzehrte die blauen Beeren, spuckte die Schalen nach der Art seiner Landsleute hinter sich über Bord und ließ sich in ein Gespräch mit irgendeinem Menschen ein, der seine Befriedigung darüber äußerte, daß nun endlich schönes Wetter anzubrechen scheine. Wie, es hatte hier drei Tage lang geregnet? Er wußte nichts davon; er kam aus dem Süden, aus Neapel, aus Rom . . . Schon fuhr das Schiff durch die Kanäle der Vorstadt; schmutzige Häuser starrten ihn aus trüben Fenstern wie mit blöden fremden Augen an, zwei-, dreimal hielt das Schiff an, ein paar junge Leute, einer mit einer großen Mappe unterm Arm, Weiber mit Körben stiegen aus; – nun kam man in freundlichere Bezirke. War dies

8 Karte der Republik Venedig mit den wichtigsten Reiserouten.

9 Der »Burchiello« (gemalt von Giovanni Grevembroch) diente der Fahrt auf der Brenta bis Padua und wurde auch von den adligen Familien benutzt, die ihre Villen auf dem Lande aufsuchten. Es war ein besonders geräumiges Schiff, das über zwei geschlossene Kammern verfügte und oft reich verziert war.

nicht die Kirche, in der Martina zur Beichte gegangen war? – Und dies nicht das Haus, in dem er die blasse, todkranke Agathe auf seine Weise wieder rot und gesund gemacht hatte? – Und hatte er in jenem nicht den schuftigen Bruder der reizenden Silvia braun und blau geprügelt? Und in jenem Seitenkanal das kleine gelbliche Haus, auf dessen wasserbespülten Stufen ein dickes Frauenzimmer mit nackten Füßen stand ... Ehe er sich noch zu besinnen vermochte, welche Erscheinung aus fernen Jugendtagen er dahin zu versetzen hatte, war das Schiff in den großen Kanal eingelenkt und fuhr nun auf der breiten Wasserstraße langsam zwischen Palästen weiter. Es war Casanova, von seinem Traume her, als wär' er erst tags vorher denselben Weg gefahren. An der Rialtobrücke stieg er aus; denn eh' er sich zu Herrn Bragadino begab, wollte er in einem nahen kleinen wohlfeilen Gasthof, dessen er sich der Lage, aber nicht dem Namen nach erinnerte, sein Gepäck unterbringen und sich eines Zimmers versichern. Er fand das Haus verfallener, oder mindestens vernachlässigter, als er es im Gedächtnis bewahrt hatte; ein verdrossener unrasierter Kellner wies ihm einen wenig freundlichen Raum mit der Aussicht auf die fensterlose Mauer eines gegenüberliegenden Hauses an. Doch Casanova wollte keine Zeit verlieren; auch war ihm, da sich seine Barschaft auf der Reise beinahe gänzlich erschöpft hatte, der niedrige Preis des Zimmers sehr erwünscht; so beschloß er, vorläufig hier zu bleiben, befreite sich vom Staub und Schmutz der langen Reise, überlegte eine Weile, ob er sich in sein Prachtgewand werfen sollte, fand es dann doch angemessen, wieder das bescheidenere anzulegen, und verließ endlich den Gasthof.   *Arthur Schnitzler, 1918*

In den Gassen Venedigs

Von Venedig ist schon viel erzählt und gedruckt, daß ich mit Beschreibung nicht umständlich sein will, ich sage nur, wie es mir entgegenkömmt. Was sich mir aber vor allem andern aufdringt, ist abermals das Volk, eine große Masse, ein notwendiges unwillkürliches Dasein.

Dieses Geschlecht hat sich nicht zum Spaß auf diese Inseln geflüchtet, es war keine Willkür, welche die Folgenden trieb, sich mit ihnen zu vereinigen; die Not lehrte sie, ihre Sicherheit in der unvorteilhaftesten Lage suchen, die ihnen nachher so vorteilhaft ward und sie klug machte, als noch die ganze nördliche Welt im Düstern gefangen lag; ihre Vermehrung, ihr Reichtum war notwendige Folge. Nun drängten sich die Wohnungen enger und enger, Sand und Sumpf wurden durch Felsen ersetzt, die Häuser suchten die Luft, wie Bäume, die geschlossen stehen, sie mußten an Höhe zu gewinnen suchen, was ihnen an Breite abging. Auf jede Spanne des Bodens geizig und gleich anfangs in enge Räume gedrängt, ließen sie zu

Gassen nicht mehr Breite, als nötig war, eine Hausreihe von der gegenüberstehenden zu trennen und dem Bürger notdürftige Durchgänge zu erhalten. Übrigens war ihnen das Wasser statt Straße, Platz und Spaziergang. Der Venezianer mußte eine neue Art von Geschöpf werden, wie man denn auch Venedig nur mit sich selbst vergleichen kann. Der große, schlangenförmig gewundene Kanal weicht keiner Straße in der Welt, dem Raum vor dem Markusplatze kann wohl nichts an die Seite gesetzt werden. Ich meine den großen Wasserspiegel, der diesseits von dem eigentlichen Venedig im halben Mond umfaßt wird. Über der Wasserfläche sieht man links die Insel S. Giorgio Maggiore, etwas weiter rechts die Giudecca und ihren Kanal, noch weiter rechts die Dogane und die Einfahrt in den Canal Grande, wo uns gleich ein paar ungeheure Marmortempel entgegenleuchten. Dies sind mit wenigen Zügen die Hauptgegenstände, die uns in die Augen fallen, wenn wir zwischen den zwei Säulen des Markusplatzes hervortreten. Die sämtlichen Aus- und Ansichten sind so oft in Kupfer gestochen, daß die Freunde davon sich gar leicht einen anschaulichen Begriff machen können.

Nach Tische eilte ich, mir erst einen Eindruck des Ganzen zu versichern, und warf mich ohne Begleiter, nur die Himmelsgegenden merkend, ins Labyrinth der Stadt, welche, obgleich durchaus von Kanälen und Kanälchen durchschnitten, durch Brücken und Brückchen wieder zusammenhängt. Die Enge und Gedrängtheit des Ganzen denkt man nicht, ohne es gesehen zu haben. Gewöhnlich kann man die Breite der Gasse mit ausgereckten Armen entweder ganz oder beinahe messen, in den engsten stößt man schon mit den Ellbogen an, wenn man die Hände in die Seite stemmt; es gibt wohl breitere, auch hie und da ein Plätzchen, verhältnismäßig aber kann alles enge genannt werden.

Ich fand leicht den großen Kanal und die Hauptbrücke Rialto; sie besteht aus einem einzigen Bogen von weißem Marmor.

10   Uferstraße (Fondamenta)

Von oben herunter ist es eine große Ansicht, der Kanal gesäet voll Schiffe, die alles Bedürfnis vom festen Lande herbeiführen und hier hauptsächlich anlegen und ausladen, dazwischen wimmelt es von Gondeln. Besonders heute, als am Michaelisfeste, gab es einen Anblick wunderschön lebendig; doch um diesen einigermaßen darzustellen, muß ich etwas weiter ausholen.

Die beiden Hauptteile von Venedig, welche der Große Kanal trennt, werden durch die einzige Brücke Rialto miteinander verbunden, doch ist auch für mehrere Kommunikation gesorgt, welche in offenen Barken an bestimmten Überfahrtspunkten geschieht.

Nun sah es heute sehr gut aus, als die wohlgekleideten, doch mit einem schwarzen Schleier bedeckten Frauen sich viele

11   Canal Grande im Herbst 1977. Rechts im Bild die Universität Ca' Foscari.

zusammen übersetzen ließen, um zu der Kirche des gefeierten Erzengels zu gelangen. Ich verließ die Brücke und begab mich an einen solchen Überfahrtspunkt, die Aussteigenden genau zu betrachten. Ich habe sehr schöne Gesichter und Gestalten darunter gefunden.

Nachdem ich müde geworden, setzte ich mich in eine Gondel, die engen Gassen verlassend, und fuhr, mir das entgegengesetzte Schauspiel zu bereiten, den nördlichen Teil des Großen Kanals durch, um die Insel der heiligen Klara, in die Lagunen, den Kanal der Giudecca herein, bis gegen den Markusplatz, und war nun auf einmal ein Mitherr des Adriatischen Meeres, wie jeder Venezianer sich fühlt, wenn er sich in seine Gondel legt. Ich gedachte dabei meines guten Vaters in Ehren, der nichts Besseres wußte, als von diesen Dingen zu erzählen. Wird

mir's nicht auch so gehen? Alles, was mich umgibt, ist würdig,
ein großes, respektables Werk versammelter Menschenkraft,
ein herrliches Monument, nicht eines Gebieters, sondern eines
Volks. Und wenn auch ihre Lagunen sich nach und nach
ausfüllen, böse Dünste über dem Sumpfe schweben, ihr Handel geschwächt, ihre Macht gesunken ist, so wird die ganze
Anlage der Republik und ihr Wesen nicht einen Augenblick
dem Beobachter weniger ehrwürdig sein. Sie unterliegt der
Zeit wie alles, was ein erscheinendes Dasein hat.

Johann Wolfgang von Goethe, 1786

Ein Traum

Bevor ich noch recht wußte wie, entdeckte ich, daß wir durch
eine Straße glitten – eine wahrhaft gespenstische Straße. Zu
beiden Seiten erhoben sich Häuser aus dem Wasser, und das
schwarze Boot glitt unter den Fenstern dahin. In einigen der
Fenster brannten Kerzen, die sich in der schwarzen Flut spiegelten. Ringsum herrschte tiefes Schweigen.
So gelangten wir mehr und mehr in die geisterhafte Stadt
hinein, immerzu durch enge, vom Wasser durchflutete Straßen und Gassen. Manchmal waren die Ecken, um die wir
fahren mußten, so spitz und schmal, daß es schier unmöglich
schien, mit dem langen, schlanken Boot hier zu wenden. Aber
mit einem leisen, melodischen Warnungsruf ließen die Ruderer das Boot ohne jede Unterbrechung weitergleiten. Zuweilen beantworteten die Ruderer eines anderen schwarzen Bootes den Ruf, und indem sie ihre Fahrt – wir taten, glaube ich,
ein gleiches – verlangsamten, glitten sie wie ein dunkler Schatten an uns vorüber. Andere Boote von der gleichen düsteren
Farbe lagen an bemalten Pfeilern vertäut vor Toren, die sich
unmittelbar zum Wasser hin öffneten. Einige dieser Boote
waren leer, in anderen hatten sich die Ruderer zum Schlaf

ausgestreckt. Einem dieser Boote sah ich einige Gestalten sich nähern; in festlichen Gewändern und von Fackelträgern begleitet, kamen sie durch einen finsteren Torweg aus einem Palast.

Ich konnte nur einen flüchtigen Blick auf sie werfen, denn eine Brücke, die so tief und nah auf das Boot herabreichte, als wollte sie auf uns herabstürzen und uns zerschmettern – eine der vielen Brücken, die durch den Traum spukten –, entzog sie sogleich wieder meiner Sicht. Weiter fuhren wir in diese merkwürdige Stadt hinein – überall Wasser, wo es sonst kein Wasser gibt – ganze Häusergruppen, Kirchen, Paläste, mitten aus der Flut emporsteigend – und überall dieselbe ungewöhnliche Stille. Jetzt schossen wir quer über einen breiten, offenen Strom und glitten dann, so glaube ich, an einem großen gepflasterten Kai vorbei, wo strahlende Lampen lange Reihen massiger, starker Bogen und Pfeiler beleuchteten, die dem Auge so leicht erschienen, als bestünden sie aus Reif oder Spinnweben. Dort sah ich auch zum ersten Male Menschen gehen. Dann erreichten wir eine Treppenflucht, die vom Wasser zu einem großen Haus hinaufführte, in dem ich mich, nachdem ich unzählige Korridore und Galerien durchwandert hatte, zur Ruhe legte und noch dem Hin- und Herhuschen der schwarzen Boote unter meinem Fenster auf dem plätschernden Wasser lauschte, bis ich einschlief. *Charles Dickens, 1843*

Fäulnis und Schwüle

Er verbrachte zwei Stunden auf seinem Zimmer und fuhr am Nachmittag mit dem Vaporetto über die faul riechende Lagune nach Venedig. Er stieg aus bei San Marco, nahm den Tee auf dem Platze und trat dann, seiner hiesigen Tagesordnung gemäß, einen Spaziergang durch die Straßen an. Es war jedoch dieser Gang, der einen völligen Umschwung seiner Stimmung, seiner Entschlüsse herbeiführte.

Eine widerliche Schwüle lag in den Gassen; die Luft war so dick, daß die Gerüche, die aus Wohnungen, Läden, Garküchen quollen, Öldunst, Wolken von Parfüm und viele andere in Schwaden standen, ohne sich zu zerstreuen. Zigarettenrauch hing an seinem Orte und entwich nur langsam. Das Menschengeschiebe in der Enge belästigte den Spaziergänger, statt ihn zu unterhalten. Je länger er ging, desto quälender bemächtigte sich seiner der abscheuliche Zustand, den die Seeluft zusammen mit dem Scirocco hervorbringen kann, und der zugleich Erregung und Erschlaffung ist. Peinlicher Schweiß brach ihm aus. Die Augen versagten den Dienst, die Brust war beklommen, er fieberte, das Blut pochte im Kopf. Er floh aus den drangvollen Geschäftsgassen über Brücken in die Gänge der Armen. Dort behelligten ihn Bettler, und die üblen Ausdünstungen der Kanäle verleideten das Atmen. Auf stillem Platz, einer jener vergessen und verwunschen anmutenden Örtlichkeiten, die sich im Innern Venedigs finden, am Rande eines Brunnens rastend, trocknete er die Stirn und sah ein, daß er reisen müsse.

Zum zweitenmal und nun endgültig war es erwiesen, daß diese Stadt bei dieser Witterung ihm höchst schädlich war. Eigensinniges Ausharren erschien vernunftwidrig, die Aussicht auf ein Umschlagen des Windes ganz ungewiß. Es galt rasche Entscheidung. Schon jetzt nach Hause zurückzukehren, verbot sich. Weder Sommer- noch Winterquartier war bereit, ihn aufzunehmen. Aber nicht nur hier gab es Meer und Strand, auch anderwärts fanden sie sich ohne die böse Zutat der Lagune und ihres Fieberdunstes. Er erinnerte sich eines kleinen Seebades nicht weit von Triest, das man ihm rühmlich genannt hatte. Warum nicht dorthin? Und zwar ohne Verzug, damit der abermalige Aufenthaltswechsel sich noch lohne. Er erklärte sich für entschlossen und stand auf. Am nächsten Gondel-

Halteplatz nahm er ein Fahrzeug und ließ sich durch das trübe Labyrinth der Kanäle unter zierlichen Marmorbalkonen hin, die von Löwenbildern flankiert waren, um glitschige Mauerecken, vorbei an trauernden Palastfassaden, die große Firmenschilder im Abfall schaukelnden Wassers spiegelten, nach San Marco leiten. Er hatte Mühe, dorthin zu gelangen, denn der Gondolier, der mit Spitzenfabriken und Glasbläsereien im Bunde stand, versuchte überall, ihn zu Besichtigung und Einkauf abzusetzen, und wenn die bizarre Fahrt durch Venedig ihren Zauber zu üben begann, so tat der beutelschneiderische Geschäftsgeist der gesunkenen Königin das Seine, den Sinn wieder verdrießlich zu ernüchtern. *Thomas Mann, 1913*

Ungesunde Lebensbedingungen

Die Zahl der Einwohner rechnet man auf 150,000; und von diesen sterben, jetzt wenigstens, die meisten Jahre mehr, als geboren werden: ein Beweis, daß die Lage nicht die beste für die Gesundheit ist. Und hievon kann man auch, sobald man den Umständen etwas nachgeht, die Ursachen sehr leicht auffinden. Denn erstlich fehlt hier ganz, wie in Amsterdam, das süße Wasser; und wenn dies im Sommer, bei einer anhaltenden Dürre, endlich ausgeht, so werden ganze Tonnen voll aus der Brenta herangeführt.

Zum andern ist hier die Luft allzeit feucht, und oftmals, bei großer Hitze, voll böser Dünste. Die vielen Canäle geben alsdann eine sehr ungesunde und stinkende Luft von sich; welchem Uebel der Rath, aller Sorge und aller Mittel ungeachtet, die er anwendet, nicht ganz abzuhelfen im Stande ist. Und überdem findet man hier bei weitem nicht die Reinlichkeit, die man fast überall in den holländischen Orten sieht. – Wie reinlich der Palast vom Doge aussieht, ist genug bekannt: ehedem hielt

12   Rio und Palazzo Albrizzi.

ich, was mir davon erzählt wurde, für Fabel; aber jetzt habe ich mit meinen eigenen Augen die Wahrheit erfahren.

Drittens giebt der Mangel an Land und an gehörigen Spaziergängen viel Gelegenheit zum sitzenden Leben; wozu jedoch die Venezianer eine besondere Neigung zu haben scheinen. Der Marcusplatz ist der einzige in dieser volkreichen Stadt, der einigermassen ein Spaziergang kann genannt werden. Die Straßen geben durch ihre Enge den Fußgängern eine unangenehme Aussicht; weswegen auch die Venezianer viel lieber in Gondeln fahren, zudem da hiedurch gemeiniglich der Weg etwas kürzer wird. *Wilhelm Xaverius Jansen, 1793*

Sollte man fliehen?

Als wir eine Strecke vom Großen Kanal entfernt waren, setzte sich Ardinghello aufs Verdeck der Barke und blickte tief gerührt nach der Stadt mit unverwandten Augen; die Feuchtigkeit trat hinein, und sein Herz ward erweicht. Seine Seele schien zu ahnden, daß er sie nie wieder sehen sollte. So wälzen die Schicksale den Menschen fort wie die Fluten des Meers einen schwachen Trümmer! Die Sonne war eben aufgegangen, und die Türme, Kirchen, Paläste und Inseln lagen da im dünnen Nebel.

Mir war wohl, daß ich herauskam. Im Winter ist Venedig angenehm, weil die Menschen so enge beisammen sind und alles zur Ergötzlichkeit treibt, Lage und Regierung; aber im Sommer ist's ein ungesunder und gefährlicher Ort. [. . .]

Wenn einer die Geschichte kennt und da gelebt hat und es beim Ausflusse der Brenta vom Ufer betrachtet: so sieht es richtiger aus wie ein endlich sichrer Zufluchtsort von dem Lande weggeprügelter und weggescheuchter furchtsamer Hasen, die sich hernach groß und zu geflügelten Löwen gemacht haben, als ihnen die Feinde übers Wasser nicht nachkonnten und sie von fern sicher sehen mußten. Eine unüberwindliche Festung ist's gewiß, weil durch die Sümpfe vom Land aus nichts anders als kleine Barken anländen können und man von der See her in die Häfen den Faden der Ariadne braucht; und eben weil es unüberwindlich und unzukommbar ist außer Verräterei, trägt es, vom Meer umgeben, eine gewisse Majestät an sich. Götter aber flüchten sich nicht in Sümpfe. [. . .]

Der große Doge Peter Ziani hat sie gar wohl erkannt, als er den kühnen Entschluß faßte, noch zu Anfang des dreizehnten Jahrhunderts eine neue Völkerwanderung anzustellen. Konstantinopel ist ohne Streit ein glückseliger Plätzchen auf diesem Erdboden. Die Venezianer hatten es damals mit den Franken eingenommen, und wir besaßen mehr von Griechenland als jetzt. Er riet mit stärkern Gründen als je Demosthenes, diese Lagunen zu verlassen und dort uns anzupflanzen; und Dido und Äneas waren dagegen Luftgestalten. »Wenn der Mond mit seiner Ebbe und Flut unsern Kanälen das Wasser entzieht«, sprach er im Großen Rate, »der Schlamm sich zeigt und seinen Gestank ausdünstet: welche gute Nase kann da vor Ekel auf den Wegen bleiben? Sind nicht immer unsre Lazarette voll und die jahraus, jahrein nicht von dannen schiffen wie gefangen? Überdies haben wir Erdbeben, noch außerdem, daß das Meer oft hereinstürmt und unsre Zisternen und Warenlager verderbt. Und welch ein Wohnsitz, um auszuhalten, wo nichts als schlechte Fische Nahrung gibt, weder Korn noch Wein und Öl wächst, weder Baum hervorkömmt, noch trinkbar Wasser quillt, wo alle Elemente verdorben sind, Wasser, Luft und Erd und Feuer? und von allen Seiten Feindschaft um uns her? Dort sind wir gleich in unsern Besitzungen, und welche Aussichten in die Zukunft!«

Jedoch überwand ihn der Prokurator von San Marco, der Greis Anzolo Falier, unter fünfhunderten mit einer Stimme, indem er nach dem Aristoteles behauptete: daß die

13 Hochwasser schwemmt Abfälle in die Gassen.
Rio Terrà dei Nomboli. Herbst 1977.

Festigkeit, ohngeachtet aller Übel bei einer Hauptstadt, der glücklichen Lage, ohne dieselbe, vorzuziehen wäre; und daß gerade die Unfruchtbarkeit ein Volk zur Tapferkeit zwänge und über andre erhöbe. *Wilhelm Heinse, 1787*

Die Reinheit der Kanäle

Kanalwässer in großen Städten, Hafenwässer von Seestädten enthalten immer eine Menge von Keimen, weitaus zum größten Teil unschädlichen Fäulniskeimen. So wurden im Hafen von Neapel 50 m vom Land entfernt 3-400 000 Keime im ccm festgestellt, in Genua 100 m vom Ufer entfernt 206 000, in Palermo 50 m von den Ufern entfernt noch 209 000. In Kiel, wo keine Ebbe und Flut ist, fanden sich an den Ufern 500 000 bis 2 200 000, noch in der Mitte des 180 m breiten Hafens 58 238; die Spreewasserkanäle in Berlin haben einen Bakteriengehalt von 50-60 000 Keimen, trotzdem alle Schmutzwässer nicht in sie münden, sondern nach den Rieselfeldern geleitet sind.

Weit weniger verunreinigt ist das Wasser in den Kanälen von Venedig. Es fanden sich (in 130 Wasserproben mit mehreren 100 Einzelproben) bei Ebbe im Durchschnitt 30 000 Keime (sehr selten über 50 000), bei Flut nur 4400 Keime, an einzelnen Stellen der Stadt bis herab zu 700. Es läßt sich mit nichts deutlicher dartun, welch gewaltige Reinigungsarbeit die Flut leistet, die 2mal täglich Venedig bis in den innersten Kern durchspült. Im breiten Giudeccakanal vermindert sich der Gehalt auf 300-800, im Bacino S. Marco in der Richtung auf die Hafenmündung von 500 abwärts bis 100. Hundert Keime im ccm darf selbst ein gesundes Trinkwasser enthalten. Die starkströmende Isar bei München enthält oberhalb der Stadt dauernd 3000, unterhalb 15 000 Keime. Das Wasser der Kanäle in Venedig kommt also an Reinheit dem eines starkströmenden Flusses nahe.

Von großer Wichtigkeit für die Gesundheit der Stadt ist nun die Frage: *Wie verhalten sich Krankheitskeime, die in das Kanalwasser gelangen, in diesem?* Experimentelle Studien, die darüber, wie sonst mehrfach mit Meerwasser, so auch mit dem Kanalwasser in Venedig gemacht worden sind, haben das übereinstimmende Resultat ergeben, daß darin alle Krankheits- (d. i. pathogenen) Keime nach einem Tag größtenteils, nach wenigen Tagen völlig zugrunde gehen. Die Ursache dieser Keimzerstörung sind die Fäulnisbakterien des Wassers, denn wenn das Kanalwasser durch Kochen sterilisiert ist, erhalten sich Krankheitskeime, die hineingebracht werden, lange Zeit lebend. Das Wasser selbst spielt also als Krankheitsvermittler keine irgendwie wesentliche Rolle. Außer Zweifel ist aber eine zweite Tatsache, die auch anderweitig erwiesen ist, daß die pathogenen Keime in den im Wasser lebenden Tieren, Austern, Muscheln, Krebsen aller Art einen günstigen Nährboden für ihre Weiterentwicklung finden. Werden solche kranken Crustaceen gekocht, so können sie meist keine ernste Krankheit, jedenfalls keine Infektion beim Menschen hervorrufen. Ungekocht aber sind sie in jedem Fall sehr gefährlich und deshalb unbedingt zu vermeiden. Dies ist umsomehr zu betonen, als der Laie, der gerne Austern ißt, für gewöhnlich den Unterschied nicht kennt zwischen dem, was ihm auf der Straße angeboten wird, und den Austern, die von sorgfältig gepflegten und gehüteten Austernbänken stammen. Übrigens ist jetzt der Verkauf aller dieser Schalentiere strengstens verboten.

Johannes Werner, 1912

Das Ghetto

In dem Stück Venedig, von dem ich erzähle, sind nur arme tägliche Geräusche, die Tage gehen gleichförmig darüber hin, als ob es nur ein einziger wäre, und die Gesänge, die man dort vernimmt, sind wachsende Klagen, die nicht aufsteigen und wie ein wallender Qualm über den Gassen lagern. Sobald es dämmert, treibt sich viel scheues Gesindel dort herum, unzählige Kinder haben ihre Heimat auf den Plätzen und in den engen kalten Haustüren und spielen mit den Scherben und Abfällen von buntem Glasfluß, demselben, aus dem die Meister die ernsten Mosaiken von San Marco fügten. Ein Adeliger kommt selten in das Ghetto. Höchstens zur Zeit, wenn die Judenmädchen zum Brunnen kommen, kann man manchmal eine Gestalt, schwarz, im Mantel und mit Maske bemerken. Gewisse Leute wissen aus Erfahrung, daß diese Gestalt einen Dolch in den Falten verborgen trägt. Jemand will einmal im Mondlicht das Gesicht des Jünglings gesehen haben, und es wird seither behauptet, dieser schwarze schlanke Gast sei Marcantonio Priuli, Sohn des Proveditore Nicolò Priuli und der schönen Catharina Minelli. Man weiß, er wartet unter dem Torweg des Hauses von Isaak Rosso, geht dann, wenn es einsam wird, quer über den Platz und tritt bei dem alten Melchisedech ein, dem reichen Goldschmied, der viele Söhne und sieben Töchter und von den Söhnen und Töchtern viele Enkel hat. Die jüngste Enkelin, Esther, erwartet ihn, an den greisen Großvater geschmiegt, in einem niederen, dunklen Gemach, in welchem vieles glänzt und glüht, und Seide und Samt hängt sanft über den Gefäßen, wie um ihre vollen, goldenen Flammen zu stillen. Hier sitzt Marcantonio auf einem silbergestickten Kissen, dem greisen Juden zu Füßen, und erzählt von Venedig, wie von einem Märchen, das es nirgendwo jemals ganz so gegeben hat. Er erzählt von den Schauspielen, von den Schlachten des venetianischen Heeres, von fremden Gästen, von Bildern und Bildsäulen, von der ›Sensa‹ am Himmelfahrtstage, von dem Karneval und von der Schönheit seiner Mutter Catharina Minelli. Alles das ist für ihn von ähnlichem Sinn, verschiedene Ausdrücke für Macht und Liebe und Leben. Den beiden Zuhörern ist alles fremd; denn die

Juden sind streng ausgeschlossen von jedem Verkehr, und auch der reiche Melchisedech betritt niemals das Gebiet des Großen Rates, obwohl er, als Goldschmied, und weil er allgemeine Achtung genoß, es hätte wagen dürfen. In seinem langen Leben hat der Alte seinen Glaubensgenossen, die ihn alle wie einen Vater fühlten, manche Vergünstigung vom Rate verschafft, aber er hatte auch immer wieder den Rückschlag erlebt. So oft ein Unheil über den Staat hereinbrach, rächte man sich an den Juden; die Venezianer selbst waren von viel zu verwandtem Geiste, als daß sie, wie andere Völker, die Juden für den Handel gebraucht hätten, sie quälten sie mit Abgaben, beraubten sie ihrer Güter, und beschränkten immer mehr das Gebiet des Ghetto, so daß die Familien, die sich mitten in aller Not fruchtbar vermehrten, gezwungen waren, ihre Häuser aufwärts, eines auf das Dach des anderen zu bauen. Und ihre Stadt, die nicht am Meere lag, wuchs so langsam in den Himmel hinaus, wie in ein anderes Meer, und um den Platz mit dem Brunnen erhoben sich auf allen Seiten die steilen Gebäude, wie die Wände irgend eines Riesenturms.

Der reiche Melchisedech, in der Wunderlichkeit des hohen Alters, hatte seinen Mitbürgern, Söhnen und Enkeln einen befremdlichen Vorschlag gemacht. Er wollte immer das jeweilig höchste dieser winzigen Häuser, die sich in zahllosen Stockwerken über einander schoben, bewohnen. Man erfüllte ihm diesen seltsamen Wunsch gerne, denn man traute ohnehin nicht mehr der Tragkraft der unteren Mauern und setzte oben so leichte Steine auf, daß der Wind die Wände gar nicht zu bemerken schien. So siedelte der Greis zwei bis dreimal im Jahre um und Esther, die ihn nicht verlassen wollte, immer mit ihm. Schließlich waren sie so hoch, daß, wenn sie aus der Enge ihres Gemaches auf das flache Dach traten, in der Höhe ihrer Stirnen schon ein anderes Land begann, von dessen Gebräuchen der Alte in dunklen Worten, halb psalmend, sprach. Es war jetzt sehr weit zu ihnen hinauf; durch viele fremde Leben

hindurch, über steile und glitschige Stufen, an scheltenden
Weibern vorüber und über die Überfälle hungernder Kinder
hinaus ging der Weg, und seine vielen Hindernisse beschränkten jeden Verkehr. Auch Marcantonio kam nicht mehr zu
Besuch, und Esther vermißte ihn kaum. Sie hatte ihn in den
Stunden, da sie mit ihm allein gewesen war, so groß und lange
angeschaut, daß ihr schien, er wäre damals tief in ihre dunklen
Augen gestürzt und gestorben, und jetzt begänne, in ihr selbst,
sein neues, ewiges Leben, an das er als Christ doch geglaubt
hatte. Mit diesem neuen Gefühl in ihrem jungen Leib, stand sie
tagelang auf dem Dache und suchte das Meer. Aber, so hoch
die Behausung auch war, man erkannte zuerst nur den Giebel
des Palazzo Foscari, irgend einen Turm, die Kuppel einer
Kirche, eine fernere Kuppel, wie frierend im Licht, und dann
ein Gitter von Masten, Balken, Stangen vor dem Rand des
feuchten, zitternden Himmels.   *Rainer Maria Rilke, 1904*

»Venedig«

An der Brücke stand
jüngst ich in brauner Nacht.
Fernher kam Gesang:
goldener Tropfen quoll's
über die zitternde Fläche weg.
Gondeln, Lichter, Musik –
trunken schwamm's in die Dämm'rung hinaus . . .

Meine Seele, ein Saitenspiel,
sang sich, unsichtbar berührt,
heimlich ein Gondellied dazu,
zitternd vor bunter Seligkeit.
– Hörte Jemand ihr zu? . . .   *Friedrich Nietzsche, 1888*

Ich bin weiter gefahren und habe meinen Tag auf dem Meer vollendet, zuletzt hat sich der Wind erhoben, und die Nacht ist herabgekommen. Fahle Töne von gelblichem Grau und veilchengetöntem Grün breiteten sich über das Wasser, es rauschte unbestimmt und unendlich, und aus der finsteren, kühlen Flut drang einem ein banges Gefühl von Unruhe ins Herz. Der Wind legte sich, weinte und drehte am Himmel die grossen Wolken; der letzte Brand, der den Westen rötete, verblich. Von Zeit zu Zeit schimmerte der Mond zwischen den Rissen der Wolken auf; so ging er, von Spalte zu Spalte schleichend, eben so schnell erloschen wie erblüht, seinen Weg und goss sekundenlang sein Rieseln auf die wogende Flut. Dennoch konnte man die Rundung und Riesenhaftigkeit der himmlischen Kuppel erkennen; am Himmelsrande war die Erde nicht mehr als ein schmaler dunstiger Streifen; schillerndes Meer, unbestimmte Nebel und darüber die schweren, sich leise regenden Leiber der Wolken erfüllten allein den Raum.

Nichts kann die Farbe des Wassers in einer solchen Nacht ausdrücken, sie ist braun, dunkelschieferfarben und manchmal bleich, aber man hört das leise rauschende unendliche Flüstern und Brausen, fast ohne dass man es sieht, ohne dass man etwas in dieser weiten Wüste wogender Formen erkennen kann. Nach und nach gewöhnen sich die Augen und fühlen das unvergängliche Licht, das stets vom Wasser ausstrahlt. Wie ein Glas in einem geheimen verschlossenen Gemach, wie einer jener Zauberspiegel mit unbekannten Tiefen, von denen die Sagen erzählen, leuchtet es dunkel und geheimnisvoll und leuchtet ewig: bald ist es die Spitze einer kleinen aufschimmernden Welle, bald der Rücken einer breiten Woge, bald die glatte Fläche einer stillen Tiefe, bald das Schimmern einer Strömung, die einen Blitz auffängt, oder ein ferner Wider-

schein, eine plötzliche, weissausströmende Lichtwoge. Alle diese ersterbenden Scheine kreuzen, decken und vermischen sich, und das ist es, was aus der grossen Finsternis wie die zweifelhafte Helligkeit eines im Dunkeln ruhenden Metalls aufsteigt, eine Unendlichkeit verblassenden Lichts, der unverlöschliche, vergeblich von dem toten Himmel verdüsterte Glanz lebendigen Wassers.

Zwei oder dreimal brach der Mond durch, und sein langer schwankender Schein glich dem einer zwischen herabfallenden Faltengehängen und vor der schwarzen Bekleidung irgend eines ungeheuerlichen Katafalkes angezündeten Totenlampe. Am Himmelsrande tauchte Venedig mit seinen Helligkeiten und Bauten wie ein Zug von Fackeln und Särgen in grenzenloser Entfernung auf, und hier und dort sah man eine Schar von

Lichtern sich drängen, wie ein Kerzenbündel am Ende einer Bahre.

Die Barke kehrte zurück; zur Linken lag in tiefem Schweigen reglos und öde der Canal Orfano, und solche Ruhe des schwarzen und leuchtenden Wassers durchdringt alle Nerven mit Lust und Schauer. Der Geist versenkt sich unfreiwillig in die feuchten Tiefen. Wie seltsam ist das Leben dieses stummen nächtlichen Wassers! – Währenddessen wuchsen die Kirchen und Paläste und schwammen auf dem Meer wie Gespenster. San Marco tauchte auf, und sein Bau durchbrach die Finsternisse mit seinen vermannigfachten Spitzen und Rundungen. Wie ein zauberhaftes Gebilde, wie den luftigen Schmuck eines geträumten Palastes sah ich zwischen zwei Lichträndern den Platz mit seinen Säulen und seinem Turm. – Dann verlor sich die Barke in unheimlichen Gassen, wo von Zeit zu Zeit eine Stocklaterne ihren flackernden Schein auf das Wasser warf; keine menschliche Gestalt, kein Geräusch, nur der Schrei des Gondelführers an den Wegecken; in jedem Augenblicke drang die Gondel durch die Schattentiefe einer Brücke und dann strich sie langsam wie ein sich streckender Wurm an den Grundmauern eines Palastes entlang, der unsichtbar in dichtem undurchdringlichem Dunkel lag. Mit einem Schlage bekam sie wieder freie Fahrt, und ich entdeckte eine vereinzelte Laterne, welche unheimlich in der Nacht flackerte und auf dem flüssigen Leibe der Flut leuchtende Scheine und flüchtiges Funkeln wachrief. Zu anderen Malen stiess die Strömung an verfallene Treppen und ausgefallene Mauern, ich erkannte ein vergittertes Fenster, eine versinterte Wand und rings um mich die Verschlingung gekreuzter Kanäle, gewundener Wasserstrassen, welche dahingingen zwischen unbekannten Formen.

Hippolyte Taine, 1866

Das war in Venedig, im Herbst, in einem jener Salons, in denen Fremde sich vorübergehend um die Dame des Hauses versammeln, die fremd ist wie sie. Diese Leute stehen herum mit ihrer Tasse Tee und sind entzückt, sooft ein kundiger Nachbar sie kurz und verkappt nach der Tür dreht, um ihnen einen Namen zuzuflüstern, der venezianisch klingt. Sie sind auf die äußersten Namen gefaßt, nichts kann sie überraschen; denn so sparsam sie sonst auch im Erleben sein mögen, in dieser Stadt geben sie sich nonchalant den übertriebensten Möglichkeiten hin. In ihrem gewöhnlichen Dasein verwechseln sie beständig das Außerordentliche mit dem Verbotenen, so daß die Erwartung des Wunderbaren, die sie sich nun gestatten, als ein grober, ausschweifender Ausdruck in ihre Gesichter tritt. Was ihnen zu Hause nur momentan in Konzerten passiert oder wenn sie mit einem Roman allein sind, das tragen sie unter diesen schmeichelnden Verhältnissen als berechtigten Zustand zur Schau. Wie sie, ganz unvorbereitet, keine Gefahr begreifend, von den fast tödlichen Geständnissen der Musik sich anreizen lassen wie von körperlichen Indiskretionen, so überliefern sie sich, ohne die Existenz Venedigs im geringsten zu bewältigen, der lohnenden Ohnmacht der Gondeln. Nicht mehr neue Eheleute, die während der ganzen Reise nur gehässige Repliken für einander hatten, versinken in schweigsame Verträglichkeit; über den Mann kommt die angenehme Müdigkeit seiner Ideale, während sie sich jung fühlt und den trägen Einheimischen aufmunternd zunickt mit einem Lächeln, als hätte sie Zähne aus Zucker, die sich beständig auflösen. Und hört man hin, so ergibt es sich, daß sie morgen reisen oder übermorgen oder Ende der Woche.
Da stand ich nun zwischen ihnen und freute mich, daß ich nicht reiste. In kurzem würde es kalt sein. Das weiche, opiatische Venedig ihrer Vorurteile und Bedürfnisse verschwindet mit

15 *Piazza San Marco mit Blick auf die Kirche San Geminiano (Stich von Antonio Visentini nach Antonio Canaletto, ca. 1751). Die Kirche wurde 1810 niedergerissen, um Platz für den Festsaal »Ala Napoleonica« zu schaffen.*

diesen somnolenten Ausländern, und eines Morgens ist das andere da, das wirkliche, wache, bis zum Zerspringen spröde, durchaus nicht erträumte: das mitten im Nichts auf versenkten Wäldern gewollte, erzwungene und endlich so durch und durch vorhandene Venedig. Der abgehärtete, auf das Nötigste beschränkte Körper, durch den das nachtwache Arsenal das Blut seiner Arbeit trieb, und dieses Körpers penetranter, sich fortwährend erweiternder Geist, der stärker war als der Duft aromatischer Länder. Der suggestive Staat, der das Salz und Glas seiner Armut austauschte gegen die Schätze der Völker. Das schöne Gegengewicht der Welt, das bis in seine Zierate hinein voll latenter Energien steht, die sich immer feiner vernervten –: dieses Venedig.

Das Bewußtsein, daß ich es kannte, überkam mich unter allen diesen sich täuschenden Leuten mit so viel Widerspruch, daß ich aufsah, um mich irgendwie mitzuteilen. War es denkbar, daß in diesen Sälen nicht einer war, der unwillkürlich darauf wartete, über das Wesen dieser Umgebung aufgeklärt zu sein? Ein junger Mensch, der es sofort begriff, daß hier nicht ein Genuß aufgeschlagen war, sondern ein Beispiel des Willens, wie es nirgends anfordernder und strenger sich finden ließ? Ich ging umher, meine Wahrheit beunruhigte mich. *Rainer Maria Rilke, 1910*

Venedig bei Nacht

Nicht am Tage muß man Venedig sehen, da hat man nur enge und schmutzige Gassen und alte räucherige Häuser vor Augen, und blos die arbeitende, geschäftige, fromme und theils die pflastertretende Klasse ist auf den Beinen. Man sieht wenige, ja fast gar keine, Frauenzimmer aus den bessren Klassen, oder ist es auch, so fahren sie in Gondeln, oder eilen auf den Gassen verschleiert, gleich himmlischen Erscheinungen in Wolkendunst, vorbey. Aber die Nacht, wo eigentlich das Scepter des schönen Geschlechts sich erhebt, die Nacht ist auch hier die Zeit ihres Glanzes, und zugleich die Zeit, wo man Venedig wirklich lieb gewinnen kann. Freilich ist die Nacht in den wärmern Klimaten für die meisten Menschen erfreuender, als der Tag, und daher kommt es wohl, daß gewöhnlich ihre besten Freuden und Vergnügungen auf die einbrechende Nacht gestellt sind. Man kann dies vielleicht an keinem Orte besser sehen, als in Venedig, wo alles, was feine und schöne Welt heißt, dann auf Einem Platz zusammen ist, und in liebenswürdiger Unordnung unter einander auf- und abstrudelt. Ich rede vom Markusplatz. Er ist wunderschön von den tausend Lichtern der Casini erleuchtet, die unter den Portiken der Prokuratorien zu beiden Seiten ihn umgeben. Alle diese wimmeln dann von Menschen, Männern und Weibern im bunten Gemisch unter einander, und draußen auf dem Platz selbst zunächst an den Loggien, ist eine Menge Bänke und Sessel hingesetzt, worauf die Spazierenden sich ausruhen, und den Botteghen Limonade, Gefrornes, Chokolate, Kaffe, Liqueurs und Konfituren abschreien, die sogleich da sind. Unter den Loggien nun und auf dem schönen Platze schwärmt es, wie ein Bienenschwarm, im frohen und lauten Gesumse, und doch so ohne Zank und Händel, als wenn der König als Weiser voran wäre, und es ist eine Freude, so viele frohe, feine und geschmückte Menschen neben einander zu sehen. Hier kann es nicht fehlen, daß dem wundesten Herzen die blutende Brust sich auf einen Augenblick schließe, und die krauseste Stirn sich entrunzle. Hier kann jeder einige Stunden einer angenehmen und gebildeten Gesellschaft ohne Aufwand und Zwang genießen, weil auch die Ersten der Stadt mit ihren Frauen und Töchtern sich nicht schämen, in die niedlichen und eleganten Casinis einzutreten. Man kann diese letztern wie eine zweite Börse ansehen, wo Geschäftsmänner und Fremde fast sicher sind, diejenigen anzutreffen, die sie zu Hause vergebens suchten. Hier liest man die öffentlichen Blätter und Neuigkeiten des Tags und spricht darüber, soviel man darf und sich getraut. Hier ist der Stutzer auf seinem Boden, wo er seine Talente zeigen und Eroberungen und Bekanntschaften machen, oder sich doch anstaunen und bewundern lassen kann. Doch muß ich zu Venedigs Ruhm sagen, daß diese Klasse hier weder sehr zahlreich, noch überall recht bemerkt und geachtet ist. Hier endlich schöpft die Schöne, die zwischen den väterlichen vier Wänden, oder den schlimmeren des ehelichen Dekorum den langen sauren Tag seufzte, oder höchstens auf den schmutzigen Kanälen in dem Leichenhause der Gondelieri hinfuhr, endlich ein wenig Luft, und darf den sympathetischen Mond und die freundlichen Sterne frey anblicken, auch sich von andern Sternen, die nicht unfreundlicher glänzen, ohne zu erröthen, anschimmern lassen. Doch auch dies ist noch nicht so ganz wahr; denn die meisten, die hier herumwandeln, sind verheirathete Weiber, die schon das Recht, anzugucken und sich angucken zu lassen, mit mehr Freiheit ausüben dürfen. Hier werfen endlich die den Tag unter Akten und in Schreibstuben geschwitzt haben, die

16   Segelschiffe am Eingang zum Canal Grande.

Last des Tages von sich, und thun sich gütlich in politischen Gesprächen über die seltsamen Zeiten und den Weltlauf.

Aber nicht blos der Markusplatz ist die Abende bis in die
sinkende Nacht voll Jubels und frohen Gewimmels, nein die
ganze Gegend von ihm bis zum Ponte Rialto, bietet mir den
Anblick einer schönen und erleuchteten Stadt dar. Alle Läden
und Buden, oder die sogenannten *Mercerie* sind offen, und bey
hellen Lichtern hat man alles Schönste und Kostbarste und
Niedlichste den Augen der Vorübergehenden und der Kunst-
liebhaber ausgelegt. Dies ist ein bewundernswürdiger Anblick,
und man erstaunt, wenn man den Mercerien der Gold- und
Silberarbeiter vorbeigeht, was für reiche Vorräthe von diesen
Metallen hier noch sind. Dies ist auch die Zeit, wo Handel
getrieben wird, und fast in allen Läden sieht man Menschen.

Selbst der Obst- und Fruchthändler illuminirt seine Körbe und Tische, und der Traiteur und Aepfel- und Kastanienbrater stellt die Dinge unter die Nasen, von denen er hofft, daß sie den besten Effekt machen werden. Dies ist die Zeit und dies die Gegend, wann und wo man Venedig sehen muß, wenn sie gefallen soll. Alles Häßliche ist nun bey Seite, und die schmutzigen Arbeiter und die schmutzigen Geschäfte pflegen der Ruhe. Was die Gassen und Häuser unleidliches und ekelhaftes haben, wird nicht bemerkt, da die erleuchteten Gegenstände Augen und Herzen an sich ziehen, und die laute und frohe Menschenmenge einen an nichts anders denken läßt, als was zunächst um einen ist. Dieses Gewimmel ist desto lebendiger und munterer, je enger der Raum ist, der es in sich schließt; denn außer dieser Gegend ist alles todt. Die Straßen sind öde und verlassen und still, und einzelne trübe Lampen erleuchten sie grade genug, daß man die Brücken nicht verfehlt, oder in einen offenen Kanal hineinläuft. Alle Läden sind hier geschlossen, höchstens die Höcker und Fruchthändler und Geflügelputzer, haben die ihrigen offen, und in den Barbierstuben, oder den Casinis der zweiten und dritten Ordnung sitzen noch einige alte Dickbäuche bey einem trüben Lichtlein, und träumen vor sich hin, oder einzelne Laternen stehen an den Ecken, und warten auf einem verirrten, oder furchtsamen Wandrer, um ihm für einige Soldi zu Hause zu leuchten. Alle übrigen, die das Leben mit Mühseligkeit tragen und durcharbeiten, hält lange der Schlaf gefangen, wenn jene Muntern und Frohen kaum anfangen zu schwärmen.   *Ernst Moritz Arndt, 1801*

Auf der Piazza

Nach dem Mittagessen, um 5 Uhr, eilt Alles auf den St. Markusplatz, trinkt eine Tasse Kaffee oder wandelt auf und ab. Immer mehr füllen sich die Gänge, immer voller wird der große Platz, und kein Wunder, denn wie allgemein angegeben wurde, befanden sich jetzt in Venedig 35 000 Fremde zu den 120 000 Einwohnern. Wir setzten uns vor das Kaffee *all' Imperatore d'Austria* (zum Kaiser von Oestreich), das hauptsächlich von Deutschen besucht wird, und in welchem der Oberkellner deutsch sprach, während die übrigen Burschen nur italienisch redeten. Nicht weit davon ist das Kaffee *Florian,* der Lieblingsaufenthalt der venetianischen Nobili, wo Silvio Pellico, wie er schreibt, so schöne Abende verlebt hatte. Vor den Kaffees unter der Halle stehen kleine Strohstühle und werden auch zu Hunderten auf dem Platze aufgeschlagen und mehren sich so von allen Seiten, daß in der Mitte nur ein schmaler freier Raum übrig bleibt. Die weite lange Piazza ist nun ein einziger Kaffeesaal geworden, worin sich Stuhl an Stuhl, Tisch an Tisch reihet und Fremde und Einheimische den schwarzen Trank einschlürfen. Es war mir eine Herzensfreude, daß er hier nicht im Weinglase gebracht wird. Man bekommt eine kleine Tasse, die nicht breit, aber hoch ist, von feinem weißem Porzellan, die der Bursche zu meinem großen Mißbehagen stets so voll gießt, daß auch die Untertasse ganz angefüllt wird, – denn er will viel geben, – dabei fein gestoßenen Zucker in solcher Menge, daß man kaum den vierten Theil gebraucht, und immer ein Glas Wasser dazu, und man bezahlt nur 3 Kreuzer dafür. Ueberdies ist es wie auch anderwärts Brauch, dem Kellner einen Kreuzer als Trinkgeld zu geben, was wenigstens für den Trinkenden den Vortheil hat, daß dieser ihn schnell und mit freundlichem Gesichte bedient. Auch wird viel Eis genossen, das ebenfalls wenig, die Portion 6 Krz., kostet. Nur das Trinkwasser ist nicht zu loben, zuweilen lauwarm, und wenn es auch, wie gewöhnlich geschieht, durch Eis abgekühlt wird, doch kein Labetrunk. Es ist eine wahre Wonne hier zu sitzen, und bei dem schönen Wetter, das recht warm, aber doch von der See her frisch durchlüftet und darum nicht drückend oder schwül wird, das Leben und Treiben, das je näher dem Abend immer

17 Die geschmückte Piazza San Marco am Himmelfahrtstag.
Gemälde von Francesco Guardi.

lebendiger geworden, anzuschauen. Hier wandeln sie auf und ab, Herren und Damen von vielerlei Völkern in vielerlei Trachten, Weltliche und Geistliche, letztere in langen und schwarzen Röcken oder Mänteln, mit Hüten oder eigenthümlichen Mützen bedeckt, dort sitzen die Menschen zu Hunderten auf dem Platze, dazwischen laufen Kinder, Knaben, Mädchen, prächtig ausstaffirt oder auch schmutzig und in Hemdärmeln, und bieten Dir alles Mögliche zum Verkauf an, Pantoffeln, Schuhe, Hemden, Beinkleider, Röcke, und nöthigen Dich Alles anzuprobiren, Andere kommen mit Austern, Muscheln, Schildkröten, Apfelsinen oder Orangen, hier Einer mit den beliebten überzuckerten Früchten, die in großem Ruf stehen, dort wieder ein Anderer mit aller Art von Kuchen, dann Einer mit Briefpapier und Feuerzeug, darauf will Dir ein Anderer die Stiefeln putzen, dazwischen traben die Wasserträger mit ihren zwei kupfernen Kesseln auf einer langen über die Schulter gestreckten Stange, und dort schreit Jemand *acqua fresca, acqua fresca* (frisches Wasser); und dann ziehen Musikbanden auf und singen und spielen, und kaum ist eine gegangen, so steht schon die andere wieder da, und man muß manchen Kreuzer springen lassen. Am spaßhaftesten war es mir zu sehen, wie eine große stattliche Dame, in gelben Nanking gekleidet, mit einem gelben Strohhut auf dem Kopfe, mit langen Schritten auf und ab ging und jedem der dort sitzenden Herren mit sehr ernstem Gesicht, und ohne ein Wort zu sprechen, einen Blumenstrauß in die Hand drückte und gleich weiter eilte, wenn sie nicht von dem Empfänger angehalten wurde und ihren Kreuzer empfing. Der Aufzug dieser ansehnlichen Figur mit dem winzigen Blumensträuschen, dabei der eilige Schritt und das feierliche Gesicht eines altrömischen Senators *in foro Romano* kam mir so komisch vor, daß ich das Lachen gar nicht lassen konnte; und das hatte für mich den Nachtheil oder auch Vortheil, daß sie mir keinen Strauß mehr überreichte. *H. K. Brandes, 1857*

Einen »Riesigen Festsaal mit Marmorparkett« nennt das Reise-Handbuch den Markusplatz. Also wird er das wohl sein. Das ganz Besondere dieses Saales steckt in dem, was ihm zum Saal fehlt: in der Decke, die er nicht hat. Ihr Fehlen gibt der Schwere Leichtigkeit, unter dem Plafond aus Luft löst sich zauberisch der Steine steinerner Ernst.

Hierdurch unterscheidet dieser Saal sich vorteilhaft etwa von den Sälen des Dogenpalastes, die bis zur Decke, und insbesondere an dieser, voll sind von lauter Robustis und Caliaris (bekannter unter den klangvollen Namen Tintoretto und Veronese). Diese venezianischen Meister entwickelten eine Produktivität, die der größten Wände spottete, und hätte der Markusplatz eine Decke, so wären wir heute gewiß um etwa zehntausend Quadratmeter Tintoretto und Veronese reicher. Er hat aber keine. Die wechselnden Farben des Himmels leuchten und dunkeln über ihm, man muß sich nicht das Genick verrenken, um ihre Schönheit zu genießen, und ringsherum ist, von den Bildern in den Kaufläden abgesehen, gar keine Malerei, sondern lauter Architektur. Rechts die alten, links die neuen Prokurazien, wenn man sie verwechselt, macht es auch nichts, im Osten geht strahlend die Markuskirche auf, und die Wand im Westen hat der Baumeister mit genialischer Frechheit so hingestellt, daß sie den Platz fugendicht abzuschließen scheint. An dem sonnigen Septembervormittag, an dem ich die Freude hatte, die Tauben von San Marco zu beobachten, waren dort ihrer dreißigtausendsechshundertundvierzig Stück versammelt, ein paar Sonderlinge, die allein auf der Piazzetta spazieren gingen, nicht mitgerechnet. Plötzlich flogen alle mitsammen auf und flatterten in großen schiefen Ellipsen stürmisch rauschend über den Platz. Und als sie zu Boden gingen, ein gewaltiger weicher Wirbel von Blau und Weiß und Grau, war es, als ob sie aus der Luft geschüttet würden, so dicht fielen und

lagen sie zuhauf übereinander. Das, die Ellipse und den Wirbel,
wiederholten sie dann noch mehrmals, ohne Anlaß oder Nö-
tigung, rein aus sportlichem Übermut oder irgendwelchem
geheimen Taubenritus gehorchend.

Wenn es dunkel wird, beziehen sie Quartiere in den Rundbö-
gen der Markuskirche, und wo immer die Fassade überdachten
Platz bietet. Dort hocken sie ruhig, schweigsam, aufgeplustert,
nur manchmal fliegt eine ein paar Ellipsen, vielleicht im
Traum, vielleicht durch das Aufblitzen der Bogenlampen zur
Meinung verführt, es sei schon Tag und der Dienst am Kun-
den, an den Fremden, beginne.

Der Photograph von San Marco bringt das Paradiesische der
Gruppe: Mensch und Tier, zustande. Er schüttet dem Indivi-
duum, das sich, einen Ausdruck unbeschreiblich blöder Süßig-

keit im Antlitz, seiner Platte stellt, Taubenfutter ins Haar. Die
guten Tiere gehen auf den Vorschlag ein, setzen sich den
widerwärtigsten Männern und häßlichsten Weibern auf den
Kopf und holen sich Körner aus der Frisur. Es ist Fraß und sieht
aus wie Idyll.

Mit den Tauben, ganz im allgemeinen, ist das eine eigentüm-
liche Sache. Man verzärtelt und man frißt sie, man fühlt und
man füllt sie, sie sind das Symbol der Sanftmut, des Friedens,
der Liebe, und man tötet sie, wettschießend, zum sportlichen
Vergnügen. Die Tauben, besonders die von San Marco,
drücken über diese Gemeinheiten des Menschen ein Auge zu
und verkehren mit ihm so herzlich unbekümmert, daß der
Intelligenz-Grad dieser Tiere als ein äußerst geringer angenommen werden darf.   *Alfred Polgar, 1954*

»Der neue Campanile«

I.
Campanile! Campanile!
　　»Auferstanden!« (jubeln viele);
»Ruderscht du vor die Piazzetta,
　　Wirkt der Eindruck jetzt viel netta.«

II.
Prächtiger Platz, mit Bogen, Zacken,
　　Platz, auf dem die Tauben . . . hacken.
Weil man ihnen Erbsen streut.
　　(Und sie hacken stets erneut).

III.
»Horch! Die Campanile-Glocken!«
　　Pirna macht sich auf die Socken.
Herrlich an der Adria
　　Liegt das Café Quadri! Ja!

Lehrerinnen, säck'sche Grazien,
Sitzen vor den Procurazien – –
Wo das blonde Frauenbild
»Ober! einen Wääärmuth!!« brüllt.

Alfred Kerr, 1920

Die Katzen wiegen San Marco auf

Wenn das, was folgt, ein wenig verworren und unübersicht-
lich wird, kann ich nichts dafür; denn ich selbst habe keineswegs das angeordnet, was ich sah. Es ist ein bißchen viel; in
Ordnung bringe ich es erst nachträglich, und zwar indem ich
alles wieder vergesse. Aber jetzt kann ich es nur einigermaßen
in zwei Fächer einordnen, unter zwei summarische Titel: was
mir gefiel und was mir nicht gefiel. Was mir nicht gefiel:
1. die fürchterliche Menge Touristen hier in Venedig. Die
Deutschen tragen größtenteils Rucksäcke oder Lodenbeklei-
dung, die Engländer Fotoapparate, die Amerikaner erkennt
man an ihren Schultern und die Tschechen daran, daß sie fast
wie die Deutschen aussehen und auffallend laut reden, vielleicht deshalb, weil bei uns die Luft dünner ist.
2. San Marco. Das ist keine Architektur, das ist ein Orchestrion; man sucht den Schlitz, wo man den Kreuzer hinein-
wirft, damit die ganze Maschinerie mit »O Venezia« loslegt.
Den Schlitz habe ich nicht gefunden, infolgedessen spielte das
Orchestrion nicht.
3. Die Neuvermählten überhaupt, ohne Angabe von Gründen.
Mindestens ein Dutzend Dinge könnte ich aufzählen, die mir
nicht gefielen, aber ich eile lieber, von Freude beflügelt, zu
dem, was mir gefiel. Was mir gefiel:
1. Vor allem und vielleicht am meisten der Schlafwagen, eine
herrliche Schlafmaschine voll hübscher Messinghebel, Drük-
ker, Knöpfe, Schalter, Klinken und sonstiger Apparate. Wenn

man darauf drückt oder daran zieht, gibt es gleich irgendeinen Schlafkomfort, eine Erfindung oder eine Errungenschaft. Die ganze Nacht vergnügte ich mich damit, an allem herumzufingern, zu drücken oder zu ziehen; manchmal, bei gewissen Kleiderhaken, ergebnislos, offenbar infolge meiner Ungeschicklichkeit. Vielleicht kann man damit paradiesische Träume oder sonst etwas hervorrufen.

2. Die italienischen Gendarmen gleich von der Grenze an. Sie gehen immer zu zweit, an ihren Rockschößen haben sie einen brennenden Puma aufgestickt und auf den Köpfen Schiffe, wie sie früher die Gymnasialprofessoren trugen, nur haben sie sie quer aufgesetzt. Sie sind über alle Maßen sympathisch und lächerlich, und sie erinnern mich, ich weiß nicht warum, an die Brüder Čapek.

3. Die venezianischen Gäßchen, wenn es keine Kanäle oder Paläste darin gibt. Sie verlaufen so kompliziert, daß sie bis heute noch nicht alle erforscht sind; manche hat vielleicht noch nie eines Menschen Fuß betreten. Die besseren sind einen ganzen Meter breit und so lang, daß in ihnen eine Katze selbst mit Schwanz Platz hat. Es ist ein Labyrinth, in dem vollends die Vergangenheit umherirrt und nirgends hinaus kann. Ich, der ich mich meines Orientierungssinns rühme, wanderte gestern zwei Stunden lang im Kreise herum. Vom Markusplatz ging ich zum Rialto, das sind gut zehn Minuten; nach zwei Stunden landete ich endlich wieder auf dem Markusplatz. Diese venezianischen Gassen erinnern mich lebhaft an den Orient, vermutlich deshalb, weil ich niemals im Orient gewesen bin, oder an das Mittelalter, ungefähr aus dem gleichen Grunde. Doch auf Carpaccios Bildern sieht Venedig haargenau wie heute aus, nur die Touristen muß man abziehen.

4. Überaus angenehm ist es, daß es hier nicht ein einziges Auto gibt, nicht einmal ein Fahrrad oder eine Droschke, ein Fuhrwerk oder einen Leiterwagen, dafür aber

5. sehr viele Katzen, mehr als Tauben beim heiligen Markus, riesige, geheimnisvolle, helläugige Katzen, die aus den Hauseingängen ironisch auf die Touristen blicken und des Nachts in einem merkwürdigen Alt heulen.

6. Hübsch sind die italienischen Matrosen, kleine blaue Buben, und hübsch sind die Kriegsschiffe, überhaupt die Schiffe: Segelschiffe, Dampfer, Barken mit safrangelben Segeln, graue Torpedos mit schönen Kanonen, stämmige Transporter; jedes Schiff ist schön und verdient einen weiblichen Namen. Deshalb wollte ich vielleicht auch als Junge ein Matrose sein. Heute erst auf dem Lido verfolgte ich ein schwindendes weißes Segelboot, das irgendwohin gen Osten fuhr, und diese weißen Segel lockten mich weit weg – unendlich mehr als dieses weiße Papier, auf dem ich ohnehin kein Neuland entdecke.

Karel Čapek, 1961

Über Nacht hatte es geschneit, und als ich morgens aufwachte, schneite es immer noch. Die Flocken fielen sanft und senkrecht durch die unbewegte Luft, und alles Empfinden war voll Trägheit und Ruhe. Es war herrlich, still zu liegen und – nach einem kurzen Blick auf den goldgeflügelten Engel des Glockenturmes von San Marco – die müden Augen bloß der Betrachtung des gegenüberliegenden Daches zu überlassen, wo der Schnee etwa einen Zentimeter hoch auf den braunen Ziegeln lag.

Dieser kleine Ausschnitt – ein paar Quadratmeter eines Dachs, ein Schornstein und ein Mansardenfenster – erfüllte auch die begehrlichsten Ansprüche. Faul spielte ich mich dieser Domäne der Freude gegenüber als Herr auf, während die verbleibenden Schleier des Traums von einer neuen Schöpfung mit der schwelgerischen Stimmung des Augenblicks und der Stille des Schneefalls verschmolzen und meine Träumerei zur herrlichsten Angelegenheit der Welt machten. Als ich mich sehr tief darin verloren hatte, war ich unaussprechlich gerührt und dankbar über das Erscheinen einer schwarzen Katze am Mansardenfenster. In Venedig scheinen die Dächer, die über angenehme Lagen verfügen, hauptsächlich der Förderung dieses Tiers zu dienen, und es gibt viele Katzen in Venedig. Meine schwarze Katze bildete mit dem Schnee für einen kurzen Augenblick ein wundervolles Bild, und dann rannte sie über das Dach. Nichts hätte besser sein können; denn jedes Geschöpf, das weniger leise gewesen wäre oder dem Auge weniger geschmeidige Bewegungen geboten hätte, hätte eine Seelenqual bedeutet. Also, dieses Wenige an Bewegung stimmte mich so zufrieden, daß ich alles andere aus meinen Träumereien verbannte und nur daran dachte, wie wundervoll die Katze mit den schneebedeckten Ziegeln, dem Schornstein und dem Mansardenfenster harmonierte.

Ich begann mich nach ihrer Rückkehr zu sehnen, aber als sie

hervorkam und ihre Bewegung wiederholte, hatte ich bereits aufgehört, an der Sache Gefallen zu finden und erlebte nur noch den Ekel der Übersättigung. Ich hatte *ennui* verspürt, also blieb mir nichts anderes, als aufzustehen und meine Beziehungen zur Welt zu verändern.

In den Straßen Venedigs darf der Schnee nicht ruhen. Sofort wird er von Hunderten halbnackter *facchini* in die Kanäle geschoben; auf dem Markusplatz peinigte die Musik unzähliger Schaufeln meine Ohren, ich sah die zitternde Legion der Armut im Streit um die Herrschaft über die Piazza mit den Elementen der Natur. Aber der Schnee fiel weiter, und durch das Halbdunkel der fallenden Flocken wirkte all dieses Plagen und Kämpfen wie diese Art von ermüdender Anstrengung, die in Träumen vorkommt und bei der die entschiedenste Mühe die zu bewältigende Aufgabe nur zu erneuern scheint. Die hochragende Spitze des Glockenturms wurde in den Falten des fallenden Schnees verborgen, und ich konnte den goldenen Engel auf ihrer Spitze nicht mehr sehen. Aber wenn man über die Piazza schaute, war der herrliche Umriß von San Marco exakt in die Luft gezeichnet, und die sich bewegenden Schneefäden wurden in den Bann eines überraschenden Zaubers um ein Gebilde herum verwoben, das mir immer schon in seiner fantastischen Lieblichkeit zu außergewöhnlich erschienen war, um nicht eine Schöpfung der Magie zu sein.

Der zarte Schnee hatte an dem schönen Gebäude alle Wunden der Zeit geheilt, verdeckte alle Flecke und alles Häßliche des Verfalls, so daß die Kirche aussah, als sei sie eben erst vom Baumeister vollendet worden, oder besser noch, als sei sie eben dem Gehirn des Architekten entsprungen. Die Farben der Mosaike in den großen Bögen der Fassade waren herrlich frisch, und die graziöse Harmonie, in die der Tempel sich erhebt mit seinen Marmorschnörkeln und dem Überfluß an Blattornament, der die Statuen der Heiligen leicht stützt, wurde hundertmal verklärter durch die Reinheit und die Weiße der fallenden Flocken. *William D. Howells, 1866*

In den Bleikammern

Ich folgte schweigend dem Kerkermeister. Nachdem wir durch einige schmale Gänge und einige Säle gekommen waren, gelangten wir zu einer schmalen Treppe, die uns unter die Bleidächer führte, berühmte Staatsgefängnisse von den Zeiten der Republik Venedig her.

Nachdem hier der Kerkermeister meinen Namen zu Buch gebracht hatte, schloß er mich in das für mich bestimmte Zimmer ein.

Die sogenannten Bleigewölbe sind der obere Teil des ehemaligen, ganz mit Blei gedeckten Dogenpalastes.

Mein Zimmer hatte ein großes Fenster mit einem gewaltigen Eisengitter und die Aussicht auf das ebenfalls bleierne Dach der Sankt Markuskirche. Jenseits der Kirche sah ich in der Entfernung das Ende des Markusplatzes und von allen Seiten eine Menge Kuppeln und Glockentürme. Der kolossale Glockenturm von San Marco war von mir bloß durch die Länge der Kirche geschieden und ich hörte diejenigen, die auf demselben etwas laut sprachen. Auf der linken Seite der Kirche sah man auch einen Teil des zum Palaste gehörigen Hofes und einen der Eingänge. Auf diesem Teile des Hofes befindet sich ein öffentlicher Brunnen, und dahin kamen fortwährend Leute, um Wasser zu holen. Aber da mein Gefängnis zu hoch war, erschienen mir die Menschen da unten wie Kinder, und ich verstand ihre Worte nur, wenn sie schrieen. Ich fühlte mich um vieles einsamer, als in den Kerkern Mailands. In den ersten Tagen machte mich die Sorge wegen der Kriminaluntersuchung, die von der Spezialkommission gegen mich erhoben wurde, etwas niedergeschlagen, und es gesellte sich vielleicht auch das peinliche Gefühl größerer Einsamkeit dazu. Außerdem war ich weiter von meiner Familie entfernt und erhielt von ihr keine Kunde mehr. Die neuen Gesichter, die ich sah, waren mir nicht zuwider, aber sie beobachteten einen fast erschreckenden Ernst. Das Gerücht hatte ihnen die Anschläge der Mailänder und des übrigen Italiens auf Unabhängigkeit übertrieben und sie vermuteten, ich sei einer der strafwürdigsten Anstifter solchen Schwindels. Mein geringer schriftstellerischer Ruf war dem Kerkermeister bekannt, seiner Frau, der Tochter, den beiden Söhnen, und drang sogar bis zu den beiden Gefängniswärtern, und wer weiß, ob diese alle sich nicht einbildeten, ein Tragödiendichter sei eine Art von Hexenmeister.

Sie waren ernst, mißtrauisch, begierig nach näherer Kunde

von mir, die ich ihnen geben sollte, aber voll von Artigkeit. Nach den ersten Tagen wurden sie alle milder, und ich fand sie gut. Die Frau war diejenige, welche am meisten die Haltung und das Wesen einer Kerkermeisterin beibehielt. Sie war eine Frau von trocknem, sehr trocknem Aussehen, an die vierzig, von trockner, sehr trockner Rede, die nicht im geringsten verriet, daß sie irgend eines Wohlwollens gegen andere als ihre Kinder fähig sei. Sie pflegte mir früh nach dem Mittagessen Kaffee zu bringen, Wasser, weiße Wäsche und dergleichen. Es begleiteten sie gewöhnlich ihre Tochter, ein Mädchen von fünfzehn Jahren, nicht schön, aber von teilnehmendem Aussehen und ihre beiden Söhne, der eine von dreizehn, der andere von zehn Jahren. Sie verließen mich mit der Mutter, und die drei jugendlichen Gesichter drehten sich freundschaftlich nach mir um, beim Abschließen der Tür mich anzublicken. Der Kerkermeister kam nicht zu mir, außer wenn er mich in den

Saal führen sollte, wo die Kommission sich versammelte, um mich zu verhören. Die Gefangenwärter kamen selten, weil sie den Dienst in den in einem untern Stock befindlichen Polizeigefängnissen hatten, wo sich stets viel Räuber befanden. Der eine dieser Gefangenwärter war ein Greis von mehr als siebzig Jahren, aber noch kräftig genug zu dem beschwerlichen Leben, die Treppen immer auf und ab nach den verschiedenen Kerkern zu laufen. Der andere war ein junger Mensch von vierundzwanzig bis fünfundzwanzig Jahren, bereitwilliger seine Liebesabenteuer zu erzählen, als seines Dienstes zu warten.

Silvio Pellico, 1832

An der Riva degli Schiavoni

Noch warf die Abendkühle ihren sanften Schimmer auf die Häuser der Riva, als ich von da in ihr Getümmel trat. Wer venetianisches Volksleben studiren will, der muß sie zu seinem Aufenthalt machen, er wird hier eine unerschöpfliche Quelle finden. Zur Masse der Venetianer aller Stände, die sich da herumtreiben, liefern die langen Reihen der Schiffe und Barken, die vor Anker liegen, noch die braunen Albanesen, die ernsten Türken, lebhafte Griechen und langbärtige Armenier mit ihren bunten malerischen Costümen, die Matrosen aller übrigen europäischen Nationen mit ihren blauen oder rothen Hemden und der Vorliebe für Bacchus und Venus Lärm und Spektakel aller Art, um den Anblick, der sich dem Beschauer darbietet, noch wechselnder zu machen. Aber außer der Bewegung, die der Hafen durch das Aus- und Einladen der Schiffe etc. verursacht und die in allen Seestädten ungefähr dieselbe ist, hat die Riva ihre ganz eigenthümlichen Reize, die man anderwärts nicht findet. Da siehst Du erstens Hunderte von Gondolieren in ihren dicken Cassotten, die den nahenden Fremden sofort mit Einladungen zu Gondelfahrten bestürmen und ihm alle Herrlichkeiten Venedigs in verführerischer Dialektik anpreisen. Der will Dich nach St. Sebastiano führen, daß Du die Meisterwerke von Paul Veronese sehen könnest, ein Anderer erbietet sich, Dich nach dem Lido zu rudern, oder nach Torcello, wo die älteste Kirche sei, ein Dritter will Dir *Palazzo Ca d'oro*, den schönsten nach dem Ducale, oder das Haus der Desdemona zeigen, auch das Martyrium St. Petri und die Dogendenkmäler in St. Giovanni und Paolo finden ihre Lobredner, oder das Haus der Catarina Cornaro, der Königin von Cypern, am *Canal grande*, kurz, Du kannst, wenn Du sonst Lust hast, in aller Geschwindigkeit einen Cursus venetianischer Geschichte hören, wie Du Aehnliches schwerlich anderwärts von einfachen Kahnführern, den Fiakern Venedigs, genießen wirst. –

Natürlich sind die Parterre-Etagen der Häuser der Riva meist von Cafe's, Osterien und Kneipen eingenommen, doch die genügen noch lange nicht für die Menge der Hungrigen und Genußlustigen, überall auf dem Pflaster siehst Du noch bewegliche Restaurationen etablirt, da röstet man Kastanien, brät Aepfel, bietet man eine gräuliche Limonade feil nebst nicht minder lebensgefährlichen Bonbons dazu, dort hat einer Seeungeheuer aller Art, Hummer, Krabben, Seespinnen, schon gesotten zu Hunderten zu den fabelhaft billigsten Preisen daliegen, dort werden Macaroni eben frisch gekocht aus dem Kessel geholt, oder Polenta abgeschnitten und stückweise mit etwas Käse, der hier nirgends fehlen darf, bestreut, von braunen Matrosen *brevi manu* verspeist, der Topf, aus dem die unerläßliche Reissuppe geschöpft wird, steht in jener Ecke auch schon am lustigen Feuer und versammelt zahlreiche Verehrer, während die Frugalsten unter den Frugalen einem Manne sich zuwenden, der mit ernster Miene ungeheure gesottene Kürbisse feil bietet, und sich für einen Kreuzer ein großes Stück abhauen lassen, das ihnen zum leckern Mahle dienen muß. Zu diesen, wenigstens 12 Stunden des Tags stabil

22 *Auf der Brücke der Veneta Marina an der Riva degli Schiavoni.*

auf dem Kai verweilenden Etablissements kommen nun aber
noch eine Menge Tirailleurs, die herumwandernd Dir alle
möglichen Genüsse darbieten, Obst, Kuchen, Eiswasser,
Schnaps, auch lebendige zornige Truthähne, wehmüthige Ka-
paune, geschmeidige Seeale und kleine allerliebste Feigen-
Schnepfen, die mit furchtbarem Geschrei wie fast alles Uebrige
herumgeboten werden, reizen verwöhntere Gaumen, so wie
ein Uebermaß der schönsten Südfrüchte, Orangen, Trauben,
Granatäpfel und Feigen sich lockend dem Auge darbietet.
Doch sind die Eßwaaren noch lange nicht Alles, was auf dem
Pflaster der Riva seine Abnahme sucht, ja nur ein kleiner Theil
desselben, denn jeden Morgen etabliren sich da noch die *en
gros*-Geschäfte der Trödler aller Art, und höchst komisch ist die
Manier, wie sich alle diese Kaufleute vor der im Sommer

freilich gar arg brennenden Sonne zu schützen suchen, durch Matten, alte Segel, Regenschirme, Betttücher etc., woran unser einer seine Herzensfreude hat. So siehst Du dort eine ganze Familie, Vater, Mutter, Sohn und zwei Töchter unter einem alten geflickten Bettüberzug zusammengekauert; der Herr Sohn geht ab und zu, die Tagesneuigkeiten bei den Freunden einzusammeln und der Familie wiederzubringen, der Vater schläft und die Mutter sucht unterdeß die ihr im Schooß liegende jüngste Grazie von gewissen Thierchen zu befreien, die hier schier noch verbreiteter zu sein scheinen, als die so mit Unrecht in Mißcredit gebrachten Flöhe, während die ältere Tochter die zerlumpte Jacke des Herrn Bruders flickt und kokettirende Blicke aus ihren kohlschwarzen Augen auf die Vorübergehenden schießt. Vor sich haben sie ein Dutzend alte eiserne Pfannen, drei messingne Leuchter, zwei Feuerschippen, eine alte römische Lampe und sechs geflickte Porzellan-Teller nebst einer schadhaften Suppenterrine, auch einen alten Lederkoffer und eine interessante Sammlung verrosteter Nägel, Klammern und Kettenfragmente, wahrscheinlich die Früchte irgendwo ausgeübten Strandrechts, sorgfältig in lachender Fülle vor sich ausgebreitet auf dem Pflaster liegen, die den Fond des Geschäfts ausmachen, von dem die fünf Faullenzer leben wollen. Dergleichen Kramläden siehst Du nun in den mannigfachsten Variationen, selbst Literatur und bildende Kunst finden sich da vertreten, ihre Producte werden an der Mauer eines Hausgangs aufgehängt oder hinter einer Brückenecke lockend aufgestellt, um dann allabendlich wieder in die dunkle Kiste des rothnasigen Merkurs eingesperrt zu werden. – Die Kaffeschenken, die in vielen Häusern der Riva bestehen, haben auch ihre geheimen Reize, die alle ungefähr denselben Charakter tragen, – die Raum-Ersparniß ist da aufs Höchste getrieben und die größte philosophische Einfachheit ziert den ganzen Apparat; zwischen Wirth und Gast besteht in Folge derselben ein äußerst intimes Verhältniß, das Neugierigen, wie

mir, gestattet in alle Geheimnisse der Fabrikation von Kaffee, Chocolade, *Latte di gallina,* – unseres Hoppel-Poppel – u. a. m. einzudringen, wie sie vermittelst des Dutzend Kännchen, die dort auf dem Herd stehen, betrieben wird. Das liebenswürdigste Original dieser Kneipen befindet sich übrigens an der Ecke des Markusplatzes und der Piazetta, den Börsenmäklern zum Absteigequartier dienend, die da gar viele große Geschäfte auf den kleinen Tischchen abschließen und bei geheimen Verträgen eine Höhle im Entresol benutzen, zu der eine kleine Treppe rechts in der Küche hinaufführt. Der Ganymed ist eben beschäftigt, sein erloschenes Feuer mit einem Flederwisch wieder anzufachen, denn die Erfindung des Blasebalgs scheint der venetianischen Kaffeesiederei in ihrem dermaligen Zustand noch gänzlich unbekannt zu sein. Indessen sind fast alle seine

Producte gut und billig, das Lokal ist wirklich von bestechender Gemüthlichkeit, so daß ich die fünf Kännchen am Feuer, den Flederwisch und alle die verschiedenen andern Geräthe ordentlich lieb gewonnen habe und mich in meinem Winkel so behaglich fühle, wie es nur ein ächter Venetianer thun kann, der im Winter das Kaffeehaus schier zu seiner Wohnung macht, weil es immerhin wärmer ist, da seine Correspondenz besorgt, seine Besuche empfängt, die Geschäfte macht, ja sogar sich die Stiefeln putzen läßt.

Friedrich Pecht, 1853

»Auf dem Canal grande«

Auf dem Canal grande betten
Tief sich ein die Abendschatten,
Hundert dunkle Gondeln gleiten
Als ein flüsterndes Geheimnis.

Aber zwischen zwei Palästen
Glüht herein die Abendsonne,
Flammend wirft sie einen grellen
Breiten Streifen auf die Gondeln.

In dem purpurroten Lichte
Laute Stimmen, hell Gelächter,
Überredende Gebärden
Und das frevle Spiel der Augen.

Eine kurze kleine Strecke
Treibt das Leben leidenschaftlich
Und erlischt im Schatten drüben
Als ein unverständlich Murmeln.

Conrad Ferdinand Meyer, 1889

Die Konstruktion und Materialien eines venezianischen Palasts
blieben während der langen Geschichte der erhaltenen Bauten
der Republik unverändert. Die wichtigsten Variationen ergaben sich vom 16. Jahrhundert an, doch ging es dabei größtenteils um Details oder die Dekoration. Die Neuerungen ließen
die Disposition unberührt. Wo der harte Insellehm den Untergrund bildete, brauchte man keine Pfahlgründung. Aber solche Fälle kamen kaum vor, da derartig solider Boden selten
war und man ihn für größere Bauten überall verstärken
mußte. Die meisten venezianischen Paläste ruhen auf einer
Gründung aus Pfählen und Füllstoff. Für die Pfähle verwendete man Eichenholz im Durchmesser von 20 bis 25 Zentime-
tern und einer Länge von zwei Metern, das man nach dem
Zuschneiden in Brackwasser einweichte. Ursprünglich kam
die Eiche aus Wäldern am Lido und dem nahegelegenen Festland, später zog man Holz aus Dalmatien vor. Um die Pfähle
tiefer einrammen zu können, als es selbst bei Ebbe möglich
war, wurde am Bauplatz ein Fangdamm errichtet, der mit
Bohlen abgestützt und einem Lehmdamm abgedichtet war.
Dann wurde das Innere ausgehoben und ausgeschöpft, und
zwei Mann rammten die Pfähle mittels eines schweren Ge-
wichts mit zwei Griffen in den Grund. Als in späteren Jahrhunderten längere Pfähle in Gebrauch kamen, hievten die Arbeiter
ein Gewicht mit Seilen und Flaschenzügen hoch und ließen es
auf das Ende des Pfahls niedersausen. Dieses System wird in
Venedig heute noch angewendet – nur der rhythmische Gesang der Arbeiter ist verschwunden. Moderne Ingenieure haben bei der Untersuchung der Pfahlgründungen eine interessante Entwicklung festgestellt. Die Pfähle unter den ältesten
Bauten wie der Basilika und dem Campanile sind kurz und auf
Abstand gesetzt. Unter neueren Bauten wie der Basilika Santa
Maria della Salute aus dem 17. Jahrhundert sind die Pfähle

dagegen länger als zwei Meter und sehr eng nebeneinander eingerammt. Früher wurden große Lasten von relativ seichten Gründungen getragen, später wollten die Baumeister ihre Bauten im festen Untergrund der Lagune verankern. Bei den Palästen versenkte man nur unter den Außen- und den wichtigsten tragenden Binnenmauern Pfähle. Sobald die Pfahlgründung niedergebracht war, wurde sie nivelliert und mit Lehm gefüllt. Dafür und für andere Abdichtungsarbeiten nahm man besonders harten Lehm.

Nach Fertigstellung der Pfahlgründung wurden zweieinhalb Zentimeter dicke Bohlen aus Lärche, Walnuß oder später Mahagoni kreuz und quer über das ganze Fundament verlegt und auf diesen Bohlen dann – noch unter dem Wasserspiegel – aus Ziegelsteinen die Fundamentmauern errichtet. Dafür verwendete man bei den ältesten Häusern flache Ziegel nach römischem Muster (40-50 × 25 × 5 cm) oder noch dünnere, nur drei Zentimeter starke Ziegel, die *communella* hießen. Seit dem 15. Jahrhundert wurden fast überall tiefrote Ziegel in modernerem Format (26 × 13 × 6 cm) verbaut, wie sie heute noch in Venedig gebräuchlich sind.

Wenn die Mauern Bodenhöhe erreicht hatten, folgte eine Lage istrischen Marmors. Die *pietra d'Istria* diente dazu, das Mauerwerk zu binden; sie bildete eine solide Basis für die hohen Mauern und bot dank ihrer Dichte Schutz gegen aufsteigende Feuchtigkeit. Die Außenmauern der unteren Geschosse waren durchschnittlich drei bis vier venezianische Ziegelsteine stark, die Außenmauern der oberen Geschosse nur zwei, um die Last zu verringern. Der Mörtel bestand aus Sand und Kalk. In der Frühzeit verwendete man Naturkalk, später meistens gebrannten Kalk. Bei den ältesten erhaltenen Gebäuden in Venedig wurde nur die äußere Ziegellage vermörtelt, während die innere oft einfach als Trockenmauerwerk gefügt wurde. Abschließend wurde das Mauerwerk abgedichtet oder verfugt, doch wurden schon früh Außenmauern auch verputzt. Hierbei wurden zerstoßene Ziegel mit einer Kalklösung zu Stuck gemischt und auf das Mauerwerk aufgetragen, dessen Fugen der besseren Haftung wegen mit einem Nagel geritzt wurden. Alter *intonaco*, das heißt Verputz, war eine Mischung aus zerstoßenen Ziegeln und Marmorkörnern, während moderner *intonaco* aus synthetischen Farben und Sand besteht. Die Innenmauern waren ebenso stark wie die Hauptmauern; später eingezogene Zwischenwände hingegen sind manchmal bis zu dreißig Zentimeter dick, damit sie schwere steinerne Türrahmen aufnehmen können. Diese Trennwände wurden aus leichten, rohen Brettern gebaut, waren entweder hohl oder mit Bruchstein gefüllt und außen mit Putz als Untergrund für den Stuck versehen. All diese Elemente der venezianischen Palastbauweise bleiben jahrhundertelang gleich.

Noch erstaunlicher ist, daß der Grundriß des venezianischen Palasts so lange unverändert blieb; lediglich zeitbedingte Moden und architektonische Neuerungen führten zu Ausnahmen und geringfügigen Variationen. Die meisten Paläste sind symmetrisch: Der Hauptsaal, *sala del portego*, liegt in der Mitte, beiderseits schließt sich eine gleiche Zahl von Räumen an. Wenn bei einigen der wichtigsten Paläste an der Kanalfront eines oder zwei der Nebenzimmer zum *portego* hin geöffnet wurden, wodurch dieser einen L- oder T-förmigen Grundriß erhielt, so ist diese Maßnahme trotz ihrer Auswirkung auf die Fassadengliederung nur als Variation des Normaltyps anzusehen.

Hauptelement im Erdgeschoß aller venezianischen Paläste ist das *andron*, die Halle hinter dem Wassertor. Sie läuft durch den ganzen Palast, und in Häusern mit Mezzanin ist sie höher als die anderen Erdgeschoßräume, weil sie auch die Höhe des Mezzanins einbezieht. Das *andron* war die Haupteingangshalle und diente, entsprechend der Doppelfunktion des frühen venezianischen Palasts (Geschäfts- und Wohnhaus eines patrizischen Kaufmanns), sowohl kommerziellen als auch zeremoniellen

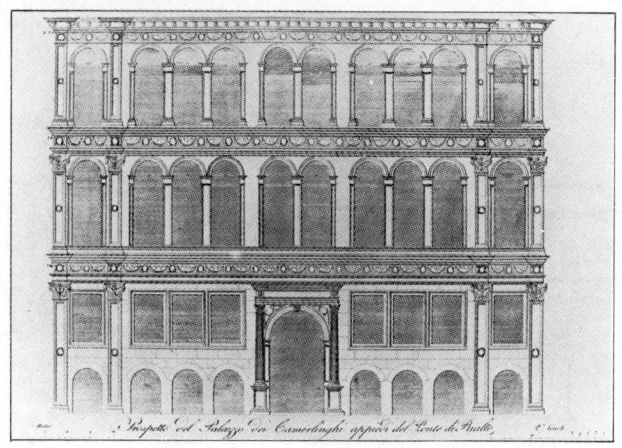

24 *Aufriß des Palazzo dei Camerlenghi.*

Zwecken. Über den Verwendungszweck des *andron* wird oft Unzutreffendes behauptet. So heißt es, die Gondeln seien hier abgestellt worden; tatsächlich aber waren sie in den Zeiten der Republik ständig im Wasser, wenn sie nicht gerade gestrichen oder repariert wurden. Gelegentlich mochte eine Reparatur im *andron* vorgenommen werden, wenn der Besitzer nicht zu einer der zahllosen Bootswerften ging. Auch nimmt man an, daß von Leichtern die Fracht der Handelsschiffe ins *andron* entladen wurde; doch es ist fraglich, ob ein so feuchter und zugiger Raum geeignet war, um Waren und Spezereien zu lagern oder feilzubieten. Die Räume beiderseits des *andron* waren sowohl im Magazin nach Art einer *casa fondaco* wie auch im späteren Patrizierwohnhaus Lagerräume. Es hing von der Tiefe des Gebäudes ab, wie viele solcher Räume es gab. Drei Räume auf jeder Seite waren üblich; einer der mittleren diente meist als Treppenhaus. Auch die Küchen lagen in diesen dunklen Erdgeschoßräumen, und manchmal findet man hier noch heute große Kamine mit Rauchfängen und steinerne Wassertröge.

25 Grundriß des Palazzo dei Camerlenghi und die Eingangstüre.

Das *andron* war der einzige Raum im Erdgeschoß, der in allen Häusern fast gleich aussah. Der Boden war gekachelt, wobei diagonale Reihen weißen istrischen Marmors mit rotgeädertem Marmor aus Cattaro in Dalmatien abwechselten, und die Ziegelmauern waren zum Schutz gegen die Feuchtigkeit mit dunkelgebeizten Brettern verkleidet. An den Wänden waren schlichte Stein- oder Holzbänke angebracht; später versah man sie mit hohen hölzernen Rückenlehnen, die glatt an der Wand anlagen, entlang der Ränder geschnitzt und mit Familienwappen bemalt waren. Doch derartiger Wappenstolz war nur noch ein schwacher Nachklang früherer Zeiten, als man im *andron* erstklassige Mailänder und deutsche Rüstungen bewundern konnte. Schwerter, Dolche, Piken und Hellebarden wurden mit dem Beutegut und den Flaggen feindlicher Flotten zu Trophäen gebündelt. Für Beleuchtung sorgten oft Fackeln, die in der riesigen Hecklaterne einer Kapitänsgaleere oder in dem gewaltigen dreiteiligen *fanale* vom Flaggschiff eines Admirals steckten. Später wurde es üblich, eine Hängelaterne anzubringen; aus dem 17. und 18. Jahrhundert gibt es schöne Exemplare mit schmiedeeisernem Blattwerk und Kartuschen. In den Lagerräumen war Schmuck wenig zweckmäßig; trotzdem ging man bald dazu über, die schweren Eisengitter an den einfachen Fenstern kunstvoll zu bearbeiten. Zunächst ragten die Gitter käfigartig vor, später verankerte man sie an den Innenseiten der Fensterrahmen und flocht die Stangen diagonal durcheinander. Noch später schmiedete man das Eisen zu komplizierten Rosettenmustern oder – in Anlehnung an die im 18. Jahrhundert beliebten schmiedeeisernen Balkongitter – zu konvexen, senkrechten Stäben.

Eine der wichtigsten Änderungen der Disposition fand statt, als an die Stelle der Außentreppe an der Rückseite des Palasts eine Innentreppe trat. Diese Neuerung stammt aus dem späten 15. oder frühen 16. Jahrhundert, doch wurden Paläste im gotischen Stil auch danach noch mit Außentreppe gebaut. An einen ersten Treppenlauf schloß sich im rechten Winkel ein zweiter, getragen von spitzen Ziegelbögen, die im Neigungswinkel der Treppe anstiegen. Schlichte basislose Steinsäulchen trugen ein flaches Treppengeländer; nur an den Absätzen verbanden winzige Kielbögen die Säulchen mit dem Geländer. Das Geländer selbst schmückten manchmal skulptierte Menschenköpfe oder sitzende Löwen. Über dem obersten Treppenabsatz befand sich oft ein kleines Dach, das an der Mauer auf Balken ruhte und von zwei über die Balustrade hochragenden Säulen getragen wurde. Die so entstandene Veranda nannte man *liagò*; ebenso hießen später die ringsum geschlossenen Balkone, die im 18. Jahrhundert beliebt wurden. Die Außentreppe eines gotischen venezianischen Hauses führte bis zum *piano nobile*; das darüber liegende zweite *piano nobile* eines Zweifamilienhauses wurde jedoch über eine zweite Treppe in einem eigenen Hof erreicht.

Im frühen 15. Jahrhundert fügte man ein Halbgeschoß zwischen Erdgeschoß und *piano nobile* ein, das seither fester Bestandteil der venezianischen Palastarchitektur ist. Dieses *mezzà* genannte Mezzanin entstand aus den oberen Teilen der beiderseits des *andron* gelegenen Lagerräume und enthielt dementsprechend zwei getrennte Gruppen von Zimmern. Diese wurden bald durch einen Gang verbunden, der in der Nähe des Wassertors das *andron* durchquerte. Zunächst dienten die Mezzaninräume als Büros für Akten, Geschäftsunterlagen und Archive. Als die kommerzielle Funktion der Häuser zurück- und aristokratische Bedürfnisse in den Vordergrund traten, brachte man auch seltene Bücher, Manuskripte, Juwelen und naturwissenschaftliche Instrumente ins Familienarchiv, so daß das Mezzanin nach und nach zur Bibliothek und zum Aufbewahrungsort für die diversen Schätze der Familie wurde. Erst im 17. und 18. Jahrhundert, als die Haupträume des *piano nobile* immer größer wurden, benutzte man die gemütlicheren und leichter heizbaren Mezzaninräume als Wohn- und Schlafzimmer.

Die ersten Mezzaninwohnungen lagen voneinander getrennt beiderseits des *andron*. Die eine erreichte man auf einer eigenen Nebentreppe, die vom Erdgeschoß herauführte, die andere von einem Absatz der innenliegenden Haupttreppe. Treppe und *portego* verband ein Bogendurchgang, dessen Verzierungen in der Renaissance und später alles andere im Haus übertrafen: Es gab gesprengte oder unterbrochene Ziergiebel, Schutzgötter und -göttinnen räkelten sich, Kupidos tollten herum, es gab Trophäen und Helme und hin und wieder ein lateinisches Motto. Dennoch war die typische Treppe in Venedig weniger grandios als ihr Gegenstück in Rom und Florenz. Sie war eng und steil, und zwischen den beiden Treppenfluchten lag ein durch großzügig bemessene Rundbogenfenster erhellter Absatz. Trittflächen und Profile bestanden aus *pietra d'Istria*, während der Absatz vielleicht mit poliertem Brocatellmarmor oder einem in Terrazzo gearbeiteten Muster belegt war. Weil auf diesen engen Treppen kein Platz für

ausladende Steinbalustraden blieb, bildeten schwere seiden-
überzogene Seile, die in Girlanden zwischen Löwenkopfhalte-
rungen aus Messing hingen, das traditionelle venezianische
Geländer.

Hauptmerkmal der Innentreppe war das schlichte Tonnenge-
wölbe, das über dem Absatz eventuell ein Kreuzgewölbe un-
terteilte. Es ist bemerkenswert, weil in der venezianischen
Wohnarchitektur sonst gar keine Gewölbe vorkommen. Es
gab keine Keller, und auch die Ziegelmauern unterlagen nicht
den Spannungen, die bei Steinbauweise durch Gewölbe aus-
geglichen werden. Ebenso sind Gewölbe in Sälen und Zimmern mit einem venezianischen Palast unvereinbar. Die fres-
kierten Voutendecken des 18. Jahrhunderts hatten keine tra-
gende Funktion. Gewölbe finden sich allerdings bei anderen
Bauten in der Stadt, vor allem in den Kirchen und – weniger
auffällig – in den vielen Regenwasserzisternen unter den er-
höhten *campi*.

Wenn man vom *andron* die Haupttreppe emporsteigt, kommt
man direkt in den Mittelsaal, den *portego*: Vorzimmer, Flure
oder Galerien gibt es nicht. Man könnte sogar die *sala del
portego* im *piano nobile* – nicht ganz korrekt – als Galerie
bezeichnen. Das venezianische Dialektwort geht auf *portico*
zurück und erinnert daran, daß die hohen Fensterreihen, durch
die an beiden Enden Licht einfällt, bei den frühen Palästen
nicht verglast waren. Die *sala del portego*, die mitten durchs
Haus verlief, war wie das proportionsgleich darunter liegende
andron im Grunde ein Durchgang, ein grandioser, an beiden
Enden offener Korridor, eine Galerie mit Portikus. Die Funktion erklärt die traditionelle Ausstattung; man hatte keine
Kamine, und die Möbel standen imposant, aber ohne Rücksicht auf Bequemlichkeit entlang den Wänden. Von den
Grundrißvarianten war bereits die Rede. Bei asymmetrischen
Palästen lagen nur auf einer Seite des *portego* weitere Zimmer;
doch immer war es der Hauptsaal des Hauses.   *Peter Lauritzen, 1978*

Je näher ich dann dem Zattere kam, desto stärker stand der Wind gegen mich auf, desto wilder fegte er die Straße herunter. Fast traute ich meinen Augen nicht, als ich den Kanal erreichte: Seine Wasser ein einziger Aufruhr, die gelbgrauen, lang hinrollenden Brecher an die drei Meter hoch! Ein ungewisser Schein war über der Lagune, das Ausströmen eines gewaltigen, allerdings unendlich fernen Lichtes. Schwer schlugen die Wellen an den Kai, die Gischt flog auf und über die Häuser der Wasserseite hinweg. So geduckt und nieder war die Erhebung der Giudecca unter dem Himmel, daß sie wie der eben aufgetauchte Rücken eines ungeheuren Tieres erschien. Vom Meer her der Sturm, aussetzend, einsetzend: Unbegreiflich war da die stille Gleichmäßigkeit des Lichtes, das gleichsam von unten her alles durchstrahlte.

Trotz des gefährlichen Seegangs setzte ich nach der Insel über. Ich war der einzige Fahrgast. Stumpf hockte ich in einem Winkel des Passagierraumes, bis mir der Schiffer bedeutete, daß wir angelangt seien. Im Windschatten der Häuser landete er an. Mit ausgreifenden Schritten ging ich an den Fundamenta hinauf gegen Il Redentore und darüber hinaus. Da fiel mein Blick auf ein Straßenschild: Fondamenta Rio Croce.

Allan!

Ich stand auf dem Scheitelpunkt der kleinen Brücke, die den Kanal überspannt. Jetzt schaute ich die Schneise zwischen den Häuserfluchten hinab, auf die offene Lagune hinaus, von wo die Wellen mit dem Sturm anrollten. So fest und beharrend waren die ärmlichen Häuser unter dem Anprall der wilden Luft, wie hart gehämmert aus Metall. Im Himmel öffnete sich ein Helles in dem hellen, vibrierenden Grau, es war anzuschauen wie eine Blesse. Erst dachte ich, es wäre das hervorbrechende Licht der Sonne, doch dann war es das schnelle, wolkige Treiben von Schnee, das mich alsbald umhüllte. *Peter Rosei, 1977*

Wer einen Sinn für Melancholie hat, bei dem kann die Melancholie zu einer Art Genuß werden. Ein sehr melancholischer und dabei auch etwas genußreicher Aufenthalt ist der botanische Garten in Venedig. Das ewige Geplätscher der Ruder, das traurige Anschlagen der Lagunenwellen, die finstern hohen Wasser- und Steingäßchen erregen einen Wunsch nach der Pflanzenwelt. Die »öffentlichen Gärten«, eigentlich das kleine, mit Bäumen sehr nothdürftig und allenthalben sehr durchsichtig bepflanzte Stück Landzunge, in das die *Riva dei Schiavoni* und der *Canal di S. Pietro* auslaufen, »*Giardini publici*« genannt, gewährt nirgends ein saftiges, erquickliches Grün. Im botanischen Garten ist dieses eher zu finden. Unter den Kirchen, deren Fronten nicht vollendet sind, macht die im Palladiostyl gebaute *S. Jeremia Profeta* einen besonders traurigen Eindruck. Man fährt an derselben auf dem Weg zum *Orto botanico*, an der Mündung des *Cannareggio* in den *Canal grande* vorüber. An jeder Seite des Portals ragen gewaltige Steinsäulen aus dem Boden, aber nur bis auf ein Viertheil ihrer Höhe – da stockte der Ausbau und der größere Theil der Fronte bildet jetzt die rohe Ziegelmauer. Vom *Cannareggio* biegt man später in einen kleinen Kanal: *Rio de S. Giobbe* – kommt an der gleichnamigen Kirche vorüber, deren Portal betrachtenswerth ist wegen der sehr zierlichen Bildhauerarbeiten, die weiter zurückreichen als die schönen Renaissanceskulpturen im Innern, dann verläßt man die Gondel, schreitet ungefähr 50 Schritte durch ein Gäßchen und läutet am Gitterthor des botanischen Gartens an. Hier kann man auf einige Zeit vergessen, daß man in Venedig ist – *Cactus, Ficus,* Thuyen, Cedern vom Libanon und von Indien, Cypressen und üppiges Gesträuch aller Art gewährt doch einigen Schatten. Von einem belebenden Springbrunnen ist hier natürlich keine Rede. Die Gärtner müssen froh sein, wenn sie das zum Begießen nöthige Wasser bekommen. Dazu

AFFRICVS

A

AVSTER.AFFRICVS.

26 *Ausschnitt aus der Karte des Jacopo de Barbari (1500).*
Die berühmten Gärten der Giudecca sind deutlich zu erkennen.

reichen die Paar Cisternen nicht hin, es muß Wasser aus der Brenta auf Booten herbeigeführt werden. Der Mensch und die Pflanze können im Angesicht des Meerwassers verdursten. Pflanzen mit Meerwasser begossen sterben in großer Eile ab. Es ist ihr Tod. Den meisten Menschen geht es wie den Pflanzen – sie können kein Salz vertragen und lechzen darnach: mit Süßwasser begossen zu werden.

Welche tiefe Melancholie liegt auf diesem Garten! Vor Jahrhunderten stand auf demselben Platze ein Franziskanerkloster. Das einzige Ueberbleibsel davon ist ein Basrelief, jetzt unter überwucherndem Gesträuch aufgestellt. Der hl. Andreas in der Mitte und je zu beiden Seiten drei knieende Franziskaner, eine sehr rohe, primitive Bildhauerarbeit, die sechs Franziskaner haben durchwegs scharf ausgeprägte orientalische Gesichter.

In Botanik wird übrigens in diesem Garten nicht viel gemacht; außer mir habe ich hier nie Jemanden herumwandeln – also auch Niemand gesehen, der sich um diese vernegligirte Wissenschaft angenommen hätte; dafür wird die Liebe zur Pflanzenwelt auf den verschiedenen Gemüsemärkten in Venedig, vorzugsweise am Rialto schon nachhaltiger gepflegt. Der hochpoetische Clemens Brentano machte in seinem Märchen: »Hinkel, Gockel, Gakleja« folgenden Reim:

>   »O Stern und Blume, Kleid und Zeit,
>   Lieb', Leid, Freud' und Ewigkeit.«

Wie wohlklingend und lyrisch, aber die wenigsten verstehen es. Die Gemüsemärkte haben überall ein größeres Publikum als die botanischen: die meisten Menschen sind froh, wenn sie mit der Prosa des Lebens durchkommen:

>   O Kraut und Rüben, Kohl, Salat,
>   Wie glücklich, wer das Alles hat.

Sebastian Brunner, 1866

27 *Besucher in den öffentlichen Gärten (Giardini pubblici).*

Spuren deutscher Kaufleute

Der folgende Tag, der sechste October, war ein Sonntag. Ich hatte Herrn Schielin zugesagt, mit ihm die protestantische Kirche zu besuchen. Er führte mich zuerst in das deutsche Haus, ein weitläufiges, im Viereck aufgeführtes Gebäude mit drey Reihen Arcaden im Hofe übereinander, welches die Republik den Deutschen, die der Handel nach Venedig brachte, errichtet hat. Die Deutschen waren in frühern Zeiten meist als Krämer gekommen, die ihre Waaren abgesetzt oder eingekauft, und sich dann wieder entfernt hatten. Das Gebäude war

also anfänglich auf eine Herberge angelegt, und diente, später
vergrößert, zugleich zum Waarenlager, zu Wohnungen und in
einem obern Winkel zum Gottesdienst. Es hat, wie die ältesten
Gebäude hier, einfache Verhältnisse, rothen Anstrich und vor
allen Fenstern eiserne Gitter. Die französische Regierung nahm
es während ihrer Dauer als Staatseigenthum in Beschlag und
setzte die deutsche Kolonie außer Besitz, welche sich hierauf
ganz in der Stadt zerstreut, und bey der Leichtigkeit des An-
kaufes und der Stockung des Handels, sich Häuser, zum Theil
Palläste und Grundbesitzungen auf dem Lande erworben
hat.

Die Juden besitzen noch jetzo eine ähnliche Herberge am
Canale reggio, und haben das weitläufige Gebäude, da ihnen die

Ausbreitung nicht gestattet war, fast bis in die Wolken hinauf durch Ueberbau erhöht.

Zur Zeit des französischen Besitzes erwarben die Protestanten eine aufgehobene Kirche *degli Apostoli*. Herr Heinzelmann, der Chef des reichsten deutschen Hauses dahier, hatte sie, gemäß dem Ansinnen der französischen Behörde an die Begüterten, öffentliche Gebäude, Kirchen, Klöster u. s. w. zu erwerben, für sich angekauft, und der Gemeinde als Eigenthum zum Geschenk überlassen. Seitdem ist der Gottesdienst öffentlich; doch hat ihm jetzo die Regierung mehre Beschränkungen aufgelegt. Der Haupteingang nach dem Platze hat müssen geschlossen werden. Nur ein zweyter aus einer engen Straße ist ihnen gestattet worden, dem Pfarrer aber, welchen die Gemeinde wählt und besoldet, ist untersagt worden, italienisch zu predigen, oder in dieser Sprache die kirchlichen Handlungen zu verrichten, ungeachtet viele Mitglieder der Gemeinde, aus der italienischen Schweiz angelangt, oder in Italien geboren, besonders Kinder, der deutschen Sprache nicht so, wie der italienischen mächtig sind. Die Reden, welche der Pfarrer Rink in italienischer Sprache zuweilen hielt, hatten Aufmerksamkeit unter den katholischen Einwohnern erregt und die Verwunderung, daß bey den Protestanten alles wiebey ihnen gelehrt werde. Die Kirche, im zweyten Stock, besitzt als ihren einzigen Schmuck einen Christus, der den Kelch segnet, von Tizian, einen großen, in seiner stärksten Manier ausgeführten Kopf, den Ueberrest einer schätzbaren Sammlung der Gemeinde, welche zur französischen Zeit ihr Vorsteher aus Furcht für 100 Dukaten verkauft, oder so gut wie verschenkt hat. Der Gottesdienst bestand in einer von halben Liedern eingeschlossenen Predigt und dem Segen, und hatte für mich durch das, was gesagt und gesungen wurde, weniger Merkwürdiges, als durch die Umstände: mitten in einer italienischen Stadt in einer deutschen protestantischen Gemeinde singen und predigen zu hören. Ich glaubte mich wie durch einen Zauber in die Heimath versetzt. Die Entfernung schien verschwunden, und mir war, als müßte ich nach der Kirche sogleich den Weg nach der eignen Wohnung suchen, um durch plötzliche Erscheinung die Meinigen zum Sonntage zu überraschen; doch es lagen die Wogen des Meeres und viele Berge zwischen mir und ihnen, und in dem Gewühle der Lagunenstadt, in dem Gedränge ihrer engen Gassen, war die Täuschung bald vergangen.

Friedrich Thiersch, 1826

Das Denkmal Daniele Manins

Als wir über den Ponte serra auf das linke Ufer des Canalazzo zurückkehrten, standen wir vor der Bildsäule Daniele Manin's. Sie ist auf dem Campo San Paterniano errichtet und war nur wenige Tage vor meiner Ankunft in Venedig enthüllt worden. Es war ein nationales Fest gewesen, bei dem der Unterrichtsminister den König vertreten, Senat und Deputirtenkammer Deputationen geschickt hatten, die Spitzen der Civil- und Militairverwaltung anwesend gewesen waren. Niemand konnte von Natur weniger zu einem Helden der Revolution geeignet sein, als Manin. Er war sanften Charakters und ein Gelehrter gewesen; aber die Liebe zum Vaterlande hatte ihn zu einem Manne der That gemacht. Als Venedig, welches den Oesterreichern über drei Monate widerstanden, während in der Stadt Hungersnoth und Cholera herrschten, am 22. August 1849 nach vierundzwanzigtägigem Bombardement sich hatte ergeben müssen, war Manin in Paris unermüdlich thätig gewesen, das Bündniß zwischen Italien und Napoleon III. zu Stande zu bringen, wie er denn, obgleich seiner Gesinnung nach Republikaner, seinen ganzen moralischen und politischen Einfluß vom Auslande her aufgeboten hatte, um seine Landsleute für die Einheit Italiens unter Victor Emanuel zu stimmen. Oesterreich hatte sich in Venedig großmüthiger erwiesen als

29   Das Denkmal Daniele Manins auf dem Campo Manin
      vor dem Neubau der Stadtsparkasse (1981).

Preußen in Baden, und Manin und den andern Führern nach dem Fall von Venedig freien Abzug gewährt.

Das von dem Bildhauer Borro entworfene Denkmal hat manche Schwächen. Das Piedestal von röthlichem Granit, auf dem die Erzgestalt des Dictators steht, ist etwas zu eng und die Stufen so schmal, daß man nicht begreift, wie der geflügelte Löwe von S. Marco auf der obersten zu ruhen vermag. Ob der Löwe im Begriff steht, sich zu erheben, oder ob er sich eben niedergelassen hat, ist nicht erkenntlich. Die Musculatur seiner Hinterschenkel ist ohne Energie und schlaff baumelt sein langer Schweif über die Stufen herunter. Einen naiven Eindruck machen die vier Bomben, die auf vier kleinen weißen Marmorwürfeln rings um das Monument stehen. Manin selbst ist aber gut realistisch aufgefaßt. Mit der dreifarbigen Schärpe geschmückt, steht er ruhig und ernst da, die Rechte, vom Rocke bedeckt, auf der Brust ruhend, die Linke hält eine Rolle, auf welcher steht: »den 22. März 1848«. An diesem Tage hatte der österreichische Gouverneur Graf Palffy, um Blutvergießen zu vermeiden, eine Uebereinkunft mit Venedig abgeschlossen, wonach die ganze Civil- und Militairgewalt in die Hände der provisorischen Regierung überging. Tags darauf ward Manin an die Spitze derselben gewählt.

Er hat die Befreiung seiner Vaterstadt nicht mehr erlebt. Mit welchen Gefühlen deren Bewohner aber dem nahe bevorstehenden Augenblicke entgegensahen, in dem der Kaiser von Oesterreich als Gast Venedig betreten sollte, das über ein halbes Jahrhundert unter dem Joch seines Hauses gestöhnt hatte, konnte ich mir leicht vorstellen. Dieser Besuch war der schönste Kranz um Manin's Stirn, und die Venetianer durften, freier als sie es unter den Dogen gewesen, die Wiederholung jener glänzenden Momente ihrer Geschichte erwarten, wann gekrönte Häupter unter Kanonendonner und Glockengeläut als Gäste von der Republik an den Stufen der Piazetta empfangen wurden. *Robert Schweichel, 1877*

ALLTAG

Moden

Es heißt, daß nicht weniger als dreitausend Venezianer sich Clarissimos nennen, und sie tragen, wenn sie ausgehen, ob sie ein Amt bekleiden oder nicht, bestimmte Gewänder, worin sie die Römer nachahmen *Romanos rerum Dominos, gentemque togatam.* Die meisten Gewänder sind aus schwarzem Tuch, mit einem Überwurf aus losen Falten, der mit Taft eingefaßt ist, auf der linken Schulter. Auch sind die Gewänder meist mit schwarzer Seide gefüttert. Die Mitglieder des Zehnerrates tragen Gewänder aus schwarzer Angorawolle mit wunderlich langen Ärmeln, die fast bis auf den Boden reichen. Bei anderen sind die Gewänder aus roter Angorawolle. An jedem großen Festtag tragen die Senatoren und die vornehmsten Herren, die den Dogen in die Kirche oder an irgendeinen anderen Ort begleiten, Gewänder aus karmesinrotem Seidensamt mit einem karmesinroten, über die linke Schulter fallenden Überwurf. Auch die venezianischen Ritter bevorzugen schwarze, langärmelige Gewänder, doch unterscheiden sie sich in etwa von anderen hochgestellten Persönlichkeiten dadurch, daß sie unter diesen ganz in Rot gekleidet sind und rotseidene Strümpfe und rote Stoffschuhe tragen. Sie alle sieht man nie ohne ihre kleinen, wunderhübschen, schwarzen Filzkappen, die gänzlich ohne Krempe sind, auch haben sie keine Halsrüschen, sondern nur die winzigsten Stehkragen, die so schmal sind, daß sie nicht mehr als einen Zoll messen. Die Farbe, die sie am meisten für ihre übrigen Kleidungsstücke, wie Wams, Weste und Strümpfe bevorzugen, ist schwarz, eine Farbe des Ernstes und des Anstandes. Außerdem sind Zuschnitt und Mode dieser Kleidung so althergebracht, daß sie sich in tausend

Jahren fast kaum geändert hat, und sie ist allgemein in Brauch; denn jedermann trägt das enge, auf den Leib zugeschnittene Wams, kaum wattiert oder gesteppt, und lange, einfache Strumpfhosen, ohne alle neumodischen Kuriositäten und überflüssigen Lächerlichkeiten, wie Falbeln und Falten und ähnliche leichtfertige Spielereien, die bei uns Engländern so beliebt sind. Doch fertigen sie dieselben aus den kostspieligsten Stoffen an, wie sich dies für Gentlemen und hochstehende Persönlichkeiten geziemt, aus dem besten Taft und der schwersten Atlasseide, die nur aufzutreiben ist, die angemessen mit der feinsten Spitze verziert wird. Während sie sich mit einer Farbe begnügen, benötigen wir deren mehr, als im Regenbogen enthalten sind, die grellsten, schreiendsten und unziemlichsten Farben, die es überhaupt gibt. Und was Stil anbetrifft, sind wir ihnen ebenfalls unterlegen, denn wir tragen phantastischere Moden als jede andere Nation unter der Sonne, ausgenommen die Franzosen. Dies gibt den Venezianern und den übrigen Italienern Gelegenheit, einen Engländer als äußerst leichtfertig zu brandmarken, indem sie ihn splitternackt mit einer Schere in der Hand darstellen, wie er darangeht, sich seine Mode den prahlerischen Ideen seines verschrobenen Verstandes gemäß zurechtzuschneiden und nicht nach den Regeln gefälligen Ansehens und der Schicklichkeit.

Um nun auf diese Gentlemen in ihren Roben zurückzukommen, muß ich noch erwähnen, daß sie einer außergewöhnlichen Sitte huldigen. Wenn zwei Bekannte sich zur Zeit des Korsos beim Dogenpalast oder auf dem Markusplatz treffen und sich miteinander unterhalten, küssen sie sich gegenseitig auf die Wange, wenn sie sich wieder verabschieden. Dies ist ein Brauch, von dem ich vorher nie gehört, noch in irgendeiner Geschichte gelesen hatte. Wenn sie sich nur begegnen und nicht zusammen sprechen, verbeugen sie sich tief, mit äußerst höflichen und ehrerbietigen Gebärden voreinander, indem sie ihren Oberkörper vorneigen und ihre rechte Hand auf ihre

30 *Das Färben der Haare auf dem Altan (Cesare Vecellio, 1540).*
31 *Kleidung einer älteren Venezianerin (Cesare Vecellio, 1540).*

Brust legen, jedoch ohne ihre Häupter zu entblößen, was nur
manchmal, doch selten geschieht.

Die meisten Frauen tragen auf der Straße und besonders wenn
sie zur Kirche gehen lange Schleier, die rückwärts fast bis auf
den Boden reichen. Diese Schleier sind entweder schwarz oder
weiß, zuweilen auch gelblich. Die schwarzen werden von
Frauen und Witwen, die weißen und gelblichen von jungen
Mädchen getragen. Diese pflegen auf der Straße ihre Gesichter
mit den Schleiern zu verhüllen, *verecundiae causa*, doch sind sie
so dünn und leicht, daß sie selbst ohne Schwierigkeiten hin-
durchsehen können. Sie sind aus zarter Seide und fein gekräu-

selt, was dich blendet, so daß du ihr Gesicht, sosehr du es dir auch wünschen magst, außer dem Haus selten ganz zu sehen bekommst und höchstens einen Schimmer erhaschst. Nahezu alle Frauen, Witwen und Jungfrauen gehen mit entblößtem Busen umher, bei vielen ist auch der Rücken fast bis zur Taille nackt. Manche bedecken diese Blößen mit einem Gespinst aus feinstem Leinen oder Batist oder anderem spinnwebartigem Stoff. Diese Mode erscheint mir unziemlich und unartig, besonders da der Beschauer doch alles deutlich sehen kann. Für viele, die von *prurientem libidinum* geplagt sind, wird dieser Brauch der Antrieb sein, schwelgerische Begierden zu entfachen. Und doch ist er in Venedig und Padua gang und gäbe.

Etwas gehört zur Ausstattung der Venezianerinnen und auch mancher Frauen, die in den Städten der Signorie leben, was sonst, glaube ich, nirgendwo üblich ist, die *cioppini*, die unter den Schuhen getragen werden. Sie sind in Venedig etwas so Alltägliches, daß keine Frau, wer immer sie auch sein mag, ohne sie, weder in noch außer dem Haus, gesehen wird. Sie sind aus Holz und mit Leder in den verschiedensten Farben, weiß, rot und gelb bezogen. Manche sind auch hübsch bemalt, und ich sah selbst welche, die vergoldet waren. Doch wirken sie so unschön, daß es meiner Meinung nach jammerschade ist, daß man diese alberne Sitte in der Stadt nicht ausmerzt und untersagt. Diese *cioppini* sind oft bis zu einer halben Elle hoch, und sie lassen daher manche der Frauen hier, die sehr klein sind, größer erscheinen als Frauen vom schlankesten Wuchs in England. Je höher diese *cioppini* sind, desto vornehmer die Trägerin, hörte ich sagen. Alle Damen von Stand und unter den Frauen und Witwen diejenigen, die vermögend sind, nehmen, wenn sie das Haus verlassen, Beistand und Hilfe von Männern oder andern Frauen in Anspruch. Damit sie nicht plötzlich hinfallen, lassen sie sich gewöhnlich unter dem linken Arm stützen. Ich sah eine Frau, die allein auf ihren *cioppini* die Stufen einer der kleinen steinernen Brücken hinunterstieg, einen gefährlichen Sturz erleiden. Doch fühlte ich kein Erbarmen mit ihr, weil es diese nichtigen und (wie ich sie ehrlich bezeichne) lächerlichen Dinger waren, die sie zu Fall brachten. Ich selbst und auch andere Fremdlinge, wie ich beobachtete, haben die Venezianerinnen oft wegen ihrer unnützen *cioppini* ausgelacht. Die Frauen von Venedig fetten jeden Samstagnachmittag ihr Haar mit Öl oder anderen Salben ein, *capillaria unguenta*, um es blond, ja fast weißlich zu färben; denn das ist die Haarfarbe, die bei den venezianischen Frauen und Mädchen am meisten begehrt ist. Und sie verfahren wie folgt. Zuerst setzen sie sich einen großen Strohhut auf, der keine Krone, doch einen sehr breiten Rand besitzt. Dann begeben sie sich immer an denselben Platz in ihrer Kammer oder einem abgelegenen Raum des Hauses, und mit einem Spiegel zur Hand gehen sie daran, ihr Haar mit den eben erwähnten Salben einzureiben und zu verfärben. So vorbereitet, breiten sie es auf der Krempe ihres Hutes aus und lassen es gründlich von der Sonnenhitze bleichen und trocknen. Zuallerletzt legen sie es sorgfältig mit einem Kräuseleisen, das wir auf lateinisch *calamistrum* nennen, in Locken, von denen sie zwei auf ihrer Stirn wie kleine Hörner zuspitzen. Dies entspricht den Tatsachen, wie ich aus eigener Anschauung weiß. Als ich in Venedig war, wollte es ein glücklicher Zufall, daß ich eines Tages neben der Frau eines Venezianers und selbst einer geborenen Venezianerin stehen durfte, als sie sich ihr Haar in dieser Weise zurechtmachte: eine Gunst, die nicht jedem Fremden gewährt wird.

Thomas Coryate, 1611

Luxusgesetze

Die ernste Würde der Vorfahren war in der neuen Generation nicht mehr zu finden; die alten Bürgertugenden konnten vor der Frivolität des ausgehenden XVI. und anfangenden XVII. Jahr-

32 *Plissiertes Tunikakleid mit orientalischen Mustern
von Mariano Fortuny (1871-1949).
Im Jahre 1919 eröffnete der Wahl-Venezianer Fortuny
auf der Giudecca seine Stoff-Fabrik.*

hunderts nicht mehr bestehen. Freilich suchte die Republik dieser Zügellosigkeit zu steuern, aber die Liebe zu Putz und Prunk schien dieser Nation, welcher die Augenweide der höchste Genuß war, gleichsam angeboren. Am Anfang des XVI. Jahrhunderts war der Luxus so hoch gestiegen, daß im Jahre 1508 der Gesandte Helian den versammelten deutschen Fürsten bemerken konnte, daß in Venedig fast jedermann auf Silber speise, während sie sich mit Fayence oder werthlosem Metallgeschirr begnügten, und dadurch jene nicht wenig ärgerte.

Die Luxusgesetze geben uns die beste Vorstellung von den damaligen Sitten und Gebräuchen in Venedig.

Schon 1299 verordnete ein Erlaß des großen Rathes, daß der Besatz eines Mantels oder Pelzes die Summe von 5 Lire dei piccoli, und die Gold- und Bernsteinknöpfe die von 10 Soldi per Stück nicht übersteigen durfte. Man durfte nicht mehr als einen Pelz von Steinmarder und nur einen mit Seide gefütterten Mantel besitzen. Einige Jahre später verbot ein anderes Gesetz den Frauen Edelsteine, Silbergürtel im Werthe von 10 Dukaten, perlengestickte Börsen und kostbare Haarnadeln zu tragen. Die Ausstattung der zu verheirathenden Mädchen durfte nicht mehr als 30 Lire kosten, und die verheiratheten Frauen nicht mehr als 70 Lire di grossi. Man verstieg sich zu den kleinlichsten Einzelvorschriften, selbstverständlich ohne allen Erfolg.

Die Männer waren davon nicht ausgenommen. Knaben unter 12 Jahren durften keinen Gold- oder Silberschmuck, keine Perlen, Sammet, Hermelin oder andere feine Pelze tragen. Vom 12. bis 25. Jahre waren Gürtel im Werthe bis zu 25 Dukaten erlaubt. Auch Trauerkleider von schwarzem und dunkelgrünem Tuch waren verboten. Wie aber ließe sich durch Gesetze der Eitelkeit der Frauen steuern! Im Jahre 1437 hatte auch der Kardinal Lorenzo Giustinian ein Gesetz gegen den Luxus der Frauentoiletten erlassen; da aber wendeten sie sich an den Papst und erreichten die Aufhebung desselben.

Unter den Uebertreibungen, die auch von der andern Seite stattfanden, erwähnen wir beispielshalber folgende: An einem Sonntage während des Karnevals hatten die *Avogadori di Comun* bemerkt, daß Aermel und Schleppe des weißseidenen Kleides der Gattin des Edelmannes Giovanni Zorzi-Bertuccio die gesetzlich erlaubte Länge zu überschreiten schien. Sie ließen das Gewand messen und die Frau wie den Schneider zu der vom Gesetze vom Jahre 1400 vorgeschriebenen Strafe verurtheilen. Dasselbe widerfuhr der Gattin von Pietro Contarini. Während des Krönungsfestes von Andrea Gritti schickte dieser seine Nichte, die Gattin eines gewissen Pisani, welche gesetzwidrigerweise in einem golddurchwirkten Kleide zum Feste gekommen war, zurück und befahl ihr sich umzukleiden. Unaufhörlich erließ der Senat neue Gesetze und änderte die alten. Heute wurde verordnet kein Frauenkleid dürfe den Preis von 200 Dukaten übersteigen; morgen wurde die Art der Kleider selbst, die Mantillen mit den dazuhörigen Gold- und Silberstoffen, die Pelze, die Bedienten-Livreen vorgeschrieben; im Jahre 1440 wurden die Schleppen verboten, aber umsonst! man erfand sogar eine Art goldener mit Edelsteinen besetzter Haken, um sie leichter aufnehmen zu können.

Pompeo Molmenti, 1886

Die Inquisition

Nechts diesem hat der Ausgang erwiesen / daß / wofern die Furcht / vor so entsetzlichen Richtern nicht thäte / die Noth und der Ehrgeitz den Adel offt zu übermüthigen und aufrührischen Beginnen gebracht haben würde; in Ansehung diese Inquisitores überall ihre Spionen / absonderlich aber unter den Gundel-fahrern halten / von welchen sie alles / was in Venedig vorgehet / erfahren können. Uber dieses erhalten sie auch

33 und 34 Zwei »Briefkästen« im Dogenpalast für anonyme Denunziationen.

geheime Nachricht vermittelst der Löwen-Köpffe / welche an unterschiedenen Orten des Palacii zu St. Marc stehen / in deren Rachen man gewisse Zettelgen stecket / so nachgehends von denen Inquisitoren / so sie Schlüssel zu den Rachen haben / heraus genommen werden. Solcher Gestalt ist es fast ohnmöglich / daß einer / der wider das gemeine Wesen etwas vor hat / er sey auch wer er wolle / unentdeckt bleiben solte. Und wenn sie einen schuldig befinden / seynd sie so unerbittlich und mit Straffen so hart / daß man insonderheit der Furcht unter ihre Hände zu gerathen / die Erhaltung der Stadt Venedig und ihre Freyheit zuzuschreiben hat. Diese Inquisitores, als vornehme und wohlverdiente Leute / seynd niemahls aus einer Familie / und haben große Autorität / davor man sich aber deswegen nichts zu befürchten hat / weil sie nicht lange währet / auch über dieß der von ihnen vermuthete Schaden sehr geringe ist in Gegenhaltung des Nutzens / welchen sie schaffen; gestalt dieser so groß ist / daß / wenn die Noblesse einsten dieses Joch abwerffen solte / der Ruhm und Wohlstand dieser Republique allem Ansehen nach ein Ende haben würde.   *Gilbert Burnet, 1693*

Obschon der Venezianer toskanische Briefe und Bücher schreibt, so würde man es doch sehr lächerlich finden, wenn er mit seinen Landsleuten toskanisch spräche, und ein Gesetz verbot sogar, in dem großen Rathe seine Reden anders, als im ächt venezianischen National-Dialekte zu halten. Blos der Eingang durfte toskanisch seyn. Diesem Umstande verdanken die italienischen Volks-Dialekte eine Ausbildung, die denen anderer Länder nicht zu Theil wurde.

Weicher, sanfter und fließender als die Schriftsprache, ist die venezianische Mundart unendlich reich an schmeichelnden, liebkosenden Wörtern, welche die Gutherzigkeit des Volkes bezeichnen, wie selbst der strenge Archenholz anerkannte. [. . .] Die harte Aussprache des einfachen oder verdoppelten *c* vor *i* und *e*, die häufige Verdoppelung der *r* und *s* wird vermieden, bei den meisten Wörtern der Endvokal, oft mehrere Sylben, weggeworfen, und häufig harte Mitlauter gegen weichere vertauscht, die Zweilauter wie *ü* für *u*, die harten *w*, die rauhen oder pfeifenden Endungen, die Nasen- oder Gurgeltöne der Lombarden werden hier nie gehört; der Venezianer sagt, wie der Spanier, *Voler, Saver, Poder*, wo der Toskaner *Volere, Sapere, Potere* sagt, *Scoltar* für *ascoltare*, *zontar* für *aggiuntare*, *sta* für *questa*, *ojo* für *oglio*, *el* für *il*, *descargar* für *scaricare*, *ancuo* für *oggi*, *Céja* für *Ciglio*, *Nave* für *Vascello*. Aber nicht nur in dieser allgemeinen Bildung nähert sich das Venezianische mehr dem Spanischen als dem Toskanischen, sondern selbst in mehreren Wörtern, die beide Sprachen mit einander gemein haben, ohne daß sie im übrigen Italien vorkämen. So nennt der Venezianer wie der Spanier einen flachen untiefen See *Laguna*, seine Straßen *Calle*, seinen Kanal *Rio*, während der Toskaner *Maremma, Contrada, Canale* sagt. *Valle* bedeutet in Venedig wie im spanischen Amerika ein ebenes niedriges Land, ohne wie im übrigen Italien den Begriff eines Thals damit zu verbinden.

Aus dieser Weichheit und Anmuth der Sprache läßt es sich zum Theil erklären, warum der sonst so lebhaft und schnell auffassende Italiener so äußerst schwer fremde, besonders nordische Sprachen, lernt. Das Englische in dem Munde ihrer Lootse und Seeleute, das Deutsche in dem der jungen Angestellten, (die alten wagen sich nicht daran) klingt ungemein possierlich, sie bringen kein *ch* und *sch*, kein *Pf* heraus und accentiren die Sylben mit italienischer Schärfe. Ich wurde mehr als einmal im Ernste gefragt, ob mir nicht der Hals weh thue, wann ich eine Zeitlang deutsch gesprochen hatte und Anfangs versammelte sich das Volk mit Erstaunen um die kleinen Kinder deutscher Soldaten, die in ihrem zarten Alter schon eine so rauhe Sprache reden konnten. *Georg von Martens, 1838*

Vom Essen

Wandelt man mittags und abends, zur Zeit der beiden Hauptmahlzeiten, durch die Gassen, vor allem zwischen S. Marco und S. Giovanni Paolo, aber auch zwischen Rialtobrücke und Frari etwa, so erscheint Venedig wie ein einziger ungeheurer, ewig hungrig knurrender Bauch, wie eine Stadt, worin die Bewohner an nichts anderes als an Essen und Trinken und an einen animalisch reichlichen Stoffwechsel denken. Die ganze innere Stadt riecht nach Essen und Fett, nach Geschmortem und Gebackenem, und um so mehr, als die penetranten Küchendünste in den engen Gassen wie in Korridoren festgehalten werden. In keiner andern Stadt ist bei unzweideutiger Armut so großer Überfluß an Eßwaren. Es ist nicht der Überfluß des Reichtums, ist nicht ein Angebot für verfeinerten Geschmack, sondern ein Überfluß des Geringen, des für eine durchweg unbemittelte Bevölkerung Bestimmten. Die Fülle der Eßwaren liegt vor aller Augen da, sie ist in einer geradezu

35 Nane Codroma in der charakteristischen Kleidung eines
venezianischen Gastwirts (um 1910).

Übelkeit erregenden Weise ausgebreitet. Nirgends empfindet man mehr, wie sehr Essen und Trinken doch von Konventionen geregelt sind. Wenn wir daheim unser Beefsteak verzehren, so denken wir kaum noch daran, was wir eigentlich essen. Die Gerichte gehören so sehr zu uns, daß es der Empfindung fast ist, als gäbe es ein Beefsteak oder einen Kalbsbraten an sich. In Venedigs Gassen wird man aber mit großer Deutlichkeit daran erinnert, daß wir Leichen verspeisen. Denn es kommt einem in dieser Stadt das Fleischliche, das Materielle unserer Speisen mit einer rohen Realistik ohnegleichen entgegen. Meine Nerven sind bei den Gängen durch die innere Stadt immer in fast krankhafter Spannung; mir wird übel schon von dem Geruch des verbrannten Öls, das überall aus den weit offenen Fenstern, aus den in der ganzen Breite geöffneten Erdgeschossen der Häuser in dichten Schwaden hervorquillt, und der sich mit den verschiedenartigsten Werkstatt- und Menschengerüchen mischt. Ich werde fast magenkrank nur vom Geruch Venedigs, vom Anblick der überall in kleinen Läden und Budiken haufenweis ausgelegten Eßwaren, beim Anblick der mit Papier und Orangenschalen verunreinigten Straßen und Kanäle, der in einer eklen Weise bespuckten Steinfußböden und beim Hören des ewigen Schmatzens, Aufstoßens und Speiens in den Gruppen der auf Plätzen und Brücken faul umherstehenden Männer. Es ist, als nähme man sichtbar am Verdauungsprozeß einer ganzen Stadt teil. Gasse auf, Gasse ab erblickt man in den meist offenen kleinen Schaufenstern und auf den kleinen Auslagen, die in die Gassen hinausgestellt sind, den schmalen Pfad noch mehr verengend, Haufen von Langusten und Seekrebsen, Stockfische, Makrelen, kleine Bratfische und Krabben, alles von zweifelhafter Reinlichkeit und Frische, oft in einer fatalen, bläulichen Farbe, die bedenklich nach halber Verwesung schon aussieht und an Fischgift denken läßt; man erblickt Berge von Makkaroni gepulvert, in Fäden, in Ringen, in Sternen, kurz in allen möglichen Formen, dem Staub in jeder Weise ausgesetzt; man sieht grünlichen Schinken, dicke, mit Bändern umwickelte Salamiwürste und Mortadella, Würste in allen Formen, in langen Ketten und hohen Stapeln, dazwischen trockene Artischocken, Traubenrosinen, Oliven, Eier, Kakes, Apfelsinen, Mandeln, Nüsse, Sellerie, Lauch, Radieschen und schlechte Blumen. Man sieht alle denkbaren Arten von Käse, Ziegenkäse, Kuhkäse und Eselkäse, in allen Größen, daneben baumeln und stehen überall dann die strohumflochtenen Chiantiflaschen und die sehr beliebten klebrig süßen Kuchen. Verkäufer von Eis und Eislimonaden stehen oder lungern daneben auf den Plätzen noch umher, auf dem besudelten Fußboden ihre Ware feilbietend. Wir sind, wie es scheint, zu sehr von der Zivilisation verzogen und verzärtelt, um die Kultur – und zweifellos gehört diese Ernährungsmethode Venedigs noch zur alten italienischen Kultur – in ihrem kräftigen Naturgestank ertragen zu können. Wir sind – dieses ist vielleicht des Rätsels Lösung – zu wenig animalisch, sind zu sehr ästhetisch moralisch gestimmt und zu weichlich, um es selbst zu Kulturformen, wonach wir doch so laut rufen, bringen zu können. Wie es scheint, gehören gewisse Raubtierinstinkte, gewisse Fähigkeiten zur Roheit nun einmal zur Kulturkraft.

Karl Scheffler, 1916

»Fegato alla veneziana«

Man gebe zu gleichen Teilen Butter und Öl mit geschnittenen Zwiebeln, zerkleinerter Petersilie und der in schmale Streifen geschnittenen Leber (am besten vom Kalb) in eine große Pfanne. Alles zusammen wird wenige Minuten bei großer Hitze gebraten und darf erst vor dem Servieren gesalzen werden.

Man kann die gehackte Petersilie auch erst nach ⅔ der Kochzeit hinzugeben.
Gianni Ghirardini, 1967

*36 Eine Weinschenke (»Malvasia«) des 18. Jahrhunderts
(nach einer Zeichnung Pividors).*

Straßenszene

Und sobald auf der Straße zwei Frauen zu einem Schwätzchen
stehenbleiben, ruht hier der Verkehr genau wie in anderen
Städten fünfzig Autos halten, weil sich ein Unfall ereignet hat.
Hier jedoch sagen die, die vorbei wollen, nicht etwa »Erlauben
Sie bitte«, wie man es mit der Autohupe macht, wenn man
weiterwill, sondern sie scharen sich um die schwatzenden
Frauen, weil sie einander schon kennen oder, wenn sie einander
nicht kennen – um so besser, denn jedes beliebige Gespräch
interessiert auch sie. Wenn dann gar zu der immer größer
gewordenen Gruppe ein kleiner Junge hinzugekommen ist, so
werden sich alle Blicke auf ihn richten; und sehr bald beginnen
die beharrlichen Fragen: wie heißt du denn? Aber während er
diese Frauenversammlung betrachtet, wird der Junge immer
finsterer, er wird hart, männlich, verschlossen, als werde er
zum erstenmal auf ein Problem aufmerksam, das sein Schicksal
ihm unausweichlich auferlegen werde. Eine Stimme indes, die

besser zu schmeicheln weiß, läßt den Kleinen schon vorzeitig wählen, und er antwortet: »Carlo«, kurz, den Blick gesenkt, während die Siegreiche, stolz, daß sie ihn bezaubert hat, in dem zarten Gemüt weiterforscht: »Carlo, sag mir, wie macht die Taube?« Da späht der Junge im Kreis rundum, ist von der Aussicht, sich produzieren zu können, wie umgewandelt, fühlt sich plötzlich im Mittelpunkt, statt wie sonst das fünfte Rad am Wagen zu sein, und öffnet den Mund: »Glu . . . glu . . . glu . . .« »Und die Kuh, Carlo, wie macht die Kuh?« »Muh . . . muh . . . muh. . .« »Und das Schwein?« *Krr . . . krr . . . krr . . .*« »Und der Hahn?« »*Kikeriki!*« Jetzt lacht selbst der Junge, überwältigt von seinem Triumph; die Frauen aber sind im siebenten Himmel. Auch die Fenster haben sich inzwischen geöffnet, Frauen schauen hinunter, genießen die Vorstellung, winken, lächeln und klatschen am Schluß von ihren Theaterbalkonen herab Beifall. Nachdem die Vorstellung beendet ist, wird der städtische Verkehr wieder aufgenommen. Ein Freund, der mit dieser Stadt wenig Erfahrung hatte und eines Abends durch eine einsame Straße spazierenging mit jenem unersättlichen Forscherdrang, zu dem Venedig jeden anregt, glaubte – glückliche Unschuld –, er könne sich gehenlassen, und leistete sich einen Furz. Da hörte er als Antwort ein entschiedenes: »Salute paròn!« Nun konnte er das, was ihm entschlüpft war, nicht wieder hereinholen und sich auch nicht, wie er gern getan hätte, verkriechen – er war einen Meter neunzig groß. So floh er wie eine Katze, die gemaust hat, die Straße hinunter, dicht an der Mauer entlang. Wehe dem, der während des Schauspiels das Publikum vergißt!   *Aldo Palazzeschi, 1967*

»Ich sollte hier leben«

Ich sollte hier leben. Mit meiner Pension könnte ich es bewerkstelligen. Nicht im *Gritti Palace*. Ein Zimmer in einem Haus

37 *Eine venezianische Gasse (1973).*

wie dem da, wo Flut und Ebbe und Boote kommen und gehen. Vormittags könnte ich lesen und vor dem Essen durch die Stadt schlendern und mir jeden Tag die Tintorettos in der Accademia und der Scuola San Rocco ansehen und in guten, billigen Lokalen hinterm Markt essen, oder vielleicht würde auch die Frau, die das Haus verwaltet, mir abends was kochen. Ich glaube, es wird am richtigsten sein, mittags außerhalb zu essen und sich spazierengehenderweise Bewegung zu machen. Es ist eine gute Stadt zum Spazierengehen. Wahrscheinlich die beste, die es gibt. Ich bin niemals hier umhergegangen, ohne daß es mir Vergnügen gemacht hätte. Ich könnte sie wirklich gut kennenlernen, dachte er; dann gehörte sie mir noch mehr. Es ist eine sonderbare, knifflige Stadt, und von irgendeinem Punkt nach irgendeinem anderen gegebenen Punkt zu gelangen, ist amüsanter als Kreuzworträtsel lösen. Eine der wenigen Sachen, die uns zur Ehre gereicht haben, ist, daß wir Venedig niemals beschossen haben, und ihnen zur Ehre, daß sie das zu respektieren wußten.

Herrgott, wie ich diese Stadt liebe! sagte er, und was bin ich, daß ich damals, als ich ein Knirps war und die Sprache nur ungenügend beherrschte, geholfen habe, sie zu verteidigen. Bis zu jenem klaren Wintertag, als ich nach hinten geschickt wurde, um mir die kleine Wunde verbinden zu lassen, hatte ich sie noch nicht einmal gesehen, und *da* sah ich sie aus dem Meer aufsteigen. Scheiße, dachte er, in jenem Winter da oben an dem Knotenpunkt haben wir uns sehr gut gehalten. Wenn ich diese Kämpfe nur noch einmal kämpfen könnte, dachte er. Mit dem Wissen, das ich jetzt habe, und den Waffen, die wir jetzt haben. Aber die würden die anderen auch haben, und das wesentliche Problem bleibt das gleiche, bis auf eines, wer die Luft beherrscht.

Und die ganze Zeit über verfolgte er die kleinen Verkehrsprobleme und beobachtete, wie der Bug des ramponierten, fabelhaft lackierten, mit schmalen, wunderbar polierten Mes-

singbändern versehenen Bootes das braune Wasser durchschnitt.

Sie kamen unter der weißen Brücke und der unfertigen Holz-
brücke durch. Dann ließen sie die rote Brücke rechts liegen
und fuhren unter der ersten hochgeschwungenen weißen
Brücke hindurch. Dann kam die schwarze Eisenbrücke aus
geflochtenem Gitterwerk über dem Kanal, der in den Rio
Nuovo mündete, und sie fuhren an den beiden Pfählen vorbei,
die aneinandergekettet sind, sich aber nicht berühren – wie
wir, dachte der Colonel. Er beobachtete, wie die Flut an ihnen
zerrte, und er sah, wie die Ketten, seit er sie zum erstenmal
gesehen hatte, das Holz abgescheuert hatten. Das sind wir,
dachte er. Das ist unser Denkmal. Und wie viele Denkmäler
haben wir nicht in den Kanälen dieser Stadt!

*39 Gondelwerft (»Squero«) am Rio San Trovaso in der Nähe der Zattere.
Diese Werkstatt ist heute noch in Betrieb.*

Dann fuhren sie immer noch langsam bis zu der großen Laterne, die rechts vom Eingang zum Canal Grande ist, wo die
Maschine ihren rasselnden Todeskampf begann, der eine geringe Geschwindigkeitssteigerung hervorrief.

Jetzt kamen sie an der Accademia vorbei und fuhren unterhalb
von ihr zwischen den Pfahlrammen in greifbarer Nähe an
einem schwer beladenen schwarzen Dieselboot vorbei, voll
mit Bauholz, zu Kloben zersägt, das in den feuchten Häusern
der Seestadt als Brennholz verfeuert werden sollte.

Ernest Hemingway, 1950

Ich sitze wieder in meinem geliebten Café Florian, d. h., um die Wahrheit zu sagen, in dem Café, das ich für das schönste und reizendste der Welt halte, und zwar auch im Winter, wenn es nicht möglich ist, draußen im Freien zu sitzen. Jedermann kennt die kleinen, zierlichen Räume, aus denen es besteht, diese Miniatursalons, die wie glänzend emaillierte Schachteln aussehen; sie erinnern mehr an »Tausend und eine Nacht« als an Boccaccio, aber Figuren wie Goldoni und Casanova passen ausgezeichnet hierher. Auf den Rechnungszetteln der Kellner ist der Abdruck eines Gemäldes zu sehen, das eine reizende Szene aus dem 18. Jahrhundert darstellt: den Maler Guardi, unter den Gästen des Cafés seine Bilder verkaufend. Ist es nicht wunderbar? Man empfindet die großen Renaissancepaläste auf dem Canal grande als nicht ganz zu Venedig gehörend. Gehört die Merceria zum Abendland? Venedig ist ein Stück Orient, nur durchgeistigt durch das kraftvoll heiße italienische Blut, in das es eingetaucht ist. So entstand die Markuskirche, der Dogenpalast.

Das Café Florian wurde im Jahre des Heils 1720 eröffnet. Es führte den Namen »*Venezia Trionfante*« – aber die Kraft der Dogenrepublik war schon lange gebrochen. Venedig war damals nur noch die liebenswürdigste und lustigste Stadt; es begann arm zu werden . . . Niemand nannte das Café nach seinem offiziellen Titel. »*Andemo da Florian*« (gehen wir zu Florian), sagte man einfach, wenn man sich hier zusammenfinden wollte. Der Begründer, Florian Franceschoni, hat sich mit seinem Einfall ohne viel Kopfzerbrechen unsterblich gemacht. Man weiß, was für Gäste hier verkehrt haben: Ugo Foscolo, Rousseau, Goethe, die Madame de Staël, Lord Byron, Stendhal, Musset. Im Winter, wenn man nur unter Venezianern sitzt, stört nichts die köstlichsten Illusionen.

Wladimir von Hartlieb, 1927

Und nun stürzen sie aus der Enge des Bahnhofes, die Allzuvielen. Mit Rucksäcken beschwert, in Wadenstrümpfen und Jodelhütchen, in Lederhosen und Lodenjoppen. Als ob's auf die Zugspitze oder die Dolomiten ginge. Man ist aus Berlin-Schöneberg, man hat die Alpen gesehen. Das bezeugt Edelweiß und Gemsbart. Und Dirndlkleid, bauschiger Rock und Seidenschürze, Samtmieder, silbern verschnürt. Ja, man kann's daheim in Schöneberg der Frau Amtmann, Justizwachtmeisterin, Metzgersgattin erzählen: Die Alpen, uff! die hat man gesehen. Und Venedig, »Fe-ne-tzia«, wie die Italiener sagen, muß man doch mitnehmen.

Aus dem Abteil zweiter Klasse kamen die »Besseren Bürger«, die Akademiker, die Fabrikanten, die gewesenen oder trotz der Republik zukünftigen Kommerzienräte. Sie haben viel Gepäck, Lederkoffer, von Hôtelmarken übersät oder höchstens aus Vulcan Fibre. Sie sind der Gondelführer und Gepäckträger leichte Beute. Nun ja, es soll schön sein, dieses Venedig, die Bella Venezia, aber man wird sehen, wird sehen.

Erster Klasse fuhr Raffke. Dieser Großfürst der Inflation, dieser Bankhaber der stabilisierten Mark kann sich's leisten. Wenn sie ihn wild machen, kauft er halb Venedig auf. Wohnt natürlich im »Britannia«, Zimmerflucht telegraphisch bestellt, ein Berg voll Koffern aufgegeben. Zehn Hutschachteln, fünf Koffern voll Morgen-, Mittags-, Nachmittags- und Abendtoiletten gehören Kathrinchen Raffke geb. Plättemeyer. Man hat's ja.

Ungnädig runzelt Manes Raffke, Großhandel in Butter, Käse, Fisch und Geflügel, die umdüsterten Brauen: Wo die Hôtelgondel bleibt? Hier Raffke aus Köln, Blaubach, das sieht man doch! Madam' Kathrinchen funkelt mit sämtlichen Brillantenfingern einen mit den herrlichsten Blumen bemalten Fächer auseinander: Venedig! Gondeln! Mandolinen! und kein Fä-

40 Lastenträger (Cesare Vecellio, 1540).

cher! Zum Glück naht da mit den tiefsten Bücklingen der Abgesandte des Hôtel Britannia: Mille scuse, eccellenza! Bitte tausendmal um Verzeihung, Exzellenz! Wenn der scheele Tünnes vom Altenmarkt, der Hungerleider, das hörte, der würde platzen!

Jünglinge mit altdeutschen Schillerkragen, germanisch langen Haaren, vaterländischen Windjacken, natürlich ohne Behutung.

Bajuvarische Schnauzbärte, versonnen und treuherzig lächelnde Schwaben, forsche Berliner in Ledergamaschen, denen so leicht noch lange nichts imponiert.

Und dazwischen im bunten Gemisch die »andern«: Englische

Misses, lang, hager und streng. Hochgewachsene Amerikaner, die unvermeidliche Pfeife in den Mundwinkeln. Französinnen, umweht von Frühlingsdüften, schneeweiß gepudert, blutrot geschminkt, wie Bachstelzchen wippend.

Vanity fair! Jahrmarkt des Lebens!

Und das drängt sich entweder in die schmucken, flinken Vaporetti (Dampfbötchen) oder steigt, vom zwinkernden Gondoliere großartig geleitet, in die schwarz verbrämten Gondeln.

Aller Länder Sprachen schwirren babylonisch durcheinander.

Und diese Facchini, diese Gepäckträger, die Gondolieri, dieses um Bahnhof und Bootlände lungernde Bettlergeschmeiß!

Sind das die Nachkommen der Eroberer von Konstantinopel, der Sieger über Genua, der Helden von Lepanto, der Herrscher über Zypern, Dalmatien und Morea, der Herren von Verona, Brescia und Bergamo?

Auf dem Vaporetto ein fürchterliches Gedränge. So pfercht man auch die geduldigsten der Schafe nicht. Keine Faust ohne Baedeker, keine Hüfte ohne Knipsapparat, natürlich im Etui von hellgelbem Leder. »Entzückend, Wundervoll, Großartig!« wie Peitschenhiebe knallt mir das um die Ohren. Aber auch die undurchdringliche Maske der Angelsachsen ärgert mich. Bei Gott! da belästigt mich sogar das ohne Scheu, wie ein Wedelchen gehandhabte Puderquästchen der Französin. Wie Wodans Schildknappen grimmig, trutzig, die Windjackenjünglinge. [. . .] Aber zeigt einem Galeerensklaven, einem in die fürchterliche Hölle des Vaporetto Gepferchten alle Schönheiten dieser Welt und ihrer Pracht!

Ein wenn auch aus dem goldplombierten Mündchen der schönsten Berliner Asphaltblüte gehauchtes »Wundervoll« macht alle Kunstbewunderung zu nichte. Und wenn dann noch das Ehepaar Raffke wie ein Fürstengespann, das sich von allen Dogen und Palästen huldigen läßt, von Stolz und wohlgenährtem Fett glänzend, in der vergoldeten Gondel des »Britannia« vorüberschwebt, dann ist Luft und Wasser vergiftet, dann verfinstert sich der Glanz des Marmors und des Himmels. Nein, ich muß hinaus aus dieser Heringstonne, und mag es Fußtritte, Drohflüche, Giftblicke absetzen! Am Fondaco de'Tedeschi stürze ich, gequetscht, geschunden, in Schweiß gebadet, ans Land.

Ludwig Mathar, 1926

Venezianische Maler

Ein Maler erscheint so recht als der Chronist dieses Lebens: Pietro Longhi. Was Goldoni in der Literatur bedeutet, ist er in der Malerei. Das kleine anekdotische Alltagsleben mit seinen Sitten und Gebräuchen wird hier erzählt, nicht ohne Witz, nicht ohne Charme, nicht ohne echtes Verständnis für sein Wesen, aber wieweit entfernt von jener tief symbolischen, schicksalahnenden Gestaltung der Bellini, Tizian oder Tintoretto. – Die beiden Canaletto Antonio Canale und Bellotto, ergänzen Longhis Chronik. Wenn Longhi uns von den Ereignissen erzählt, so zeigen uns die Canaletto (man verwechselte die Schöpfungen beider so viel, daß man diesen Kollektivbegriff für beide fand), den Schauplatz dazu. Sie sind unermüdlich in ihren Veduten. Sie malen immer neue Ansichten von Kanälen, Plätzen, Kirchen und Palästen, die schließlich sich doch immer so sehr gleichen, daß man immer wieder dasselbe Bild zu schauen glaubt. Die Perspektive ist lobenswert, das Licht ohne Tadel, die Farben, die Gruppierungen . . . alles stimmt – fast ist man versucht zu sagen: wie auf einer Ansichtskarte! Die Produktion der beiden Maler steigt dabei ins Ungeheuere. Bellotto findet oft keine Zeit mehr, seine Veduten mit Personen zu beleben. Er engagiert Francesco Zuccarelli, der dies auch bei anderen Vedutenmalern mit Fleiß und Geschicklichkeit besorgt. – Zuccarelli, Marieschi, Visentini, ein ganzes Heer von kleinen Meistern erzählt und beschreibt diese Zeit.

41   Patrizierfamilie. Gemälde von Pietro Longhi (1702-1785).

Die Nachfrage wächst, die Gemälde genügen nicht mehr. Die Vervielfältigung durch den Kupferstich nimmt einen ungeahnten Aufschwung. Aber gerade hier, wo die Gefahr des Fabrikmäßigen am nächsten liegt, ersteht noch eine Persönlichkeit: Gian Battista Piranesi. Der freilich ist nur von Geburt Venezianer; seine Kunst, seine große schwermütige romantische Seele gehört nach Rom. Und was sonst noch an Kupferstechern in Venedig am Werke ist, erfreut sich – ohne das Land der Kunst wirklich zu erschauen – einer fröhlichen, emsigen Betriebsamkeit.

Freilich ein Großer ist noch in Venedig: Tiepolo! Ganz abseits von allen diesen Chronisten und Vervielfältigern stehend, scheint er allein die Tradition der Größe in der Kunst zu wahren. So sei er im Zusammenhange mit der aufs Intime gerichteten Kunst des venezianischen Rokoko hier auch nur kurz genannt.

Und neben Tiepolo – so unbedeutend sein Werk dem Umfang nach auch an Tiepolos Seite steht, – noch ein Meister: Francesco Guardi. – Er lebte, verdunkelt durch die Sonnen Tiepolos und Canales ein bescheidenes Leben. Eine Geschichte dieses Lebens ist kaum zu schreiben: man weiß kaum etwas von ihm. Man kennt seinen Geburtstag, der der fünfte Oktober 1712 war, und weiß, daß er in Santa Maria Formosa getauft wurde. Man weiß ferner, daß seine Familie ursprünglich nicht venezianisch, sondern welschtirolerisch, war, und seine Mutter, Claudia Pichler, sogar germanischen Blutes. In seiner ganz im Dunkel bleibenden Jugend werden nur zwei Ereignisse deutlich: der frühe Tod des Vaters und die Heirat seiner leichtsinnigen, lebensfreudigen Schwester Cecilia mit Tiepolo. Sein Lehrer wurde Canale. Aber erst im Jahre 1764 findet sich eine Erwähnung, daß er Bilder von sich ausgestellt habe. Einige Jahre zuvor hatte er geheiratet; drei Söhne und ein Mädchen entsprossen der Ehe. Er starb, in einem bescheidenen Stadtviertel wohnend, am 1. Januar 1793, nachdem ihm seine Gefährtin schon vor mehr als zwei Jahrzehnten vorangegangen war. – Dieses Leben hat den Anschein, als sei es mit geradezu kleinbürgerlichem Gleichmaß dahingegangen. Guardi reiste nicht, wie es die früheren großen Meister, wie es auch Canale, Tiepolo oder Bellotto noch taten, die mit Ehren überhäuft von einem Fürstenhof zum andern zogen. Er durchwanderte auch nicht die an Kunstwerken so reichen Länder seiner Zeit; nicht einmal Italien kannte er. Nur eine Reise ist bezeugt, nach Mastellina im Val di Sole in Welschtirol, wo das Stammhaus seiner Familie stand. Er war schon in hohem Alter, als er die Fahrt unternahm, und befruchtend wirkten ihre Eindrücke wohl kaum mehr auf das Werk, das ausgereift war, und das gegen Ende des Lebens vielleicht von ermüdeten Händen und ein wenig verschlossenem weltabgewandtem Geiste getragen ward.

Dieses stille, fast vergessene Leben ergreift sonderbar, angesichts des Werkes, das es schuf. Die Zurückhaltung des Menschen in dieser lauten, feurig pulsierenden Stadt, die Bescheidenheit, Unauffälligkeit und – nach den Wohnungen zu schließen – die Einfachheit der Lebensführung inmitten des ausschweifendsten Luxus der damaligen Welt – und daneben eine Flut von Lichtern und Farben, ein Feuerwerk von Ideen und Phantasien und ein tiefes heißblütiges Erfassen alles Lebens im Werke selbst –, das alles stimmt sonderbar und nimmt, ohne daß wir ihn kennen, für den Menschen und Künstler Francesco Guardi ein. *Erwin von Busse-Granand, 1925*

Unter venezianischem Einfluß

Ich empfand schnell Sympathie und Freundschaft für Venedig, und da ich gerade erst aus einem Land angekommen war, in dem alles, in moralischer und materieller Hinsicht, sich in

gutem Zustand befand, schwelgte ich voller Gefühl im pittoresken Verfall, der angenehmen Unbequemlichkeit und Hoffnungslosigkeit alles dessen, was mich umgab.

Es war zwar noch nicht die Jahreszeit, in der man das faule, außerhäusige Leben dieser Stadt erblicken kann, aber trotzdem fiel mir auf, daß ein großer Teil der Leute, Arme und Reiche, nichts zu tun zu haben schien und daß niemand den Eindruck machte, aus inneren oder äußeren Gründen getrieben. zu sein. Als ich dann aber nach einiger Zeit zwangsläufig aufhörte, bloßer Zuschauer des Nichtstuns zu sein und begriff, daß auch ich mein Scherflein zur allgemeinen Trägheit beitragen mußte, empfand ich dies als schwere Bürde. Alte Arbeitsgewohnheiten und das ewige Hoffen machten mir meinen endlosen Müßiggang verdrießlich und fast unerträglich, bis ich endlich einsah, daß ich wegen meines Wunsches nach Verwirklichung langgehegter, aber bloß vager Pläne literarischer Arbeit, es aufgegeben hatte, tätig an den lebendigen Strömungen meines Zeitalters mitzuwirken. Ich war stattdessen in einen toten Strudel ohne Anreiz und Gefühl hineingetrieben worden.

Doch so ist Venedig, und man muß – inmitten der Einflüsse einer trägen Ruhe – über einen starken Willen und einen unbeugsamen Glauben verfügen, um noch lange der Vorstellung von Gottes Ziel einer großen beweglichen, unruhigen, sich plagenden, strebenden Welt anzuhängen.

Wenn man allerdings diesen Einflüssen, so wie ich nach einer Weile, nachgegeben hat, ergreift einen eine sanfte Ungläubigkeit; man gesteht sich, daß solch ein Leben ein ernstes und nützliches ist, fragt sich aber, ob es so sein müsse.

Der Charme der Stadt besänftigt, korrumpiert aber zugleich; und es war ein schlechter Ausgangspunkt für mich, mein Empfinden für die Schönheiten Venedigs und meine Freundschaft für die Stadt, daß ich unbewußt begann, ihr Schicksal als das meinige zu betrachten.

Und als ich mit den Notizen begann, die dieses Buch ausmachen, fiel es mir schwer, über Häßliches in dieser Stadt zu berichten oder auch über ihr Verhängnis, das in rätselhaften Narben und Sprüngen auf den bröckelnden Mauern geschrieben steht, als ob ich dies verschuldet und Strafe zu erwarten hätte. Deshalb tadle ich auch die Schriftsteller nicht, die so viele Auslassungssünden begangen und Venedig nur als Licht, Farbe, Kanäle und Paläste beschrieben haben.

William D. Howells, 1866

Allein ist sie etlichmal durch die Pestilentz schrecklich gepla-
get worden: wie solches zur zeit Andrea Danduli, des vier und
fünffzigsten Hertzogen / welcher im Jahr nach der Geburt
Christi 1342 zu dieser höchsten Dignitet erhebt worden / und
bis auff das 1354. Jahr sein Leben erstreckt hat / sich begeben.
Dannenhero wol vermuhtung zu schöpffen / daß diß diejenige
Pestilenz deß 1348. Jahrs gewesen sey darvon in euerm Poeten
Boccatio so viel meldung beschicht.

Durch jetztangedeute seuche ist unser Statt etlicher massen an
Innwohnern erschöpffet worden / also daß zu erfüllung derselben / nothwendiger weise erfolgete / daß man dem / welcher
gen Venedig sich verfügt / unnd zwey Jahr darselbst zugebracht hat / alsbaldt das Venedische Bürgerrecht verleyhen
müssen. Die eygenschafft der Pestilentz ist diese / daß sie
meinstes theils dem gemeinen Pöbel schaden zufüget / dann
derselbe die Artzneyen nicht hat / so diejenigen / welche eines
ziemlichen vermögens seynd / bekommen. *Hieronymus Megiser, 1602*

Erdbeben

... gestern um die Mittagszeit wurden wir von einem Erdbeben geschüttelt, das durch die Feierlichkeit des Tages und der
Stunde – der Doge und die Signoria kamen gerade von der
Vermählung mit dem Meer zurück – besonders herausgeho-
ben wurde. In einem poetischen Zeitalter hätte man geglaubt,
Neptun habe voller Zorn diese Inseln mit seinem Dreizack
aufgewühlt. Dies war das vierte Erdbeben meines Lebens und,
um ehrlich zu sein, das schrecklichste, nicht wegen der Heftigkeit, sondern wegen der langsamen und regelmäßigen Bewegung, die den Eindruck vermittelte, als handle es sich um eine

*43 Ein Pestarzt, gemalt von Giovanni Grevembroch.
Die charakteristische Maske sollte ihn vor der Ansteckung schützen.*

normale Sache, die dauern könne. Doch, Gott sei Dank, es erstreckte sich nur über fünf oder sechs Semibrevi. Wie verbreitet es war, kann ich noch nicht sagen, aber in Murano wurden ein Kind oder auch zwei durch einen umstürzenden Marmortisch verletzt. In Venedig fiel nur ein Kamin herunter. Das ist der ganze Schaden, von dem ich, was die Lagune betrifft, gehört habe. Drei Beobachtungen sind allerdings bemerkenswert: es war erstens, im Gegensatz zu anderen Erdbeben, ebenso wahrnehmbar für die Augen wie für die Füße, wenn nicht sogar deutlicher. Zweitens ereignete es sich, entgegen den Regeln der Meteorologen, obwohl eine frische Brise herrschte. Und drittens traf es die festesten Häuser am meisten. In meinem Haus fielen die Schneidebretter und andere Gerätschaften, die aufrecht in der Speisekammer standen, alle um, und einer meiner Gondolieri (mit dem ich gerade sprach) wurde urplötzlich mit stummem Entsetzen geschlagen, da ihm seine Füße wegrutschten. Diese unbedeutenden Begleiterscheinungen, die ich hier aufschreibe, sind allerdings fast bedeutend bei solchen Schreckensereignissen. *Henry Wotton, 1622*

Napoleon besiegelt das Schicksal der Republik

Auf der Frezzeria verabschiedete ich mich von Giulio ganz in Gedanken und eilte allein rasch, fast hüpfend vor Ungeduld, nach der Riva degli Schiavoni. Jener denkwürdige Abend des elften Mai wird mir immer im Gedächtnis bleiben. Es war ein so schöner Abend, lind und heiter, wie geschaffen für nichts als Liebesgeflüster, einsame Träumereien, fröhliche Serenaden. Doch in all dieser Stille des Himmels und der Erden, in einem solchen Zauber von Leben und Frühling fiel eine gewaltige Republik wie ein verfaulter Leib auseinander, starb eine große Königin, die vierzehn Jahrhunderte regiert hatte, starb ohne

44 Triumphbogen für Napoleon. Anläßlich seines Besuchs im Jahre 1806.

jemandes Tränen, ohne Würde, ohne Totenfeier. Ihre Söhne
schliefen gleichgültig oder bebten vor Furcht. Die tote Königin der Meere irrte auf einem gespenstischen Bucintoro durch
den Canal Grande; allmählich hob sich die Woge, und Dogen-
schiff und Schattenkönigin versanken in dem feuchten Grabe.
Ach, wäre es wenigstens so gewesen! Statt dessen blieb die tote
Hülle einige Monate hindurch den Beschimpfungen der Welt
ausgesetzt; das Meer, ihr Gatte von alters her, wies ihre Asche
zurück; und ein Korporal aus Frankreich streute sie in alle vier
Winde, eine verhängnisvolle Gabe für den, der sie zu sammeln
wagte. Ich hob die Augen zum Dogenpalast; der Mond um-
glänzte die langen Loggien und hohen, seltsamen Fenster mit
einem Schimmer von Poesie. Mir schien, Häupter, bedeckt
mit der alten Seemannskappe oder der kriegerischen Sturm-
haube, starrten mit leeren Gespensteraugen zum letztenmal aus
den durchbrochenen Steinornamenten; und vom Meer wehte
ein Luftzug, der einer Klage glich. Ich zitterte; und doch haßte
ich die Aristokratie und hoffte von ihrer Vernichtung den
Triumph der Freiheit und Gerechtigkeit. Trotzdem erfaßt

unser Gemüt unaussprechliche Trauer, wenn wir spüren, wie sich eine große Vergangenheit von uns löst und endlich für immer entschwindet. Lange hatte sie, ein balsamierter Leichnam, Gegenwart vorgetäuscht; nun war der Stoß gekommen, der sie zerfallen machte. Freilich – wer weinte jetzt noch um die große Republik Venedig, die Erbin der römischen Staatskunst und Weisheit, die Mittlerin der Christenheit durchs ganze Mittelalter? Seit der Abdankung von Foscari war sie der Welt entschwunden. Nun also hingen meine Blicke am Dogenpalast, und ich zitterte. Warum nicht diesen stolzen, geheimnisumwitterten Bau zertrümmern, nun der letzte Geist, der ihn beseelt hatte, von ihm gewichen war? Ich spürte in dem strengen weißen Marmor nicht nur das Gedächtnis großer Zeiten, ich spürte einen Vorwurf. Und weiter unten an der Riva schifften sich die treuen Schiavonen ein, traurig und schweigend; vielleicht trösteten nur ihre Tränen die sterbende Gottheit Venedig. Da erhob sich mir in der Seele eine bestimmtere Angst. Was wurde aus dieser neuen Freiheit, dieser glücklichen Gleichheit, dieser unparteiischen Gerechtigkeit, wenn die Franzosen in Venedig waren? Lucilio tat recht daran, die Revolution zu vollziehen, bevor uns Bonaparte aus Mailand Befehl und Vorschriften schickte; doch das änderte nichts daran, daß die Franzosen von Mestre herüberkommen würden, und was geschah, wenn sie einmal da waren? Gern hätte ich den großherzigen Stolz von Amilcare herbeigerufen, mich von diesen Ängsten zu befreien. Aber – schließlich waren wir Menschen wie andere auch; das neue Feuer der Freiheit konnte Wunder wirken, und Europa würde es uns in seinem eigenen Interesse danken. Der neugeborene Wille würde unser ganzes Wesen wandeln; und von Steuerbord oder Backbord mußte Hilfe kommen. *Ippolito Nievo, 1867*

Das Traurigste ist in Venedig die Armuth und Bettelei. Man kann nicht zehn Schritte gehen, ohne in den schneidendsten Ausdrücken um Mitleid angefleht zu werden, und der Anblick des Elends unterstützt das Nothgeschrei des Jammers. Um Alles in der Welt möchte ich jetzt nicht Beherrscher von Venedig sein; ich würde unter der Last meiner Gefühle erliegen. Schon Küttner hat viele Beispiele erzählt, und ich habe die Bestätigung davon stündlich gesehen. Die niederschlagendste Empfindung ist mir gewesen, Frauen von guter Familie in tiefen, schwarzen, undurchdringlichen Schleiern knieend vor den Kirchthüren zu finden, wie sie, die Hände gefaltet auf die Brust gelegt, ein kleines hölzernes Gefäß vor sich stehen haben, in welches die Vorübergehenden einige Soldi werfen. Wenn ich länger in Venedig bliebe, müßte ich nothwendig mit meiner Börse oder mit meiner Empfindung Bankerott machen.

Johann Gottfried Seume, 1802

Galeerensklaven

. . . am 16. war früh morgens eine Exekution mit vier Dieben, welche schon zweimal auf den Galeeren gewesen, und dieweilen solches etwas besonderes, solle ich nicht vorbeigehen, den ganzen Verlauf in etwas anzuführen.

Zwischen den zwei auf dem Broglio stehenden Säulen wurde ein kleines Schaffot aufgerichtet, auf welchem die vier Delinquenten mit Ketten angeschlossen, dem Publikum eine Stunde lang öffentlich exponiert worden, worauf der Scharfrichter einem jeden mit ziemlicher *force* das Staatswappen auf die Stirne brannte. Der *Capitaneo di Sbirri* mit zehn seiner Untergebenen führte alsdann dieselben auf die nächst dabei stehende große Galeere, wohin sofort auch ich mich, um ihr ferneres

45 *Bettler mit Maske, gemalt von Giovanni Grevembroch.*

46 *Galeerensklave (Cesare Vecellio, 1540).*

Schicksal anzusehen, gleichfalls verfügte. Bei ihrer Ankunft wurde jedem sein Platz auf der Ruderbank angewiesen. Annoch vorher schmierte ihnen der Krankenwärter den Brand, worauf die Wappen auf den Stirnen, gleichwie geschrepft, ganz kennbar wurden. Gleich hernach fand sich der darzu geordnete Büttel ebenfalls ein mit zwei großen und schweren Fuhrketten, legte einem nach dem andern die Bande um die Füße, welche sofort mit einem großen Nagel vernietet worden.

Sollte nun bei diesen so gewaltsamen Hammerschlägen ein Fehlstreich geschehen, so würde dem Delinquenten unfehlbar das Bein entzwei geschlagen, und wann sich ein solcher bei

dieser Operation im geringsten weigert oder ein wenig Empfindung merken läßt, wird ihm augenblicklich mit derben
Maulschellen in das Gesicht geschlagen. Das Elend dieser Ga-
lioten ist in Wahrheit zum höchsten bedauernswürdig. Es sind
diese Unglückseligen Tag und Nacht an schweren Fesseln
angeschmiedet, ihre Nahrung ist jederzeit Wasser, Brod und
Reis, ihre Liegerstatt die bloße harte Erde, allwo sie auch
angeschlossen. Ihre wenigen, armseligen Kleider und Be-
deckung besteht aus einigen Kotzen, welche voll Ungeziefer.
Am Gesichte und der übrigen Gestalt sehen dieselben den
erblaßten Toten gleich. *Pfalzgraf Friedrich Michael von Zweibrücken, 1751*

»Punta della Salute«

Hier möcht' ich sterben, alt, wie Tizian starb,
Doch in verhängter Gondel und allein.
Durch einen Spalt nur glühn im Abendschein
Verwitterte Paläste glorienfarb.
Schlaftrunken schaut die Wasserfläche drein
Und haucht mir eine Seelenruhe ein,
Die niemals um ein ewiges Dasein warb.
So möcht' ich sterben . . . aber leben: nein!

Richard Dehmel, um 1900

Ein unheimliches Erlebnis

Es war eine besonders finstre Nacht. Die große Turmuhr auf
der Piazza hatte eben die zwölfte Stunde verkündet. Schweigend und verlassen ragte der vierkantige Campanile in die
Luft, und im Dogenpalast verlosch ein Licht nach dem andern.

47   Zollstelle (Dogana) und die Kirche della Salute.

Ich fuhr von der Piazetta über den Canale Grande in Richtung meiner Wohnung. Doch als meine Gondel eine Stelle gegenüber der Mündung des Canale San Marco erreichte, zerriß plötzlich der gellende, hysterische, langgezogene Schrei einer weiblichen Stimme die Stille der Nacht. Entsetzt sprang ich auf. Meinem Gondoliere aber glitt vor Schreck das einzige Ruder aus den Händen und war im nämlichen Augenblick in der pechschwarzen Finsternis rettungslos verschwunden. So trieben wir denn mit der Strömung des Wassers dahin, das hier von dem großen Kanal in den kleineren flutet. Wie ein riesenhafter, schwarzgefiederter Kondor glitt unsere Gondel langsam der Seufzerbrücke zu, als plötzlich Tausende von Fackeln in den Fenstern und auf den Treppen des Dogenpalastes aufloderten und dessen tiefes Dunkel in ein fahles, überirdisches Licht tauchten.

Ein Kind war aus den Armen der eigenen Mutter aus einem der obersten Fenster des hohen Gebäudes in die Wasser des tiefen, trüben Kanals gestürzt. Still und gelassen hatte der Wasserspiegel sich über seinem Opfer geschlossen. Weit und breit war außer der meinen keine einzige Gondel zu sehen, doch manch ein tollkühner Schwimmer war in die Fluten gesprungen und spähte ringsum und suchte vergeblich auf der Oberfläche den Schatz, der, ach! nur in der Tiefe zu finden war. Auf den riesigen schwarzen Marmorfliesen vor dem Portal des Palastes aber stand, nur wenige Stufen über dem Wasser, eine Gestalt, die keiner, der sie damals gesehen hat, je wieder vergessen kann. Es war die Marchesa Aphrodite – sie, die von ganz Venedig vergöttert wurde, die Herrlichste der Herrlichen, die Schönste unter all den Schönen, die junge Gattin des alten Intriganten Mentoni, die Mutter jenes süßen Kindes, das ihr erstes und einziges gewesen war und das nun tief unten im Morast der Lagunen ihrer zärtlichen Liebkosungen gedachte, sich vergeblich mühte, ihren Namen zu rufen, und elendiglich zugrunde ging. *Edgar Allan Poe, 1834*

*48 Capriccio veneziano, gemalt von Antonio Canaletto (1697-1768).
In der hier dargestellten Form existierte die Rialto-Zone
nur in der Phantasie des Malers.*

Mord im Arsenal

Wir waren heute morgen alle sehr entsetzt über ein gräßliches
Ereignis, das sich gestern in Venedig zugetragen hat und von
dem uns George berichtete. Als die Österreicher die Stadt
wieder eroberten und etliche Stellen mit ihren Untergebenen
besetzten, entließen sie auch im Arsenal einen Italiener, der
dort 26 Jahre gearbeitet hatte, und versprachen ihm einen
anderen Posten, wenn erst einmal alles geregelt sei. Aber die
Zeit verstrich, und der Arbeiter und seine Familie gerieten –
trotz seiner vielen Nachfragen um Beschäftigung – in tiefe Not
und schließlich sogar an den Rand des Verhungerns. Gestern
nun soll er von zu Hause fortgegangen sein und gesagt haben,
wenn er heute von ihnen keine Arbeit bekäme, müßten sie
dafür büßen. Er wurde zum Kommandanten des Arsenals

49   *Sturm auf das Arsenal am 22. März 1848.*

vorgelassen, der sich mit einem anderen Offizier in seinem
Zimmer aufhielt. Der Italiener forderte die versprochene Stelle
in solch herrischem Ton, daß der Kommandant ihn wissen
ließ, er bekäme keine Arbeit, wenn er sich nicht einer gemä-
ßigteren Sprache bediene. Der Italiener sprang mit einem
Stilett auf ihn zu und stach es ihm ins Herz; er war sofort tot.
Der andere Offizier schrie auf und rannte zur Wand, um einen
dort hängenden Säbel zu ergreifen. Aber in der Zwischenzeit
erlitt auch er einen Stoß, der, wie man befürchtet, auch tödlich
war, zumindest wußte man gestern nacht noch nicht, ob er
überleben würde. Anschließend verübte der Italiener Selbst-
mord. So endete diese grauenvolle Tragödie. Man kann den
Italiener kaum tadeln, seine Erregung und Verzweiflung und
seltsame religiöse Ideen ließen ihn glauben, seine Sünde sei
gering. Vielleicht hatten der Kommandant und sein Mitarbei-
ter diesen Mann vorher weder gesehen noch von ihm gehört
und wußten gar nichts von seinem tiefen Leid.   *Effie Ruskin, 1849*

Überall im Lombardisch-Venetianischen brauste der Aufruhr, und die Nachrichten davon, mehr oder weniger beunruhigend, gelangten nach Venedig, das für sich selbst nur sehr von der Weite der allgemeinen Bewegung folgen zu wollen schien. Am 16. März, Donnerstag, trete ich des Mittags in den Leseverein, um die Ereignisse des Tages aus den öffentlichen Blättern kennen zu lernen, als der Beamte der Anstalt leise an mich herankömmt: »Wissen Sie schon, daß in Wien ein Aufstand Statt gehabt hat? daß Metternich gestürzt ist?« Ich erstarrte vor Überraschung und freudigem Schrecken. Der gewaltige Mann hatte, mit wahrhaft unglücklicher Ausdauer, die Kräfte einer ungeheuren Monarchie daran gesetzt eine hohle Ansicht zu stützen, und wie das morsche Gebäude seiner Hände bald dort bald da einbrach, überall die kostspieligsten und deßhalb doch nicht haltbaren Nothbaue aufzuführen.

Man mußte aus tiefster Brust aufathmen, den von keinen Noth- und Wahrzeichen je erschütterten Bauführer endlich entfernt zu sehen, aber man wagte kaum der beglückenden Kunde Glauben beizumessen; da nähert sich ein junger, feuriger Geschäftsmann, ein Venetianer: »Also Ihr Metternich ist endlich gefallen?« – »Ich höre so eben . . .« – »Nicht der mindeste Zweifel, es sind die bestimmtesten Briefe da, die ganze Bevölkerung, die Universität an der Spitze, hat sich geschlagen und den Minister zur Flucht gezwungen; unsere italienischen Grenadiere haben sich um den Kaiser gereiht, aber nicht geschossen.« Letzteres ein merkwürdiger Beisatz, der in Venedig von Mund zu Mund ging und wohl berechnet war.

Ich eile nach Hause die Segen versprechende Kunde mitzutheilen, in der die glückliche Lösung aller drängenden Schwierigkeiten gefunden schien; übrigens als erste Folge eines solchen Ereignisses mußte ja das Verschwinden der früheren Geheimnißsucherei sich herausstellen und somit, bewahrheitete es sich, mußten bald die ausführlichsten Berichte nachkommen.

Den nächsten Morgen, Freitags den 17. März, betrete ich das Lesecabinet. Keine näheren Aufschlüsse, aber eine, wenn gleich noch bewegungslose tiefe Aufregung ist deutlich erkennbar. Es litt mich nicht in geschlossenem Raume. Indem ich den Marcusplatz auf und ab schreite, dringt von der Piazzetta und der Mündung derselben, gegen den Hafen zu, verworrenes, lautes Geschrei vieler Stimmen an mein Ohr, nicht drohend, aber wie der Ruf gegenseitiger Aufmunterung Vieler. Ich horche, der Ruf wiederholt sich, von allen Seiten eilen Personen dahin; Officiere, die sich eben noch in ruhiger Muße ergingen, nehmen hastig dieselbe Richtung; die Hauptwache an der Ecke des alten Dogenpallastes tritt unter das Gewehr, und als ich nahe genug komme, erblicke ich vielleicht an die zweihundert jüngerer und älterer Männer, sämmtlich aus den besseren Ständen, die vom Meeresufer her, Sacktücher und Hüte schwingend, unter dem Rufe: »Manin, Tommaseo!«, was der Inhalt des früher von mir nicht unterschiedenen verworrenen Lärmens war, sich gegen den Hauptplatz bewegen, in einer bald klar werdenden Absicht.

Das Dampfschiff des österreichischen Lloyd hatte so eben die bestimmte Nachricht von der Gewährung der Preßfreiheit in Wien gebracht; der Notar Giuriati, der israelitische Doctor Namias und Andere hatten das Dampfschiff abgewartet, und liefen nun an der Spitze der offenbar früher schon zu diesem Zwecke vereinigten Anhänger, um von dem Gouverneur die alsogleiche Freilassung der obengenannten beiden Männer aus dem Gefängnisse, worin sie sich befanden, zu begehren.

Bald stand die Menge vor den Fenstern des Gouverneurs, verworrenes Geschrei ertönte; Graf Palffy (allerdings ein harter Stand für jeden durch die ganze Geschäftsführung nur an die unterthänigst gehorsamsten Acten gewohnten österreichischen Staatsmann) erschien am geöffneten Balcone, sprach einige Worte von seiner immer bewiesenen Vorliebe für Venedig, wurde übertäubt, und gelangte seiner Seits eben so wenig dazu, die Menge unten zu verstehen.

Auf einmal entwickelt sich der Vorschlag, eine Deputation aus den unten Versammelten an den Gouverneur abzuordnen, und ihm deren Wünsche vorzutragen. Die Abgesandten, darunter natürlich Giuriati an der Spitze, setzen sich schnellen Schrittes in Bewegung. Bald sieht man Einzelne oben an den Balconen erscheinen, um die unten immer mehr anwachsende Menge (unter welcher man deutlich die eigentlichen, an Zahl nicht einmal sehr bedeutenden Bewegungsmänner und die unbefangenen Zuschauer, die mit der Lage des Gouverneurs sogar Mitleid hatten, unterscheiden konnte), zu beschwichtigen, mit Sacktuchwinken und Handbewegungen aller Art zur Ruhe und Stille mahnen, und guten Erfolg versprechen, während der Gouverneur mit den übrigen Mitgliedern der Deputation in Unterhandlung stand.

Nicht Jeder möchte vielleicht für die ganze übrige Handlungsweise des Gouverneurs einstehen, aber in diesem Augenblicke allerdings befand sich der Graf in einer wahrhaft gedrückten Lage. Wenige Tage zuvor war seiner Gemahlin, am hellen Vormittage, bei einem Gange über den Marcusplatz, von Personen der besseren Stände mit Hohn begegnet und dieselbe mit dem, im Munde der Venetianer so besonders ausdrucksvollen, Rufe des Unwillens empfangen und bis zurück in ihre Behausung begleitet worden; wiederholt waren ihm, wie man hörte, die wüthendsten, selbst das Leben seiner Kinder bedrohenden anonymen Briefe (eine wahre Pest der gesellschaftlichen Verhältnisse) zugekommen, und er stand da ohne alle Stütze in seiner Umgebung; der Vicepräsident Sebregondi genoß selbst unter seinen Landsleuten eines nur sehr wenig vortheilhaften Rufes, war von Niemand weder geliebt noch geehrt, und eben so wenig war, nach den umlaufenden Schilderungen wenigstens, auch bei den andern Räthen auf irgend

kräftige höhere Ansichten und Handlungsweise zu rechnen, –
und dieser Rathlosigkeit gegenüber standen die Dränger mit
dem klaren Bewußtseyn ihres Zweckes, den Augenblick mit
aller Entschlossenheit und Anwendung jeder List erfassend und
benützend.

Da war eine Beweglichkeit, ein Deuten, ein Hände-, Hut- und
Sacktuchschwenken, ein Eilen, ein Hin- und Hertrippeln, ein
Rufen und Beschwichtigen und dann wieder verdoppeltes
Begehren, was allerdings jeden nicht ganz Unbefangenen (und
wer hätte nach einer durch so viele Wochen andauernden, so
ermüdenden allgemeinen Aufregung sich ganz frei erhalten
mögen?) verwirren mußte.

Es handelte sich, auf den Grund der neuen Regierungsmaßre-
geln in Wien, die alsogleiche Freilassung von Manin und
Tommaseo zu erlangen. Nach längerem ungeduldigen Zu-
warten sah man den Gouverneur an den geöffneten Balcon
treten und den Untenstehenden die Gewährung ihrer Forde-
rung verkündigen. »Ich thue, was ich nicht sollte« *faccio quel che
non dovrei*, (was aber die Umstände wirklich sehr entschuldig-
ten; auch wußte man, daß die beiden Männer vom ersten
Tribunal waren frei gesprochen worden), lauteten die bestimmten ersten Worte; alles Übrige hörte die Menge nicht
weiter und eilte nach dem Gefängnisse.

Während man dort Unordnungen versuchte und auch zum
Theile durchsetzte, war man auch am Platze selbst nicht mü-
ßig; in einem Augenblicke hatten eine Reihe von Caffeehäu-
sern, z. B. all' imperatore u.s.w. ihre Inschriften geändert und
hießen nun caffè all' unione, caffè Manin, caffè Tommaseo
u.s.w., – und das Alles sollte augenblickliche Eingebung und
nicht lange früher gepflogene Verabredung gewesen seyn?
Aber so befremdend auch diese auffallende Erscheinung, so
heiter, so ansprechend war noch die Stimmung unter den
immer zahlreicher sich ansammelnden Zuschauern, alle aus
den besseren Ständen. Österreicher und Italiener grüßten sich,

riefen sich zu, boten sich freudig und freundlich die Hand, »*siamo fratelli, siamo liberi tutti*, wir sind frei, wir sind alle Brüder!«

Man konnte das für die Morgenröthe einer Zukunft halten, die nicht lachender, nicht schöner für Italien und Österreich hätte beginnen können.

Ein Menschenstrom näherte sich, es war der befreite Manin, von der Menge umgeben, denn Tommaseo hatte sogleich einen Seitenweg nach seiner stillen Wohnung bei S. Giovanni nuovo eingeschlagen. Vor dem Caffè Florian hielt man inne, Tisch und Stuhl wurde herausgeholt, der Befreite bestieg die schnell errichtete Rednerbühne. Kein angenehmer Anblick, der Mann in vernachlässigter Kleidung, sich die langen Haare rückwärts streichend! Auch dem Gouverneur sollte noch ein Lebehoch gebracht werden, doch die Fenster waren geschlossen und man sah nur die hohe Gestalt eines Generals sich hinter denselben bewegen. Die Menge aber raffte den gefeierten

Redner auf und trug ihn triumphierend, jedoch nicht ohne einen kleinen Schrecken, als nämlich die zweite, zeitweise hinter dem viceköniglichen Pallaste all' Ascensione aufgestellte Hauptwache, bei Annäherung der Menschenmasse mit unbekannter Absicht, plötzlich unter das Gewehr trat, nach seiner Wohnung.

Anton von Steinbüchel, 1848

Totenbarke

Wir zogen an Palästen, Kirchen, öffentlichen Staatsgebäuden und herrlichen Verkaufsläden vorüber, und begegneten in den einzelnen Kanälen gar manchem interessanten Schauspiel. Da sahen wir z. B. einen Leichenzug, wie er nur in Venedig vorkommen kann, woselbst die Todten auf eine wahrhaft idyllische Weise zur Erde bestattet werden, und der düstere schwarze Tod seine Schrecken verliert. Auf einer Bank stand der Sarg, zu beiden Seiten brannten Kerzen, Geistliche und Ministranten standen am Fuße und Kopfe des Sarges, Kreuz und Fackeln in den Händen tragend. Sanft und ruhig glitt die Barke mit der todten Bürde dahin, kaum dass man die Ruderschläge der Gondoliere hörte. Hinter dieser Barke mit dem Sarge folgten etwa 30 Barken mit den Leidtragenden, und da jede Barke in der Mitte einen mit schwarzem Tuche überzogenen, sargähnlichen Kasten hat, in welchen man sich bei großer Sonnenhitze flüchtet, so bildeten alle Barken zusammen eigentlich einen einzigen grossen Leichenzug. Klagend und ernst tönten dazwischen die Worte des Miserere von einem Sängerchor gesungen. Da es in Venedig keine Wagen und Pferde, keine Eisenbahn oder Tramways giebt, so wird ein solcher Leichenzug weder durch Peitschengeknall, noch durch Pferdegetrappel oder den schrillen Pfiff der Lokomotive unterbrochen, wie dies in anderen Städten so häufig der Fall ist und die stille Trauer stört. Unwillkürlich wurde man an den

51 *Die Totengondel Ezra Pounds (1977).*

griesgrämigen Fuhrmann der Unterwelt erinnert, welcher die
Geister der Abgestorbenen über den Styx hinunter in den
Hades führt. Der Kirchhof liegt auf der Insel S. Michele bei
Venedig, und müssen alle Todten dorthin verbracht werden.
Nahe dabei liegt die Insel Murano mit den berühmten Glasfa-
briken, in welchen Glasperlen und Spiegel gemacht werden,
welche einen Weltruf geniessen.   *Konrad Sickinger, 1888*

Cholera

Und was wir in dieser Sommerhitze zu Venedig erleben
mußten, war zu viel. Die Cholera war als ein schwarzer Würg-

engel eingezogen und fügte ihre Schrecknisse zu den Bedrängungen der heißen Jahreszeit. Und was ein Tag venetianischen Lebens inklusive der Nacht an leiblichen Annehmlichkeiten dem Menschen gewährt, mag aus folgender fragmentarischer Schilderung entnommen werden:

»Item am 12. Juli morgens nach schlafloser Nacht müd und schweren Hauptes aufgestanden. Vom *palazzo Canal* längs des stagnierenden Lagunenwassers in einer schwefelwasserstoff- und stickstoffdurchschwängerten Atmosphäre zum *traghetto* des *campo San Barnaba* gewandelt, um in der Gondel nach dem Marcusplatz zu fahren. Unterwegs einer Frau begegnet, die jammernd nach einem Arzt für ihren erkrankten Mann lief. Am traghetto mit dem Gondolier wegen Fahrpreises einen gröblichen Wortwechsel bestanden, der Veranlassung war, trotzig zu Fuß nach San Marcus zu gehen. In dem engen Gewinkel zwischen San Barnaba und der eisernen Brücke über den canal grande eine solche Fülle verschiedener pestilenzialischer Wohlgerüche bestanden, daß ich eine Orange einkaufen mußte, um die Nase zuzuhalten. In der *calle della misericordia* der schmale Durchpaß durch eine Gruppe sich lausender Damen gesperrt, denen ein Fischer von Burano etliche Körbe halbverwester Meerfische zu billigen Preisen feilbot.

»Im Café Mendel am Marcusplatz von der schönen Frau Mendel mit der Nachricht empfangen, daß gestern die Magd an der Cholera erkrankt. Um dem Geist anderweite Ideen zuzuführen, Gespräch mit einem österreichischen Leutnant angefangen, der erzählt, daß heute nacht ein Piket Soldaten, die in der Giudecca im feuchten Gras geschlafen, sämtlich die Cholera bekommen. Dem auszuweichen, nach dem Giornale di Venetia gegriffen, um nach telegraphischen Depeschen zu sehen. Statt dieser auf die Rubrik gestoßen: *Bolletino del cholera. Casi nuovi 36, morti 20, guariti 6* u.s.w. Hierauf ärgerlich von dannen gegangen, um in der Münsterschen Buchhandlung etwas Neues zu lesen zu holen. Auf gut Glück ein Buch mitgenom-

men, betitelt: »Aus Venedig. Vom Verfasser des Naëman.«
Beim Fortgehen darin geblättert und schon auf dem Marcusplatz die Entdeckung gemacht, daß der Verfasser ein Basler
Pietist. Sofort zurückgetragen. Einen Spaziergang ans Ufer der
Schiavoni gemacht und mit Befremden wahrgenommen, daß
das triestiner Dampfboot, was sonst regelmäßig leer, heute
über hundert Passagiere bringt. Nachricht, daß in Triest die
Cholera so wütend ausgebrochen, daß man Hals über Kopf
von dannen fliehe. Einer Prozession verschleierter Frauen und
barfuß gehender Kinder mit Wachskerzen begegnet, Abwen-
dung der Krankheit bezweckend. Schweißgebadet wieder zu
Haus angelangt und wegen schwüler Sonnenglut etliche Stunden thatlos auf dem Sopha verträumt. Abends im *vapore* das
vorschriftsgemäße diätetische Mahl, bestehend in Reis und
einem Fragment Kalbfleisch, nebst einem Minimum von Rot-
wein eingenommen. Nach dessen Genuß die seit etlicher Zeit
sich regelmäßig einstellende Ueblichkeit verspürt und ein
Knurren im Magen, als hätt' ich ein Buch von Oskar v.
Redwitz verschluckt.

»Eine Gondelfahrt an Strand des adriatischen Meeres gemacht,
um im Seebad Erquickung zu suchen. Angekommen am Lido
keine Badeanstalt mehr getroffen und vom marinaro in
Kenntnis gesetzt, daß die Sanitätsbehörde alles Baden für gefährlich erklärt. Die ganze Luft mit elektricitätsschwangern
Sciroccowolken gefüllt, draus ein blaues dunstiges Wetter-
leuchten unheimlich hervorblitzt. Verstimmt heimgefahren.
Wegen unartikulierten Gesangs in der Nachbarschaft, wo zum
hundertsten Mal der venetianische Refrain andar in gondola
per respirar . . . mißtönig mißhandelt wird, und wegen Kni-
stern des statt einer Matratze untergeschobenen Laubsackes
Unmöglichkeit zu schlafen. Die Nacht mit Rauchen eines
Rattenschwanzes gekürzt. Erst lang nach Mitternacht Versuch
einzuschlummern . . . schauerlicher Traum – am Eck des inneren Zirkels in Karlsruhe dem Ministerialrat F. begegnet, der in

wohlklingendem Italienisch sprach: »*felicissima notte*!« und sofort aufgewacht, von den leissummenden Schnaken, die in Venedig »*zanzare*« heißen, durchstochen, daß Schulter und Arm aussehen als wären sie dem aussätzigen Lazarus entlehnt.

Jos. Victor von Scheffel, 1855

HANDEL UND GEWERBE

Das Arsenal

Darmit ihr alles verständigt werden möget / so haben wir in unserer Statt ein sonderbaren ort (welchen wir das Arsenal nennen) an welchen die Galern und andere Schiff / unnd all andere Kriegsrüstung gemacht werden.

Diß ort ist rings herumb mit einer Mauwer umbfangen / man gehet auch nur durch ein Thor hineyn / hat auch nur ein eynfahrt deß Canals / dadurch die Schiff auß und eyngeführt werden / und ist so weyt und stattlich / daß es diejenigen / so erstlich hineyn kommen / bedünckt / als were es ein neue Statt. Unnd ich halt es gäntzlich dafür / daß es seiner größ halben / euerm Castell / so auff der strassen nach Pisa gelegen / unnd ihr Empoli heisset / [. . .] zu vergleichen / und vielleicht fürzuziehen sey. In diesem Zeughauß sind die Kriegsmunitionen / eine von der andern underschieden / da wirdt an einem ort diß / dort ein anders zubereytet / abgesondert.

Die örter / an welchen die Schiff gezimmert werden / seyn etliche gewisse spatia oder weyten / wir heissens gewölber / mit Dächern bedecket / von welchen das Regenwasser / so wol an der rechten / als lincken seyten herunter fället. Sie seyn so weyt / und so lang / als groß das Schiff / so daselbst gemacht oder behalten wirdt / ist. Diese spatia seyn in mehr ordentliche örter abgetheilet / in welchen mehr oder weniger seyn / nach gelegenheit ihrer / örter / dahin sie gebauet.

Es seyndt nicht viel Tag verstrichen / daß ich zu Venedig gewest und begehret / obbemeldete Rüstung mit einander wider zu besehen / daß ichs also nicht für ein geringe Mühe gehalten / diese örter absonderlich zu umbgehen / und alle die Schiff / so under dem Dach behalten / oder von neuwem

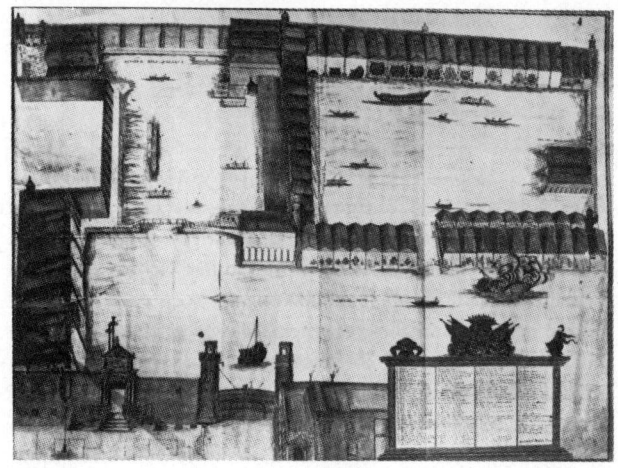

*52   Ansicht des Arsenals von Antonio di Nadale
(erste Hälfte des 18. Jahrhunderts).*

gezimmert werden / zu besichten / als da seyn die Galern / die
Fusten / die Bregantini / die grossen Galern / die Kauffman-
schiff / so Wahren führen / und bringens von Baruti / von
Alexandria / auß Barbaria / auß Niderlandt (wiewol jetziger
Zeit die Schiffahrt in Niderlandt nit offt fürgenommen wirdt)
zween Bucentori / welches ein sonderbare Schiff art ist / deren
wir in etlichen Solenniteten / bevorab / wann man Fürsten
oder Herrn / so in unser Statt kommen / entgegen fähret / uns
gebrauchen.   *Hieronymus Megiser, 1602*

Gondeln und andere Wasserfahrzeuge

Die Gondel ist das eigenthümliche charakteristische Fahrzeug der Venetianer, schmal, lang, schwarz, der Schiffschnabel
aus Eisen 4 Zacken und ober diesen das Eisen nach Art eines

Löwenkopfes zugeschnitten – dessen Füße eben die 4 Zacken darstellen. So dient jeder Gondel der Markuslöwe, das Stadtwappen als Schild. Gegenwärtig gibt es an 1500 Gondoliere, die Führer der Lastbarken nicht eingerechnet.

Man vergleicht die Gondel wegen ihrer Länge, ihrer Schmalheit und ihres flachen auf der Oberfläche der Gewässer Hinfahrens mit einem eingebogenen Palmenblatt; denn die Gondel steht fast ganz aus dem Wasser heraus, und ist kaum eine Spanne tief eingetaucht. Inmitten der Gondel ist eine Art etwas größerer Souffleurhütte mit schwarzem grobem Tuch überzogen, diese Hütte heißt *felze*. Sie hat zu beiden Seiten Fenster, die nach Belieben mit Jalousien, oder mit dünnen schwarzüberzogenen Schub-Brettern verwechselt werden können; so daß man die Fenster zum Durchschauen vorschiebt, oder die Jalousien, um die Luft durch die Fugen streichen zu lassen, oder daß man mit den dünnen Brettern die Gondel ganz gegen Licht und Luft absperren kann. Den Eingang in diese Hütte bildet eine Glasthüre. Man kann darin mit genauer Noth aufrecht sitzen; im Nothfall haben 4 auch 5 Personen Platz, die drei Tabourets sind mit schwarzem Maroquin überzogen. Die Hütte kann auch weggenommen werden, so das man auf den Tabourets im Freien dasitzt und unbeschränkte Aussicht nach allen Seiten hat. – An der Gondel ist alles schwarz, die Gondel selbst, die Sitze, die Hütte, die Ruder. Im 15. Jahrhundert suchten die reichen Nobili sich gegenseitig an der Gondelpracht zu übertreffen; da kam das Gesetz: alle Gondeln dürfen keine andere Farbe haben als schwarz, nur den Gesandten wurden buntgeschmückte Gondeln erlaubt.

Der Gondoliere bedarf einer eigenthümlichen Geschicklichkeit, die Kanäle sind so eng, daß oft zwei Gondeln schwer aneinander vorüberfahren können; Lastbarken arbeiten sich auch in den Kanälen fort, unter vielen Brücken (es sind an 500) die mit sehr flachem Bogen über dem Wasser schweben, muß durchgefahren, oft muß den andern Fahrzeugen ausgewichen werden, oft muß die Gondel über Ecken, wobei immer gewisse ausgerufene Laute das Signal geben, daß wenn andere Gondeln, eventuell auch über die Ecke entgegenkommen, sie nicht zusammenstoßen, somit hat der *Barcarolo*, der am Hintertheil des Fahrzeuges stehend, rudert und lenkt, sein Augenmerk auf vielerlei Erscheinungen zu richten. Die Gondel ersetzt in Venedig den Fiaker, die Equipage und auch den Omnibus anderer Städte. Die Fahrzeuge zu 12 Personen, welche von der Eisenbahn durch den Canal grande und zu den großen Hotels führen, werden Omnibus genannt.

Jeder Hauseigenthümer, jeder Kaufmann, jeder etwas Begüterte, der in einer andern Stadt sich eine Equipage halten würde, hält sich hier seine Gondel, sammt dem Gondoliere; dieser wird während der Zeit des Nichtfahrens zugleich als Hausmeister, *Fachino* oder Diener verwendet.

Im *Canal grande* kommen mit Waaren beladen auch größere Fahrzeuge, wie Goeletten und Brigantinen herein und setzen ihre Güter ab – während in der *Giudecca* auch größere Segel durchschiffen. –

Plätze, an denen die Gondeln zu beliebiger Auswahl aufgestellt sind oder eigentlich schwimmend lungern, gibt es eine Menge, man nennt diese Stationsplätze *Traguetti* (offenbar das lateinische trajectus). Der *Traguetto* an der *Piazetta* ist der belebteste, hier kann man oft an 30 bis 50 Gondeln finden.

Als ich einmal vom Dampfer zur Piazetta in einer Gondel fuhr, befand sich in derselben auch ein junger Mann – der das erste Mal nach Venedig kam. Erschrocken wendete er sich zu mir mit der Frage: »Was ist das? Diese Menge Todtentruhen? Sterben hier so viele Leute!« – Ich machte ihm eine Explikation der Gondel – worüber er sichtliche Beruhigung empfand.

Sebastian Brunner, 1860

In questa Maniera la Stade nel gran Caldi si va ai fresch, per li canali della Citta la sera fino a mezza notte con Musiche di voci, e diversi stromenti, con grandissimo diletto, con le sijnore Cortigiane, e spesso anco si Cena in barca con ... mirabil piacere.

53 »So fährt man, wenn es heiß ist, vom Abend bis zur Mitternacht an der frischen Luft auf den Kanälen der Stadt und erfreut sich sehr an Gesang und Musik. Auf den Booten ißt man auch mit größtem Vergnügen in der Gesellschaft von Kurtisanen.«

»Unvermutetes Zusammentreffen«

Ein unerhörter Fall hat sich begeben:
Zwei Gondeln stießen im Canale Grande
Unsanft zusammen. Das war eine Schande,
Wer glaubte je, solch Plumpstück zu erleben.

Die Insassen, die just vor Wonne beben
Bei ihren Schönen, unter der Guirlande,
Erwachen aus der Liebe seligem Brande,
Um ihre Stirnen zornig zu erheben.

Will heut das Schicksal einen Festtag feiern?
Sie drohn sich an und liegen auf der Lauer:
Wer wird sein Quidproquo zuerst entschleiern?

Es rieselt durch die Welt ein heiliger Schauer:
Cosi mi chiamo, well, Milordo Byron!
»Und ich, ich heiße Arthur Schopenhauer.«

Detlev Freiherr von Liliencron, 1903

»Il felze«

»Il felze«, so heißt das schwarze Zeltdach, das die Gondeln bei regnerischem Wetter aufsetzen. Die Gondoliere holen es wirklich nur bei Bedarf hervor, und zur Entschädigung erwarten sie vom Paar, das sich darin verbirgt, eine entsprechende »mancia«, ein Handgeld.

Ein schöner Felze hat eine Schleppe, die bis zu den Füßen des Gondeliers reicht. Kein Brautschleier kann dichter sein. Hinter dem Dach des Verstecks, auf der »Poppa«, steht der Gondelier und rudert; die aufgereckte Hellebarde des Bootschnabels hält ihm das Gleichgewicht. Hellebarde und Gondelier bilden die Endpunkte einer Ellipse, in der das Boot, etwa an die Bewegung einer Schlange erinnernd, sich vorwärts bewegt. Mit dem einzigen langen Ruder führt der Gondelier das Versteck, aber er selbst ist durch zehn Meilen davon getrennt. Er sieht nichts, er hört nichts, und wenn er dem Kollegen, der ihn auf dem Wasser kreuzt, einen Ruderschlag überspringend geheimnisvolle Zeichen mit den Händen macht, zu denen der andere grinsend nickt, so spielt er sich nur auf. Wer sagt ihm denn, ob nicht seine Fahrgäste damit beschäftigt sind, das Vaterunser auf italienisch zu lernen?

Il felze spielte in den Gesellschaftsräumen des Hotels eine besondere Rolle, hinter der Maria und ich bald ein Geheimnis witterten, gleichsam eine ganze Geheimsprache in einem einzigen Wort. »Il felze« rief man zwar auch, wenn einer jener entzückenden venetianischen Frühlingsregen einsetzte und alle zu den Fenstern drängten, um die erste bedeckte Gondel in die Lagune stechen zu sehn, – gewöhnlich ließ sie nicht lange auf sich warten, und ihr Erscheinen wurde mit viel Hallo und Händeklatschen begrüßt. Aber viel öfter hörte man das Wort im übertragenen Sinne gebrauchen. Bei hellstem Wetter konnte jemand mit einem Blick auf einen Herrn oder eine Dame leise ausrufen: »il felze«, was bei den Hörern immer ein bestimmtes Lächeln auslöste. Andrerseits hatte ich es auch in wütendem Tone aussprechen hören, ja in einer ganzen Abwandlung des Zorns und der Entrüstung, und zwar von einem Herrn und einer Dame, die laut streitend vor mir den Korridor entlang gegangen waren.

Eines Morgens, als Maria und ich aus dem Hotel und mit freudig zum Empfang erhobenen Armen in einen sonnendurchschienenen Sprühregen hinausliefen, bemerkten wir eine reich geschnitzte, mit ornamentalen Figuren aus getriebenem Messing geschmückte Gondel, die gerade aus dem engen Ka-

55 *Unfall vor der Fondamenta della Croce (ca. 1720).*

nal in die Lagune fuhr. Sie trug ein nicht minder festliches
Dach (»il felze!«, Maria deutete mit dem Finger darauf) und
war bis auf Bug und Heck hinauf mit roten Teppichen ausgelegt; auch auf den Treppchen zu beiden Seiten des Bootsinnern
lagen, unter Messingstangen, rote Läufer, ja, der Gondelier
selbst trug eine breite, rote Schärpe um die Hüften. Dies viele
Rot auf dem spiegelnden Schwarz der blankgeriebenen Gondel wirkte wie ein Freudenschrei. Wir eilten die Landungs-
treppe am Ende des Damms hinab und bückten uns, um in das
Innere des vorbeigleitenden Felze zu spähen. Und da erblickten wir etwas, was uns schnell wieder in die Höhe fahren, aus
entsetzten Augen den herüberdrohenden Gondelier anstarren
und dann fluchtartig die Treppe hinaufstürzen ließ. Atemlos
standen wir hinter dem Konzertflügel in der Halle und wagten
nicht, einander anzusehen. Wir hatten den Schlüssel der Geheimsprache »il felze« gefunden . . .   *René Schickele, 1925*

Abends führt' ich in dem Nachen
Meine Schöne, blond und schlank;
Doch es ward ihr schwer zu wachen,
Und ihr holdes Auge sank.
Zwar ich weckte sie bisweilen,
Doch der Schlummer mußte siegen;
Denn der Barke sanftes Wiegen
Wiegte bald sie wieder ein.

Zwischen Wolken ließ sich Luna
Halb verhüllt am Himmel sehn;
Und es ruhte die Laguna,
Und es schwieg der Winde Wehn.
Nur ein leises Lüftchen spielte
Mit der Locken goldner Fülle,
Hob mit zartem Hauch die Hülle
Von des Mädchens Busen weg.

Von so holdem Reiz befangen,
Stand ich da in trunkner Lust,
Sah die Blüthe dieser Wangen,
Diesen Mund, die schöne Brust.
Tausend wechselnde Gefühle
Wogten stürmisch mir im Herzen,
Ein Gemisch von Freud' und Schmerzen,
Das ich nicht zu nennen weiß.

Schauend stand ich eine Weile,
Sah das Alles mit Geduld;
Hätten gleich mich Amors Pfeile
Fast gereizt zu süßer Schuld.
Endlich warf ich rasch mich nieder,

56 *Zweirudrige Gondel im Bacino di San Marco.*

Wollte schlummern, leise, leise;
Doch so nah dem Feuerkreise
Fand ich leider keine Ruh.

Johann Diederich Gries nach Antonio Lamberti, 1798

Gondolieri

In allen großen Städten der Welt ist es ein Hauptgegenstand der Polizey, das gemeine Volk im Zaume zu halten; wo Gerichtsdiener nichts ausrichten, braucht man Soldaten. In Venedig aber ist es ein großer Theil des gemeinen Volks selbst, worauf die Regierung im Fall der Noth ihr ganzes Vertrauen setzt. Die wunderbare Lage der Stadt ist hievon die Ursache; denn sie veranlaßt die Nothwendigkeit, eine ungeheure Menge Bootsleute zu brauchen, welche unter dem Namen der Gondoliers bekannt sind, und eine besondere Klasse von Menschen ausmachen. Man rechnet vierzigtausend derselben in Venedig; eine Anzahl, die fast unglaublich ist, da die ganze Volksmenge der Stadt sich nicht über hundert und funfzigtausend Seelen erstreckt.

Man begünstiget diese Gondoliers auf alle Weise, und sieht ihnen ihre Vergehungen nach, auch steht ein großer Theil derselben im Solde des Adels; durch alle diese politischen Maximen ist man dahin gelangt, daß sie dem Senat äußerst ergeben und seine stärksten Stützen sind. Sie rühmen sich große Kenner in Theatersachen zu seyn; und nicht selten hängt das Schicksal eines Stücks von ihrer Entscheidung ab. Sie zeigen viel Witz und sind große Freunde der Poesie, auch wissen sie eine Menge von Versen auswendig herzusagen, die sie besonders des Nachts bey Mondenschein absingen.

Obgleich ein Gondolier Tag und Nacht auf dem Meere fährt, so ist er dennoch unfähig, Matrosendienste zu thun. Seine

57 Eine »Peota«, gemalt von Giovanni Grevembroch. Die Peota war ein
mittelgroßes Schiff, das von adligen Familien für Feste und Regatten benutzt wurde.

Talente erstrecken sich nur auf seine Gondel: diese geschickt zu
führen, und durch erlaubte und unerlaubte Mittel ein Hand-
langer verliebter Unternehmungen zu seyn, die ihm gut belohnt werden, weiter gehen seine Wünsche nicht. Diese Leute
sind unentbehrlich, wenn man mit Sicherheit verliebten Aben-
theuern nachgehen will. Ohne ihre Hülfe ist Meuchelmord oft
die Folge einer Galanterie. Da sie alle Krümmungen und
Winkel der Kanäle und Straßen kennen, so erleichtern sie die
Flucht und decken die Retraite im Nothfall. Viele unterhalten
geheime Verständnisse mit den Gouvernanten und Kammer-
mädchen, und verschaffen Strickleiter und falsche Schlüssel.
Es ist höchst merkwürdig, daß von soviel tausend den ganzen
Tag auf dem Meere herumschwimmenden Gondeln nie eine
verunglückt. Ein Zufall dieser Art ist ohne Beyspiel. Man
schreibt dieses der ausnehmenden Geschicklichkeit der Gondoliers, und der ganz eigenen Bauart der Gondeln selbst zu. Ich
will nicht bestimmen, in wie fern dieses seinen Grund habe,
aber sonderbar ist es doch, daß bey allen an großen Flüssen

58 »Luigi Zatta, der König des Ruders«.

liegenden Handelsstädten Unglücksfälle dieser Art nicht selten
sind, dahingegen man in Venedig, das mitten im Meere liegt,
und wo alle Bewohner einen großen Theil ihres Lebens auf
Brettern herumschwimmen, davon nichts zu befürchten hat.

Johann Wilhelm von Archenholtz, 1787

Geschicklichkeit der Gondolieri

Ein nicht weniger unterhaltendes und sonderbares Schauspiel
war Nachmittags die große Spatzierfahrt auf dem Kanal Giu-
deca. Wir fanden da einen großen Zusammenfluß von Gon-

deln, die mit den auserlesensten Gesellschaften besetzt waren und gleich auf einem Corso auf- und abruderten, um sich sehen zu lassen; das nahe Ufer war dabei gleichsam mit Spatziergängern überschwemmt. Die Gondeln haben ihrer ganz schwarzen Farbe wegen ein leichenähnliches Ansehen; aber die hübsche Kleidung der Ruderleute, und die niedlichen Gesellschaften in den Gondeln verjagen bald jeden Leichengedanken. Man kann sich nichts reitzenderes denken, als die Stellungen dieser Gondeliere, wie sie ihre leichten Barken über die Wogen forttreiben und über die Wasserfläche mit der Schnelligkeit einer Schwalbe weggleiten, so daß sie dieselbe kaum mehr zu berühren scheinen; während ihre schimmernden Vordertheile von polirtem Eisen im Sonnenscheine wiederglänzen und sich in den kräuselnden Wellen spiegeln. Diese schönen Stellungen sind unstreitig der richtigen und vollen Aeußerung ihrer Muskelkräfte zuzuschreiben, ohne die sich keine Schönheit in diesem Punkte denken läßt. Sie stehen auf einem sehr schmalen, nur um etwas weniges erhabenen, dem Gipfel eines Hauses ähnlichen Theil des Bootes, der noch dazu alle Augenblicke seine horizontale Neigung ändert, und erhalten sich auf demselben blos durch die feste Stellung ihrer mit dünnen Schuhen bekleideten Füße, durch die unveränderte Stellung ihrer Beine und durch das genau erhaltene Gleichgewicht ihres Körpers, dessen oberer Theil nebst den Armen allein in Bewegung ist.

James Edwards Smith, 1796

Niedergang des Handels

Zwo Hauptursachen haben Venedig um die erste Stelle gebracht, welche es lange Zeit unter den handelnden Städten oder vielmehr Nationen in Europa behauptet hat; es sind solches die Entdeckungen des Vorgebirges der guten Hoffnung, und die dem Adel verbothene Handlung.

59 Die Kleidung der Bootsleute (Cesare Vecellio, 1540).

Vor der Entdeckung des Vorgebirges der guten Hoffnung war Venedig das Waarenlager von Europa und Asia, eine Mäcklerinn aller Waaren, mit welchen in diesen beyden Welttheilen nur gehandelt wurde, und die Bank aller Reichthümer, welche den Fond derselben ausmachten; mit einem Worte, da sie keine anderen Nebenbuhler, als die Pisaner und Genueser, hatte, so lieferte sie alles allein, was jetzt England, Holland und Frankreich in diesem Stücke zusammen genommen leisten; diejenigen Bedürfnisse jedoch davon abgezogen, welche durch den Luxus und die Pracht erst noch dazu erfunden und gehäufet worden.

Diese Handlung war desto ansehnlicher, da sie von dem Adel und den vornehmsten Häusern im Staate getrieben wurde, der eben so wie diese Häuser regieret wurde, und daher in seinen Kriegen, Eroberungen und Verträgen nur allein die Handlung zur Absicht und zum Gegenstande hatte.

Welch ein Unterschied unter dieser Neigung und der Neigung der vornehmsten Staaten Europens zur damaligen Zeit! Die Handlung, welche allein den Juden und Geldverleihern überlassen war, war in den Augen der größten und kleinsten, Herren unserer mitternächtigen Länder nichts als ein Mittel Geld zu bekommen, dessen sie sich durch festgesetzte Abgaben, womit sie solche belegten, täglich bedieneten; ein Mittel, welches sie, durch außerordentliche Abgaben, oft erschöpften; wovon man in der Geschichte verschiedene Beyspiele findet. Die Geldverleiher und Juden ersetzten ihre Einbuße durch einen ausserordentlichen Wucher, den ihnen die Landesherren zuzugestehen pflegten, weil sie ihren Theil daran zu haben hoffeten. Daher kam denn die Verachtung und der Unwille, welchen das Volk wider die Handlung und diejenigen, welche sie trieben, blicken ließ; daher kamen denn die Grundsätze, welche damals bey den Scholastikern in Ansehung des Wuchers und der Zinsen üblich wurden; Grundsätze, welche durch die Veränderungen in dem Zustande die Handlung, bey einigen sonst sehr aufgeklärten Nationen noch nicht verändert haben. Wie sehr waren die Begriffe dieser finstern Jahrhunderte von denjenigen Begriffen unterschieden, welche der Verfasser des handelnden Adels so schön entwickelt hat! So wie sich diese letztern in Europa ausgebreitet und beliebt gemacht haben, so haben sie auch zu Venedig abgenommen, wo man heutiges Tages unter einem Edlen und einem Kaufmanne einen eben so großen Unterschied macht, als ein Pariser zwischen einem Herzog und Pair, und zwischen einem Kaufmann aus der Gasse St. Denis macht.

Gegen den Anfang des funfzehnten Jahrhunderts, als das Hirngespinst der kriegerischen Ehre die alten bürgerlichen Begriffe verdrängete, veränderte dasselbe auch das System der Republik; es strebte nach Eroberungen, die von der Handlung unabhängig waren, entzog den Adel der Handlung, deren dauerhafteste Größe er bis dahin ausgemacht hatte, und führete die Republik an den Rand ihres Verderbens.

Sie hat zwar durch Bemühungen, die sie entkräftet haben, einen Theil ihrer ehrgeizigen Eroberungen behalten: allein, ist wohl diese unruhige und immer geschäfftige Staatskunst, welche die erste Triebfeder ihrer Regierung geworden ist, so viel werth, als jene einfachen Grundsätze, nach welchen der Staat in seinen blühendsten Zeiten nicht anders, als ein Comptor und ein Waarenlager regieret, wurde?

Indessen ist es doch noch eben dieselbe Handlung, welche die Häuser der Edlen wider den Nachtheil schützet, in welchen sie dabey zu gerathen befürchten. Der größte Theil ihrer Capitalien steht in der Handlung oder in der Bank. Allein, was erfolget daraus? Der Nutzen des Staats wird dem Privatnutzen desto kühner aufgeopfert, je sorgfältiger sich der letztere zu verbergen weiß. Folgendes ist ein Beyspiel davon. Es war verschiedenen Gesellschaften reicher Kaufleute auf dem festen Lande gelungen, zu Verona und Padua sehr ansehnliche Seidenmanufacturen anzulegen. Diese Manufacturen hatten den

60 Brennholzverkäufer, gezeichnet von Gaetano Zompini (1700-1778).

Adel eifersüchtig gemacht, der an denen unter seinen Augen zu Venedig angelegten Manufacturen Antheil hatte. Nachdem man sie nun insgeheim, aber vergebens, zu hindern gesucht hatte, so verdoppelte man endlich die Abgaben von der Einfuhre dieser Waaren, die für ausländisch ausgegeben wurden, zu Venedig, und von ihrer Ausfuhre aus dem venetianischen Staate.

Endlich sind diese schönen Manufacturen, ungeachtet sie so vieles Recht auf den Schutz des Staats hatten, in dessen Namen so lange beunruhiget und geplacket worden, bis sie völlig zu Grunde gehen müßen. *Pierre Jean Grosley, 1764*

Die Eröffnung des Freihafens

Das freundlichste Wetter begünstigte den schönen Wintermorgen des letzten Jänners 1830; die glatte Spiegelfläche der Lagune wurde von keinem Windhauche gekräuselt, und eine reine durchsichtige, dem italienischen Himmel eigenthümliche Luft hob die reichen hier vereinigten Schätze bildender Kunst in ihren zartesten Umrissen hervor. Von der hellen Sonne beleuchtet, prangten in magischem Glanze die ehrwürdigen aus den Fluthen auftauchenden Palläste, als ob sie das rege Treiben ahneten, das bald ihre einsamen Hallen beleben sollte. Der gewohnten Lebensordnung entsagend, fanden sich Einheimische und Fremde bereits am frühen Morgen auf den öffentlichen Plätzen ein, und unzählige Barken eilten beflügelten Laufes die Canäle entlang. Es galt den erhabenen Fürsprecher, den erlauchten Stellvertreter des Monarchen, welcher eben durch die neue Segnung die Stadt beglückt hatte, zu bewillkommen, und mit jubelndem Danke zu begrüssen. Nun verdrängte rauschende tausendfältig wiedertönende Bewegung die ruhige Stille des Gewässers, das bald von Gondeln

61 Die Eisenbahnbrücke von Venedig nach Mestre.
Sie wurde am 14. Januar 1846 eingeweiht.

und Barken aller Art bedeckt ward, die ihre Richtung nach
Fusina nahmen, wo S. K. H. der Vicekönig Erzherzog Rainer,
von Padua angelangt, sich nach Venedig einschiffen sollte.
Dort erwarteten ihn bereits die obersten Behörden, welchen
sich eine Auswahl aus den Einwohnern jedes Standes anschloss;
wie sich der erlauchte Fürst dem Ufer näherte, schallte ihm der
laute herzliche Freudenruf der Bewillkommnenden entgegen.
Als die kaiserliche von dem k. k. Vice-Admiral und Marine
Ober - Commandanten befehligte Barke vom Ufer stiess, sah
man sie von mehr als 360 zum Theil sehr geschmackvoll
aufgeputzten Gondeln und offenen Fahrzeugen umringt, aus
denen zahlreiche Musikbanden nationelle Melodien ertönen
liessen, und die die Einfahrt Seiner Kais. Hoheit zu einem
feierlichen freudenvollen Triumphzuge gestalteten. Neues
vielfaches Lebehoch schallte dem Ankommenden entgegen,
da man die wohlbekannte Flagge von dem äussersten Ende
Venedig's bei S.ª Marta, dann später am Ufer *alle Zattere,* so

wie von der gegenüber liegenden Giudecca wahrnahm, und es begleitete ihn bis zur Landung an der Gartenseite des k. k. Pallastes.

Mit dem Schalle der Glocken, deren Ton schon lange kein so schönes Fest begrüsst hatte, vereinigten sich die Geschütz-Salven der im Canale vor Anker liegenden mit hundert farbigen Wimpeln geschmückten Handelschiffe, um das freudige Ereigniss in dem gesammten Umfang der Lagunen zu verkünden. Während sich dieses auf der Seeseite zutrug, machte sich die freudige Bewegung auch auf dem Lande (wenn man die 70 Inseln, aus denen die neptunische Stadt besteht, so nennen will) nicht weniger bemerkbar; eine besonders interessante Scene, das treue Abbild längst verschwundener Zeiten, liess sich an dem in vielfacher Wendung die Stadt durchschneidenden *Canal grande* beobachten. Da man allgemein glaubte, der feierliche Einzug würde durch diesen Canal Statt finden (was auch nur durch die am Eingange desselben sich bildende Eisdecke verhindert wurde), so hatte sich eine zahlreiche Menschenmenge eingefunden, welche sich an dem schmalen Quai aufstellte, der die Ufer des Canals von den unvergleichlichen zu beiden Seiten prangenden Pallästen trennt. Die Gallerien der Rialto-Brucke waren gleichfalls von Personen aller Stände, in deren Gesichtern sich frohe Erwartung malte, angefüllt: reiche Damaste und Teppiche flatterten nach altherkömmlicher Sitte aus den hohen Bogenfenstern, an denen sich, wie auf den Balconen, edle Venezianerinnen zeigten, deren allbekannte Anmuth seit Jahrhunderten in hohem Rufe steht. Dieses Bild freundlicher Ruhe contrastirte seltsam mit der regen Beweglichkeit, mit welcher sich die Scene auf dem Canale selbst stets veränderte. Barken, aus denen Musik ertönte, Kähne von bunter Gesellschaft besetzt, glitten an dem Blicke vorüber, und wechselten mit traulichen Gondeln, deren blanke hochemporragende Schnäbel und niedrige schwarzbedeckte Häuschen mit der bunten alterthümlichen Livree der Gondolieri harmo-

62   Das Wunder der Kreuzesreliquie (Ausschnitt).
Gemälde von Vittore Carpaccio (ca. 1460-1525/26). Deutlich ist die hölzerne
Hebebrücke, die Vorläuferin der heutigen Rialto-Brücke, zu erkennen.

nirten, welche unter tactmässigen, von eintönigem Gesange
begleiteten, Ruderschlägen pfeilschnell dahin fuhren.

Carl Czoernig, 1830

Ironie der Geschichte

Wie ein jämmerliches Almosen, eine bittere Ironie der Welt-
geschichte, schien es, als der österreichische Staat ihr 1830 das
Recht des Freihafens gewährte, ihr, die einst die größte Han-
delsstadt der Welt gewesen war.   *Max von Boehn, um 1920*

Hier am Rialto ist der Gemüsemarkt für die Menge, Melonen, Früchte, in köstlicher Fülle terrassenförmig aufgethürmt, beide Seiten der Brücke hinauf. Wenn es Abend wird, zittern hundert bunte Lichter hinter ölgetränktem Papier und in ausgehöhlten Kürbisköpfen. Nicht Branntwein, *Aqua fresca* und Limoniensaft kitzelt den Gaumen des Volks. Wie sie mit den braunen Gesichtern sich in die rothen Gurken einbeißen! Wie das für einen Kreuzer schwelgt, und lärmt, selig und witzig ist!

Welch ein Gegensatz! – Noch vor kurzem um uns her die stummen Zeugen des versunkenen Stolzes, und hier die geschwätzige Lust, die aus einem Nichts Glück saugt und es wieder fortwirft. Dort der kranke Gram, der sich auf Aschenkrüge stützt, die selbst schon in Trümmer sinken. Und hier lauter gesunde Herzen, lustige Ueppigkeit, die sich tobend um eine Nußschale entzweit, und sich eben so leicht mit lautem Geschrei versöhnt. Hier ist kein Platz für die gesunkene Vornehmigkeit, die mit Anmaßung bettelt: Signor, ein armer Adeliger! Hier ist alles auf fliegenden Erwerb, auf lustigen Vortheil gestellt. – Wir trieben uns stundenlang im Gewühl herum; diese Polentaverkäufer, diese Kastanienbrater, diese köstlichen Jungen mit großen Stücken gerösteter Wassermelonen, sind eine unsterbliche Race von Halbgöttern, während der entartete Adel die erbärmliche Hinfälligkeit der Kreatur zur Schau trägt. Wir ließen uns drängen, necken, und lachten mit. Endlich erschöpft sanken wir in die nächste Trattorie.

Ferdinand Gustav Kühne, 1841

Er ging durch eine Gasse und war auf dem Fischmarkt.

Auf dem Markt lagen die schweren graugrünen Hummer mit den magentaroten Obertönen, die bereits ihren Tod im siedenden Wasser ankündeten, auf dem glitschigen Steinboden ausgebreitet oder in Körben oder in Kisten, die mit Henkeln aus Tauen versehen waren. Sie sind alle durch Hinterlist zu Gefangenen gemacht worden, dachte der Colonel, und ihre Scheren sind geknebelt.

Dort lagen die kleinen Seezungen und ein paar Albacore und Bonitos. Die sehen wie Kugeln aus mit 'nem Schiffsheck daran, dachte der Colonel, irgendwie würdevoll im Tod und mit dem riesigen Auge der Hochseefische.

Es war nicht ihre Bestimmung, gefangen zu werden; wären sie nur nicht so gefräßig gewesen! Die arme Seezunge lebt in seichtem Wasser den Menschen zur Nahrung. Aber diese anderen, umherschweifenden Kugeln leben in großen Zügen im blauen Wasser und ziehen durch alle Ozeane und Meere.

Einen Nickel geb ich dir jetzt für deine Gedanken, dachte er. Wollen mal sehen, was es sonst gibt.

Da gab es viele Aale, die noch lebten, aber nicht mehr dreist auf ihr Aaltum vertrauten. Es gab schöne Garnelen, aus denen sich ein *scampi brochetto* machen ließ, aufgespießt und geröstet auf einem degenartigen Instrument, das man wie einen Brooklyner Eisspieß benutzen konnte. Es gab mittelgroße Krebse, grau und schillernd, die auch ihrerseits auf das siedende Wasser und ihre Unsterblichkeit warteten und deren ausgepulte Schalen bei Ebbe leicht auf dem Canal Grande hinausschwemmten.

Der behende Krebs mit Fühlern, länger als der Schnurrbart von jenem alten japanischen Admiral, da ist er, um zu unserem Wohl zu sterben, dachte der Colonel. Ach, du christlicher Krebs, dachte er, Meister des Rückzugs, mit deinem wunderbaren Sicherheitsdienst in jenen zwei leichten Antennen,

63 *Hühnerverkäufer, gezeichnet von Gaetano Zompini (1700-1778).*

warum hat man dich nicht über Netze belehrt und über die Gefährlichkeit von Lichtern aufgeklärt?

Muß irgendwas versagt haben, dachte er.

Jetzt musterte er all die vielen kleinen Schalentiere, die scharfrandigen Venusmuscheln, die man nur roh essen sollte, wenn man mit seinen Typhusinjektionen nicht im Rückstand war, und all die kleinen Köstlichkeiten.

Er ging an diesen vorbei und blieb stehen, um einen Händler zu fragen, wo er seine Muscheln herbekäme. Sie kamen von einer guten Stelle, wo keine Abwässer waren, und der Colonel ließ sich sechs öffnen.

Er trank den Saft und schnitt das Fleisch heraus; er schnitt mit dem gebogenen Messer, das ihm der Mann gereicht hatte, ganz dicht an der Muschel entlang. Der Mann hatte ihm das Messer gereicht, weil er aus Erfahrung wußte, daß der Colonel dichter an der Muschel entlangschnitt, als man es ihm selbst beigebracht hatte.

Der Colonel bezahlte ihm den Hungerlohn, den sie kosteten, der viel mehr betragen mußte, als der Hungerlohn, den die erhielten, die sie fingen, und er dachte: Jetzt muß ich mir noch die Fluß- und Kanalfische ansehen und dann ins Hotel zurückgehen.

Ernest Hemingway, 1950

Optiker und Buchhändler

Eine andere minder zahlreiche Kunst, die aber nicht weniger Achtung verdient, und in jener Liste eben so wenig angemerkt steht, ist die der Optiker oder Brillenmacher. Ich sprach mit zweyen derselben, die nicht nur Brillen, sondern auch Teleskope und Mikroskope und alle Art von optischen Instrumenten machen; auf die Frage, die ich an einen derselben that, wieviel Werkstätte dieser Kunst seyn möchten, gab er mir zur

64 Kolophon des Verlagshauses Manuzius.
65 Medaille aus dem 16. Jahrhundert mit dem Bildnis Aldo Manuzios.

Antwort, acht, daß aber noch verschiedene, ohne einen offenen Laden zu haben, insgeheim in ihren Häusern arbeiten, so
daß man zusammen auf zwanzig Personen rechnen könne, die
sich in Venedig mit Verfertigung der Brillen, Teleskope
u. s. w. beschäftigen. Der berühmteste unter ihnen ist Lorenzo
Selva, Verfasser einiger Gespräche über die Optik, worin er
seine große Einsicht in diesen Materien zu Tage legt. Der Senat
hat ihn mit dem Titel eines Optikus der Republik, nebst einem
jährlichen Gehalte von 300 Dukaten beehrt, und einem seiner
Söhne die Anwartschaft auf den Titel und die Pension des
Vaters gegeben. Er verdient es in der That, nicht nur, weil er
durch seine Geschicklichkeit seinem Vaterlande Ehre macht,
und dadurch, daß er zwey seiner Söhne und andere Künstler
gebildet, die aus seiner Werkstatt sehr geschickt gekommen
sind, nützlich gewesen und noch ist, sondern weil er auch
durch seine Kunst einen Handlungszweig eingeführet hat, der
nicht wenig Vortheil bringen wird. Ich hatte mit ihm eine
lange Unterredung; er sagte mir, daß er beständig viele Bestel-
lungen nicht nur aus den Städten Italiens, sondern auch aus
Deutschland und andern Gegenden, und einen großen Ver-

trieb nach Constantinopel und den andern Städten der Levante hätte. Er ist der einzige, der das berühmte *flintglass* der Engländer, das zu den achromatischen Teleskopen nöthig ist, zu machen weiß, und der, berühmte Boscowich schätzte sein *Flint* so hoch, daß er ihm sogar den Vorzug vor dem Englischen gab. Damit hat er ein achromatisches oder dolondisches Teleskop von einer neuen Form mit Veränderung von vier Ocularsgläsern erfunden. Er hatte vorher auch ein neues Mikroskop erfunden, welches er catoptrisch nennt. Der Marquis von Paulmy, der damals Gesandter von Frankreich in Venedig war, schickte der Akademie der Wissenschaften zu Paris dieses catoptrische Mikroskop, und die Akademie beehrte es mit ihrem Beyfalle in dem Jahre 1772; in der Geschichte der gedachten Akademie wirst Du finden, daß selbigem das Lob ertheilt wird, es sey leichter, heller und einfacher, und daß deshalb diese Erfindung des Selva als sinnreich und nützlich angesehen werden könne. Außer dem praktischen Unterrichte in seiner Kunst, hat er das Buch oder die erwähnten Gespräche geschrieben, worin er die Art, alle optische Instrumente, Brennspiegel u. s. f. zu verfertigen erklärt, und in sechs Gesprächen herausgegeben. Er ist ein würdiger Greis, und hat die Freude, daß sein ältester Sohn nicht nur ihm gleichkommt, sondern, wie er selbst sagte, ihn sowohl in der Theorie, als in der Ausübung übertrift. Er sprach mit mir von dem berühmten Teleskop des Herrschel, und von andern optischen Materien, und über alles sprach er gelehrt und mit vieler Einsicht, ohne daß deswegen weder er noch sein Sohn ihre Arbeit unterbrachen; ich freute mich sehr, einen trefflichen Künstler zu sehen und zu hören, der so nützlich ist, und seinem Vaterlande so viel Ehre macht. Ich habe mich vielleicht zu lange bey einem Brillenmacher aufgehalten; aber es ist billig, ihm sein gebührendes Lob zu ertheilen. Wie viel mehr Verehrung und Hochschätzung verdient nicht ein solcher Künstler in seiner Einfalt, als so viele reiche und große Herren, welche ihr

Leben und Vermögen auf eine unwürdige Weise durchbringen, ohne jemanden Gutes zu thun, noch sich selbst Ehre zu machen.

Ehe ich diesen Artikel von den Künsten schließe, will ich etwas ausführlicher von einer reden, die meine Aufmerksamkeit weit stärker auf sich zog. Da man in ganz Venedig so viele Buchhändler und Buchdrucker sieht, so fragte ich einige Freunde, die weder Buchhändler noch Buchdrucker waren, wie viele Personen wohl hier von dem Buchhandel leben möchten, und gemeiniglich gaben sie mir eine übertriebene Anzahl an, und versicherten mich sogar, daß ihrer mehr als 10 000 seyn möchten; als ich aber mit Kunstverwandten sprach, so schränkten sie diese Zahl unendlich ein, und ließen kaum wenige hunderte übrig. Sobald ich demnach die gedachte Liste empfing, suchte ich sogleich die Buchhändler auf, worunter auch die Buchdrucker begriffen sind, und fand, daß sie in allem zusammen 845 betragen. Ob dieß gleich von den tausenden, die andere angaben, weit entfernt ist; so bleibt es doch mit allem dem eine hübsche Anzahl, und wenige Städte werden nach Verhältniß so viele zählen können.

Dieß ist innerhalb der Stadt; denn der Graf Remondini, ein Venetianischer Buchhändler, hat in Bassano seine Druckerey, die vielleicht die einzige in ihrer Art ist, und, wie mir gesagt wurde, auf 500 Personen beschäftiget, von denen an, die Leinewand und alte Lumpen aufsuchen, um Papier zu machen, bis zu denen, welche die gedruckten und gebundenen Bücher verkaufen. Nicht nur in Bassano, einer kleinen Stadt, sondern auch in der ganzen umliegenden Gegend, hält er Leute, die alle die tauglichen Lumpen sammeln müssen, fast alle Tage gehen von Bassano Maulesel damit beladen nach seinen Papiermühlen, und kommen mit ganzen Rießen Papier belastet zurück. Eine Officin zur Verfertigung der Druckerschwärze, ein Saal für die Zeichner und Maler der Kupferstiche, Oefchen zur Schriftgießerey, Drucker, Correctoren, Buchbinder, Buch-

66 *Der Lehrer der Familie Grimani, Gemälde von Pietro Longhi (ca. 1780).*

händler oder Verkäufer der Bücher und Kupferstiche, machen eine kleine Stadt aus dem Ungeheuer weitläuftigen Hause des Grafen Remondini in Bassano, der außerdem noch sein Haus und seinen Buchladen in Venedig hat.

Aus diesem allem wirst Du schließen können, daß der Buchhandel ein sehr wichtiger Handlungszweig in dieser Stadt ist, und alle Achtung verdient. Der Graf Remondini ist wirklich Buchhändler; Ballioni, ein andrer Buchhändler, hat sich zum Venetianischen Edelmann oder *nobile* emporgeschwungen; der Buchhändler Albrizi ist aus dem Hause des edlen Venetianers Albrizi, und verschiedene andere Buchhändler haben ein ansehnliches Glück gemacht. Dieß wird nicht bloß durch den Absatz in der Stadt gewonnen, sondern durch den großen Handelsverkehr, den sie aller Orten haben. Du weißt, wie viele Bücher von Venedig in Spanien fast in allen Buchläden verkauft werden; dieß ist ganz gut, weil wegen der Wohlfeilheit der Venediger Ausgaben, die hier gedruckten Bücher leichter anzuschaffen sind; indeß wollte ich, daß man nicht so viele Predigtsammlungen, Casuisten, Scholastiker und Bücher von geringem Werthe nähme, die anderer Orten keinen Absatz finden, und dafür mehr klassische Autoren, griechische und römische Alterthümer, Sammlung von Concilien, und andere wichtige und brauchbare Werke kaufte, die nach der Venediger Ausgabe wohlfeiler zu haben sind. Nicht alle haben Geld genug, um sich die besten Ausgaben großer und wichtiger Werke anzuschaffen, daher ist es gut, daß es welche giebt, die zwar geringer am Werthe, aber den gemeiniglich beschränkten Börsen der Gelehrten angemessener sind. Aber bey alle dem beklagen sich viele und nicht ohne einigen Grund, daß die Venetianer, weil sie wohlfeile Drucke machen, und einen schnellen Vertrieb befördern wollen, viele Bücher verderben, und Ausgaben auf so schlechtem Papiere, mit so schlechten Lettern und so voller Druckfehler machen, daß sie nicht zu lesen sind. *Don Juan Andres, 1788*

Muran liegt auff einer Insul ohngefehr eine Italiänische Meile von der Stadt. Es ward aber damahls gar nicht mehr / wie vor Zeiten / gearbeitet: Der Ort / ob gleich Carneval, war so Volck-loß / als wann er die Pest gelitten. Peregrinant kauffte ein paar schöne Trinck-Geschirr gleich weit mit runten Deckeln von Fila grano, welches nicht anders scheint / als wann es mit Diamanten unter den weissen geschlängten Streiffen versetzet; die er darnach der allerdurchlauchtigsten und admirablen Chur-Fürstin von Brandenburg zu Potsdam auffs unterthänigste praesentiret. Hier werden Spiegel in aller Welt bekandt gemacht: Und Peregrinant bließ einen auff folgende Anleitung; er ward in einer Brenn-Hütte geführet / darinn ein Offen voller Glut: Und nachdem ihm ein langes Rohr mehr dann drey Ellen gegeben / so muste er aus dem Offen ein Stück glühende Materie eines Kopffes gleich nehmen mit gedachtem Rohr / die gar schwer. Hierauff ward begehret mit grosser Krafft durchs Rohr zu blasen; da sich dann die Masse erhob / daß es zu verwundern / und gleichte einer Feuer-Kugel. Nach diesen schnitte er es in die Helffte auff mit einer eisernen Schere / nachdem es in die Länge mit vielen schwüngen getractirt. Die auffgeschnittene Masse ward mit einer sehr heissen eisernen Back-Schauffel plat oder gleich gedruckt und bald unten bald oben geworffen / damit sie durch das Fallen recht plat wurde; darnach von der Schauffel in dem glüenden Offen wieder auff und ab geworffen / daß das Glaß gleich einem Kuchen einen Finger dicke. Wie dieses nun vielfältig getrieben / so ward es in den Kühl-Offen geschoben; da doch aber grosse Hitze / wiewohl nicht so groß / als in dem vorigen. Wäre der Glaß-Kuchen gleich aus dem ersten Offen in die freye Lufft gebracht worden / so hätte er zerspringen müssen; welches zeiget / daß es am sichersten von einem extremo, nach dem andern per intervalla zurücken. Nachdem der Kuchen

67 Eine Frau, die Glasperlen herstellt (»Perleri«),
gemalt von Giovanni Grevembroch.

gar / ward er / als einige Stunden verlauffen / nach der Schleiff-
und Polier-Mühle gebracht; welches ingesambt 6. Venetianische Scudi kostete. Ein schöner vortrefflicher ausgeschnitzter
Rand / anderthalb Hand breit / kostet noch nicht drey Scudi zu
schnitzen und mit Ducaten-Gold zu vergülden.   A. Ebert, 1724

Advokaten

Der Schwarm der Venezianischen *Edlen* und *Advokaten* in den
großen Sälen des *Pallastes,* gibt dem das erstemal hineintreten-
den Fremden einen sonderbaren Anblick. Mit einer schwarzen
Toga behangt, und den Kopf mit gewaltigen, fast bis auf die
Hüften herabhangenden Perrucken umhüllt, drängt sich hier
eine Menge Menschen durch einander, die sich theils mit ihren
Klienten unterhalten, theils zu den verschiednen Gerichtshöfen
eilen, um zu reden oder zu hören. Der mündliche Vortrag des
großen Haufens der Venezianischen Advokaten vor Gericht,
vermehrt das Sonderbare in diesem Bezirk, und gehört zu den
Merkwürdigkeiten *Venedigs.* Es ist ein wahres Klopffechter-
spiel. Von einem Halbzirkel von Zuhörern umgeben, treten
die beiden Gegner, in der *Toga* und hangenden Perrucke, auf.
Ruhig, langsam und deutlich tragen sie die Geschichtserzäh-
lung der Sache vor. Bei der *Verhandlung* selbst aber verwandelt
sich die Ruh des gerichtlichen Redners plötzlich in eine an-
scheinende Wuth. Mit seinen weiten schwarzen Ärmeln theilt
er die Luft, und stampft mit den Füßen. Seine Sprache ist ein
reißender Strom, seine Stimme wird Geschrei. Er schüttelt das
gewaltige Haupt; sein Gesicht glüht, die Adern an der Stirne
schwellen sichtbar; sein ganzer Körper ist in einer konvulsivi-
schen Bewegung. Jeden Augenblick verändert er mit großen
Schritten seinen Platz, wendet sich bald mit dem Ton stürmi-
scher Überredung zu den Richtern, bald gegen die Zuhörer,

68 *Murano-Glas (Ende des 19. Jahrhunderts).*

bald zu seinem ganz ruhig und gelassen dastehenden Gegner, der auf den Augenblick lauert, wo jener Athem schöpft oder sich räuspert, um mit gleichem Donnerton zu antworten. Kommt nun der *Entscheidungspunkt* selbst, so drängen sich oft beide Advokaten zu den Stufen des Richterstuhls, um dort den letzten Sieg zu erringen. Ich sah ein Paar solcher *Kämpfer,* in dem Vortrag einer summarischen Sache, die Stufen des Richters bis zur letzten hinanstürmen, während dieser ganz gelassen da saß, und sich endlich von seinem Sitz erhob, um – die Partheien *auf den andern Tag zu verweisen.* – Gilt gleich dieses Bild der Venezianischen *Plaidoyers nicht von allen* gerichtlichen Rednern, so trift es doch den größten Theil, und selbst die berühmtesten sind nicht ganz frei von diesem ihnen zur Gewohnheit gewordenen ausschweifend heftigen Vortrag. – Dennoch aber habe ich mehrere der letztern mit wahrem Vergnügen gehört und die Klarheit und Ordnung, womit sie die Sache selbst, den Geist und das Feuer, womit sie die Entscheidungsgründe vortrugen, bewundert. Die eigenthümliche Lebhaftigkeit des Venezianers, verbunden mit der Geschmeidigkeit und Anmuth der Sprache, vermehrt dieses Vergnügen, und fesselt die Aufmerksamkeit oft mehrere Stunden. – Die Zuhörer äußern den Rednern durch Händeklatschen ihren Beifall, oder durch lautes Murren ihre Mißbilligung.

Friedrich Johann Lorenz Meyer, 1792

Industrie um 1800

Die vorzüglichste Fabrik in Venedig dürfte wohl der Reali Zuckerraffinerie seyn, wo jährlich in den Sommermonaten, denn im Winter wird, um Holz zu ersparen, nichts gearbeitet, bey 500,000 Pfund Zucker aller Art erzeuget, und meistens nach dem übrigen Italien und der Türkey versendet werden.

Das Pfund kostet hier 36 bis 42 Kreutzer. Wie viel Geld zur Anlegung einer solchen Raffinerie erforderlich sey, läßt sich beyläufig daraus schließen, daß die kupfernen Geschirre allein auf 30 000 fl. kommen.

Die Eigenthümer dieser Zucker-Raffinerie besitzen auch eine Weinsteinfabrik, die jährlich bey 300,000 Pfund Weinstein (das Pfund zu 18 Soldi, 11 kr.) liefert, und ihn größtentheils in England und Deutschland absetzt.

Auch eine Porzelainfabrik ist in Venedig, aber ihre Arbeiten kommen mit denen der Wienerfabrik, weder in Rücksicht der Kunst, noch des Geschmackes, auch nicht in den entferntesten Vergleich. Briattis Glas- und Spiegel-Fabriken auf Muran, dieser aus Schillers Geisterseher wohlbekannten Insel, liefern die berühmten Spiegel, aber die übrigen Glasarbeiten reichen nicht an die böhmischen, und die schönen Perlenluster sucht man hier vergebens. Die übrigen Fabriken verarbeiten Tuch, Seide, Stahl, Stahlwaaren, Papier, Seife, Borax u. d. gl. womit ein beträchtlicher Verkehr getrieben wird. Der Transitohandel ist indessen weit beträchtlicher, und der Wechselhandel, die Girobank, die Seeassekuranzkammer werden Venedigs Wohlstand immer schützen, wenn gleich nicht mehr der Handel eine Summe von 40,000,000 fl. verkehrt, oder 3300 Schiffe und 40 000 Matrosen beschäftiget.   *Anonym, 1801*

»*. . . alles mit Ausnahme des Wassers, ist Kunst*«

Solange Venedig als Staatswesen blühte, war sie der Mittelpunkt des Zusammenflusses von Reichtümern, die auswärts erworben wurden, eine reine Luxusstadt, die sich als solche nur solange erhalten konnte, als die in ihr herrschenden Geschlechter auf den Einkünften ihrer auswärtigen Besitzungen und Unternehmungen fußten. Seitdem sich dies geändert hat, ver-

69   Die Getreidemühle »Mulino Stucky« (nach 1897)
am Canale della Giudecca.

fällt sie, und es sind eigentlich nur die Fremden, die den rapiden
und völligen Verfall hintan halten. Leider erhält sie dadurch
auch den Charakter einer bloßen Kuriosität, einer riesigen
Schaustellung. Sie ist eine Art permanenter Ausstellung der
Vergangenheit. Was die Mathildenhöhe von Darmstadt im
vergangenen Jahre für die künstlerische Gegenwart sein
wollte, ist sie in Wahrheit für die künstlerische Vergangenheit.
Hier sehen wir in wunderbaren, obschon zum großen Teil
verwahrlosten Resten, wie mächtig in früheren Zeiten unter
den günstigen Bedingungen großer politischer Macht eines
aristokratisch geleiteten Gemeindewesens und enormen öffentlichen wie privaten Reichtums die Kunst ins Leben ge-
wirkt hat. Venedig ist mehr als irgend eine andere Stadt im

*70   Entladen eines Salzschiffes vor den Lagerhallen in der Nähe
der Dogana (ca. 1920).*

eigentlichsten und umfänglichsten Sinne ein großes Kunstwerk. Was man hier sieht, alles mit Ausnahme des Wassers, ist
Kunst. Derlei wird sich kaum jemals wiederholen, und darum
erscheint uns dies alles so reizvoll, fast märchenhaft. In verhältnismäßig geringem Umkreis ist hier eine Summe von Kunst
zusammengetragen, die wie unerschöpflich wirkt. Bezeich-
nend dafür ist die unglaubliche Menge von Stätten des Anti-
quitätenhandels. Mag auch recht vieles von dem, was als alt
hingestellt wird, nur geschickte Imitation sein, es bleibt doch
noch eine Fülle von wirklich alter Kunst übrig, die nun zum
Verkaufe steht. Vieles stammt freilich aus den Edelsitzen der
Umgebung, aber auch dies ist venezianisch. Von den Palästen
sind nur noch recht wenige im Besitze der alten Familien, denn

diese haben zumeist den Reichtum eingebüßt, der dazu gehört, derlei zu erhalten. Man kann heute ganze Paläste für einen Preis mieten, um den man in Berlin keine Wohnung von zehn Zimmern erhält. Diesen Umstand haben sich schon viele vermögende Fremde zu Nutze gemacht. Auch der Antiquitätenhandel weiß davon zu profitieren, indem er mehr als einen Palast zu einem Antiquitätenlager hergerichtet hat. Zuweilen verhüllt er dies auf eine amüsante Weise. So wurde uns als verbürgt mitgeteilt, daß ein Konsortium von Altertumshändlern nicht allein einen alten Palazzo, sondern auch gleich einen alten Nobile gemietet habe, der darin wohnen durfte unter der Bedingung, daß er die Rolle des Besitzers spielte, als welcher er nun mit vieler Würde kauflustige Fremde empfing, die ihren neu erworbenen Besitz an Altertümern mit einem ganz besonderen Gefühle davontrugen, weil sie glauben durften, ihn aus erster Hand empfangen zu haben. Gute Käufe kann man zuweilen bei den Kirchendienern machen, die zugleich Antiquitätenhändler sind und am besten wissen, wo noch etwas zu holen ist. Gemälde bedürfen aber nach dem bekannten Staatsgesetze einer Ausfuhrerlaubnis durch die Akademie, doch gibt es Mittel und Wege, das zu umgehen. *Otto Julius Bierbaum, 1903*

Wasserträgerinnen

Aus dem Straßenirrgarten kommen wir dann und wann auf freie Plätze, die aus alten Kirchhöfen entstandenen »campi«. Ich kenne kaum einen besseren Flanierboden. Aus allen Loggien, Giebeln, Kaminen, aus den Gärten und Seitenkanälen regnet es Eindrücke, Gedanken, wispern neckische Kobolde alte lustige Geschichtchen. Ihresgleichen haben sie nicht auf der Welt, diese venezianischen Plätze. Überall Anmut, Farbenpracht, Abwechslung, Poesie, Bizarrerie. Dann die Brunnen! Schaut

*71 In besonders heißen Sommern herrschte in Venedig Wassermangel.
Die »Burchieri acquaroli« brachten das Wasser vom Festland
(gemalt von Giovanni Grevembroch).*

nur die robusten Wasserträgerinnen aus Friaul mit ihrem malerischen Gewand und dem seltsamen Männerhut, wie sie an einem gebogenen Holz, das wir schon in Vicenza kennen lernten, die schweren Krüge tragen. Und wie stimmt der künstlerische Schmuck des Brunnenrandes zu der bunten Staffage seiner Besucherinnen! Neben den Friaulerinnen kommen auch »le bigolanti«, arme Frauen aus dem Volke, die für 40 bis 50 Centesimi den Tag ihren Nachbarn das Wasser herbeischleppen. Karger Lohn, aber er genügt, »a campar di polenta«. Natürlich herrscht fortwährend Krieg zwischen den bigolanti und den vornehmeren Damen aus Friaul, die oft genug wegen ihres Mieders, der breiten Röcke, der blonden Haare und roten Wangen bespöttelt werden. Auch die Gondoliere halten gerne in der Nähe der Brunnen, um den bigolanti in ihrem Spotten zu helfen. So fragen sie wohl oft, ob die strammen Wasserträgerinnen nicht vergessen hätten, einen Frosch in den Brunnen zu werfen, um dessen Wasser auf seine Gesundheit zu prüfen. Auch erkundigen sie sich neckisch nach den männlichen Verwandten der Friaulerinnen und kargen dabei nicht mit begehrlichen Blicken; denn der Hals der Wassermädchen blüht zu verführerisch weiß aus dem roten Taschentuch, das als Halstuch dient, hervor. »Gehen eure Männer auch wieder mit den ›pettorali‹ nach Rom?« ist eine der gebräuchlichsten Fragen; denn die Friauler, die im Sommer als Ackersknechte arbeiten, ziehen im Winter nach den großen Städten im Süden, wo sie in den Wirtschaften gebratene Äpfel und Birnen feilhalten, die »gut für die Brust sein« sollen und deshalb »pettorali« heißen. Sie werden wohl schon manchem Romfahrer aufgefallen sein, wie sie dem tragbaren Ofenkessel von Zeit zu Zeit mit langen Holzstäbchen ihre Ware aufspießend entnehmen. – Mitten unter neckischem und neidischem Geplauder wird aber fleißig gearbeitet, und immer neue Wasserdamen lösen sich einander ab, bis der Schutzmann kommt und den Brunnen schließt.

Albert Zacher, 1912

72 Die »Fondatori« rammten Pfähle in den morastigen Boden,
um ein festes Fundament zu schaffen (gemalt von Giovanni Grevembroch).

Um den Abschnitt über die Weiblichkeit zu erschöpfen, muß ich Ihnen, hier eher als in irgendeiner anderen Stadt, ein Wort von den Kurtisanen sagen. Sie bilden eine wirklich achtungswerte Körperschaft durch ihre guten Manieren, und man darf es nicht glauben, wenn behauptet wird, ihrer seien so viele, daß man förmlich auf sie trete. Das ist nur während der Karnevalszeit so, während welcher Sie unter den Arkaden der Prokuratien ebensoviel Frauen liegend wie stehend und gehend finden, außer dieser Zeit ist ihre Zahl nicht mehr als doppelt so groß, wie in Paris; aber sie sind auch sehr beschäftigt. Regelmäßig jeden Tag, um »vierundzwanzig« oder »vierundzwanzigeinhalb« Uhr sind alle besetzt, schlimm für die Zuspätkommer! Unterschiedlich von Paris sind alle von einer bezaubernden Sanftmut und Zuvorkommenheit. Sie mögen begehren, was Sie immer wollen, immer wird sie Ihnen antworten: »Sarà servito, sono ai Suoi commandi« (denn es wäre unhöflich, jemanden anders als in der dritten Person anzureden). Tatsächlich sind ja, wenn man den Ruf bedenkt, den sie genießen, die gewöhnlich an sie gerichteten Ansprüche sehr mäßige, ich fand neulich eine so niedliche, daß . . . Was konnte ich tun, wie sollte ich hier mißtrauen, da sie mir bei der beatissima Madonna di Loreto für die Folgen gut stand!

Wir haben einige Mühe gehabt, ehe wir in diese schöne Welt etwas Eingang fanden, denn wir kamen zu einem sehr ungünstig gewählten Zeitpunkt. Die durchlauchtigste Republik hat eben an fünfhundert gewerbsmäßige Kuppler aburteilen lassen, die in Mißbrauch des ihnen anvertrauten, dem Gemeinwohle dienenden Amtes so weit gingen, jedem, der auf dem Markusplatz daherkam, Frau Prokurator A. und Frau Ritter von H. zu offerieren, so daß einigemal ein Gatte seine eigene Frau angeboten bekam. Man hat diesen trügerischen und schamlosen Brauch unterbunden. Nichtsdestoweniger braucht man nicht in Not zu sein, etwas zu leben zu finden, wenn man nur einen guten Gondolier sich aussucht, was so wenig schwer ist, daß man schon ein arger Pechvogel sein muß, wenn einem das mißlingt. Mir ist eben diesbezüglich ein sehr lustiges Abenteuer passiert, das mich im ersten Augenblick in eine sehr lächerliche Verlegenheit gesetzt hat. Ich hatte gestern meinen Gondolier abgesandt, um der berühmten Bagatina eine »ambasciata« auszurichten. Das Rendezvous sollte zu festgesetzter Stunde bei ihr vor sich gehen. Ich fand sie nicht zu Hause; die Kammerzofe sagte mir, sie habe mit einer Freundin zur Conversazione bei irgendeinem hohen Herrn – ich vergaß den Namen – gehen müssen, sie ließe sich höflichst entschuldigen und bäte mich, morgen wiederzukommen. Während dieser Unterhaltung besah ich mir die geräumige, prachtvolle und reich eingerichtete Wohnung, die mir weit über der Lebenshaltung einer derartigen Prinzessin zu sein schien. Ich fragte die Zofe, ob nicht ein Gondolier von mir etwas an die Bagatina ausgerichtet habe. Sie erwiderte, der Gondolier sei wohl dagewesen, aber ihre Herrin heiße nicht Bagatina, sondern Abbati Marchese und sei mit einem vornehmen Venezianer verheiratet. »Aber«, sagte ich darauf, »was dachte denn Eure Herrin, was ich von ihr wolle?« – »Daß Sie einen Empfehlungsbrief abzugeben hätten«, erwiderte sie. »Sie können mir ihn hier lassen oder morgen wiederkommen, wie es Ihnen beliebt, gnädiger Herr.« Daraufhin ließ ich den Gondolier nach oben rufen; das Zöfchen und er blieben bei ihrer Rede. Der Gondolier bekam einige »ladro« und »birbante« an den Kopf, und mich verabschiedete man mit vielen Knicksen, ziemlich unsicher, ob ich am nächsten Tag wieder hingehen sollte, und was diese ganze Verwechslung bedeute. Endlich entschloß ich mich, ein Körbchen zu riskieren, und ging heute wieder hin. Ich fand eine vornehme Dame in den Dreißigen, gut gewachsen, stattlich, nicht eigentlich hübsch, aber von vornehmem Wesen und tadelloser Haltung; ihre Toilette und Diamanten waren

73 *Wasserträgerin in typischer Tracht.*

74 *Die Kurtisanen. Gemälde von Vittore Carpaccio.*

prachtvoll. Sie kam mit einer gewissen Würde auf mich zu und fragte, was ich wünsche.

Darüber war ich mir ja nun klar genug, nur wie ich es ihr beibringen sollte, machte mir Kopfzerbrechen. So drechselte ich ihr in meinem schlechtesten Italienisch ein unverständliches Kompliment, was mir nicht weiter schwer fiel. Endlich, als sie den Grund meines Zauderns erriet, besaß sie feinen Takt, mir selbst herauszuhelfen, indem sie ihren angenommenen Titel und ihre falsche Zurückhaltung nach einem kurzen Augenblick aufgab.

> E poichè la sua mano alla mia pose
> Con lieto volto, onde mi confortai,
> Mi mise dintro alle segrete cose.

Sie schien sogar von meiner Freigebigkeit überrascht, denn wegen ihrer Einrichtung und ihrer Toilette hatte ich die Zechinen verdoppelt; es widerstrebte mir, etwas Mittelmäßiges in eine Hand zu legen, die mit echten Diamanten geschmückt war. Die Nobili, ich meine die, die nicht noch feinere Gelüste haben, benutzen diese Prinzessinnen häufig. Will einer von ihnen mit der seinen eine Spazierfahrt machen, holt sie ihn einfach in ihrer Gondel aus dem Staatsrat ab, und man ist nicht erstaunter, wenn er angesichts des menschenvollen Markusplatzes zu ihr einsteigt, als wenn dieser selbe Nobile im Karneval Maske und Domino im Vorzimmer ablegt, ehe er in den Sitzungssaal eintritt. Ich glaub's, recht haben sie, so eine Gondel ist ein lieblicher Freudenort. Meinen Sie übrigens nicht, trotz aller Treue, die sie für ihre Aushälter zur Schau tragen, sie seien unnahbar. Diesen Skrupel haben sie höchstens fünf Tage der Woche; ihre Liebhaber selbst lassen ihnen fast durchweg volle Freiheit am Freitag, wo jene zur Beichte gehen, und am Sonnabend, wo sie selbst im Pregadi zu tun haben. Die Mädchen befolgen alle einen recht gewitzten politischen Brauch, indem sie niemandem eine Gunst vor dem zweiten Besuche bewilligen, denn, sagen sie, man muß sich doch erst kennen, ehe man liebt. Auf die Weise macht man ihnen wenigstens zwei Besuche, und sie bekommen doppelte Bezüge für einen Dienst. Das war, glaube ich, ein gründliches Kapitel. Ich habe es Ihnen zuliebe so ausführlich gemacht, weil ich weiß, Sie sind sehr verdorben; und damit Ihnen auch rein gar nichts mehr zu wünschen bleibt, will ich noch hinzusetzen, daß die hiesigen Weiber, vor allem die aus dem Volke, schöner, als an irgendeinem anderen Orte der Welt sind. Nicht als ob man hier mehr hinreißende Schönheiten fände, als anderswo, aber die meisten sind hübsch und gutgewachsen, haben eine schöne Haut, einen vollen angenehmen Mund und weiße, gut stehende Zähne.

Charles de Brosses, 1739

Geschichtenerzähler auf der Piazza San Marco

In dieser Jahreszeit hielten sich die Erzähler auf demselben auf: eine Art von Marktschreyern, welche mit halbbloßem Leibe, in ausgesuchten Redensarten, *(con parole schiette)* und mit der tragischen Handlung, Hitze und Nachdruck, tausend wunderbare Begebenheiten erzählen. Jede Erzählung dauert so lange, als es demjenigen gefällt, welcher das Wort führet. Das um ihn herum versammelte Volk höret ihm mit kreuzweis in einander gelegten Armen, mit ausgespannten Füßen, und niedergeschlagenen Augen, auf das alleraufmerksamste zu. Zwischen den Füßen derjenigen Personen, welche in dem Kreise am weitesten voran stehen, setzen sich die Kinder, und hören eben so aufmerksam zu. Oft vermehret der Adel und andere Leute von Stande, die Menge der Zuhörer. Es ist mir zweymal begegnet, daß ich der erste gewesen bin, der mit einer solchen Erzählung angefallen worden ist. Der Erzähler hielt mich an,

75 *Unterhaltung, die Gaukler täglich auf der Piazza San Marco boten
(Giacomo Franco, ca. 1610).*

indem er zu mir sagte: *Signor, che ascolti una gran cosa, una cosa stupenda;* »Mein Herr, hören Sie eine wichtige Geschichte, eine erstaunende Geschichte.« Hierauf entfernete er sich von mir, redete oder schrie vielmehr als ein Besessener; und nach und nach kam der Kreis zu Stande. Diese Herren verlangen nichts von den Herumstehenden; aber an den lebhaftesten und rührendesten Stellen, wenn z. E. von einer Prinzeßinn die Rede ist, welcher der Dolch aus den Händen fällt, oder welche einen Brief, in welchem man ihr etwas Ungebührliches zumuthet, mit Unwillen wegwirft, nimmt der Hut des Erzählers die Stelle des Dolches oder des Briefes ein, und wird mitten in den Kreis dergestalt geworfen, daß er stets das Inwendige darbiethet, worein die Zuhörer einige Parpayolen werfen. Der Erzähler scheinet nicht darauf Acht zu geben, und hebt, ohne seine Erzählung zu unterbrechen, seinen Hut wieder auf, dessen er sich nachher bedienet, irgend ein neues Pathos (beweglichen Auftritt) zu unterstützen. Niemand konnte die Geberden, den Ton, und das emphatische Wesen dieser Art von Marktschreyern besser nachmachen, als Goldoni. Dieses ist seine liebste Verkleidung, wenn er an den Festen Antheil nehmen will, welche der venetianische Adel in den schönen Lusthäusern an dem Ufer der Brenta anstellet.

Pierre Jean Grosley, 1764

VERGNÜGUNGEN

Karneval

Ihr Karneval und Spektakel fängt im October an, und dauert bis gegen Weyhnachten, nur mit dem Unterschiede, daß man alsdenn erst nach Tisch in Masken geht, im rechten Karneval aber den ganzen Tag, die Sonn- und Festtage ausgenommen, da man erst Nachmittags die Masken anzieht. Man findet zu allen Stunden des Tages alsdenn Masken auf dem Marcusplatz. Im eigentlichen Karneval kann man sich auf allerley Art maskiren, wie man will, aber die allermeisten, wenigstens vom Stande, tragen nur den gewöhnlichen Mantel und Bahuthe.

Die drey ersten Tage im Jahre machen in Ansehung der Masken, wegen des vierzigstündigen Gebets eine Ausnahme. Am 3ten Januar hält der Doge und der ganze Adel eine Proceßion um den Marcusplatz, wenn es auch gleich oft schneyet und frieret. So bald diese vorbey, legt jedermann die Masken an. Zuweilen sind außerordentliche Maskentage, zum Exempel, wenn einer von den vornehmsten Adelichen heyrathet; in solchen Fällen schickt der Doge einige in Masken gekleidete Personen aus, welche gleichsam das Signal geben.

Die venezianische Maske besteht in einem Mantel von schwarzer Seide, wie die Abbeemäntel, die Bürger tragen sie auch von rothem oder grauen Tuch, weil sie dauerhafter sind. Auf dem Kopfe trägt man eine Bahute *(Bauta)* oder Kappe, welche den Kopf bis ans Kinn bedeckt, und bis über die Schulter hinab geht. Das Gesicht ist mit einer weißen Wachsmaske *(volto)* bedeckt, welche bis auf den Mund geht, und man setzt einen weißen Federhut dazu auf, um sie fest zu halten. Die Venezianer drücken den Hut so tief über die Maske, daß sie nur eben sehen können; und weil die Fremden nicht daran gewohnt

76 *Maskenschneider, gemalt von Giovanni Grevembroch.*

sind, so kennt man sie gleich daran. Dieses ist die allgemeine Tracht beyderley Geschlechts, man unterscheidet die Frauenspersonen nur an den unter dem Mantel hervorragenden Röcken. [. . .]

Der Marcusplatz ist im Karneval der Schauplatz vieler Thorheiten und Narrenspossen. Man sieht hin und wieder kleine Bühnen von Wahrsagern, die sich mit alten Himmelskugeln ein Ansehen geben, alte Weiber, welche in einem närrischen Anzuge von ihrem Theater denen, die sie um Rath fragen, ihr künftiges Schicksal vorher sagen. An einem andern Orte steht ein Marionettenspieler, in einem Winkel hört man Sänger oder Sängerinnen kleine *Canzonette Veneziane* absingen, und gegenüber steht zuweilen ein Kapuziner, der auf einer Art von Kanzel für die Sünden des Karnevals warnet. Der müßige Venezianer hört ihm einen Augenblick zu, und kehrt wieder zum Marionettenspiel zurück. An Marktschreyern, Gaucklern und dergleichen Zeitvertreib fehlt es auch nicht.

In der letzten Woche des Karnevals *(la settimana grassa)* werden zuweilen von Privatpersonen Bälle, wiewohl nur sparsam, gegeben. Manchmal sind auch öffentliche.

Johann Jakob Volkmann, 1771

Doge und Dogaressa am Giovedi grasso

Dies geschah alles kurz vor dem Giovedi grasso. Es ist Sitte, daß bei den Volksfesten, die an diesem Tage auf dem Marcusplatz stattfinden, die Dogaressa unter dem Thronhimmel, der auf einer dem kleinen Platz gegenüberstehenden Galerie angebracht ist, neben dem Dogen Platz nimmt. Bodoeri erinnerte ihn daran und meinte, daß es sehr abgeschmackt sein und er ganz gewiß von Volk und Signorie ob seiner verkehrten Eifersucht weidlich ausgelacht werden würde, wenn er aller Sitte und Gewohnheit entgegen Annunziata von dieser Ehre ausschlösse. »Glaubst du«, erwiderte der alte Falieri, dessen Ehrgeiz auf einmal angeregt wurde, »glaubst du, daß ich, ein alter blödsinniger Tor, mich denn scheue mein kostbarstes Kleinod zu zeigen aus Furcht vor diebischen Händen, denen ich nicht den Raub wehren könnte mit meinem guten Schwerte? – Nein Alter, du irrst, morgenden Tages wandle ich mit Annunziata in feierlich glänzendem Zuge über den Marcusplatz, damit das Volk seine Dogaressa sehe, und am Giovedi grasso empfängt sie den Blumenstrauß von dem kühnen Segler, der sich aus den Lüften zu ihr herabschwingt.« Der Doge dachte, indem er diese Worte sprach, an eine uralte Gewohnheit. Am Giovedi grasso fährt nämlich irgendein kühner Mensch aus dem Volke an Seilen, die aus dem Meere steigen und an der Spitze des Marcusturms befestigt sind, in einer Maschine, die einem kleinen Schiffchen gleicht, herauf, und schießt dann von der Spitze des Turms pfeilschnell herab bis zu dem Platz, wo Doge und Dogaressa sitzen, der er den Blumenstrauß, den sonst der Doge, ist er allein, erhält, überreicht. – Andern Tages tat der Doge, wie er verheißen. Annunziata mußte die prächtigsten Kleider anlegen, und von der Signorie umringt, von Edelknaben und Trabanten begleitet, wandelte Falieri über den vom Volk überströmten Marcusplatz. Man stieß und drängte sich halb tot, um die schöne Dogaressa zu sehen, und wem es gelang sie zu erblicken, der glaubte, er habe ins Paradies geschaut und das schönste Engelsbild sei ihm strahlend und herrlich aufgegangen. – Wie die Venezianer nun sind, mitten unter den tollsten Ausbrüchen wahnsinniger Verzückung, hörte man hie und da allerlei spöttische Redensarten und Reime, die derb genug, auf den alten Falieri mit der jungen Frau losfuhren. Falieri schien aber davon nichts zu bemerken, sondern schritt, von aller Eifersucht dasmal verlassen, obgleich er überall Blicke des brennendsten Verlangens auf die schöne Gattin gerichtet sah, schmunzelnd und lächelnd mit dem gan-

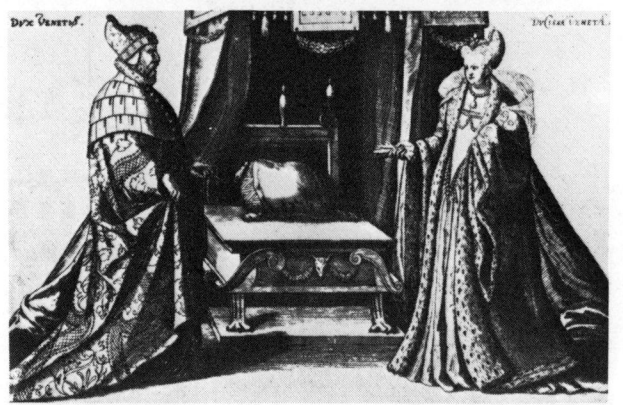

77 *Doge und Dogaressa (1581).*

zen Gesicht, so pathetisch als möglich an Annunziatas Seite
daher. Vor dem Hauptportal des Palastes hatten die Trabanten
das Volk mit Mühe auseinandergetrieben, so daß, als der Doge
mit seiner Gemahlin hineinschritt, nur hin und wieder einzelne
kleine Haufen besser gekleideter Bürger standen, denen man
selbst den Eintritt in den innern Hof des Palastes nicht wohl
verwehren konnte. Da geschah es, daß in dem Augenblicke, als
die Dogaressa in den Hof trat, ein junger Mensch, der nebst
wenigen andern Leuten am Säulengange stand, mit dem lauten
Schrei: »O du Gott des Himmels!« entseelt auf das harte Mar-
morpflaster niederschlug. Alles lief herbei und umringte den
Toten, so daß die Dogaressa ihn nicht erblicken konnte, aber
sowie der Jüngling niederstürzte, durchfuhr plötzlich ein glü-
hender Dolchstich ihre Brust, sie erbleichte, sie wankte, nur die
Riechfläschchen der herbeieilenden Frauen retteten sie von
tiefer Ohnmacht. Der alte Falieri, voller Schreck und Bestür-
zung über den Unfall, wünschte den jungen Menschen mit-
samt seinem Schlagfluß zu allen Teufeln und trug, so sauer es
ihm auch wurde, seine Annunziata, die das Köpfchen mit

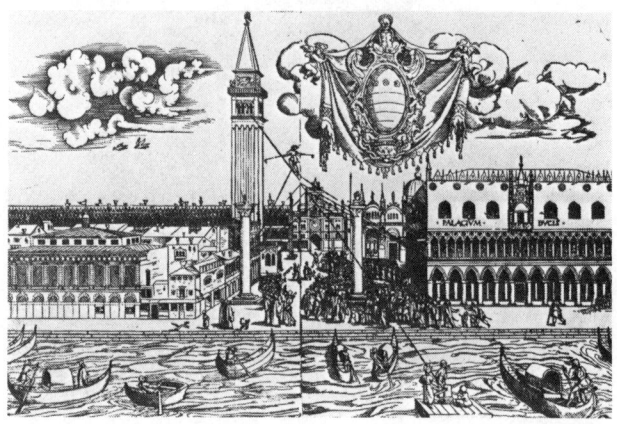

78 »Der Flug des Türken« von Sebastian Hausmann (1547). An Festtagen wurden
auf der Piazza San Marco diese Darbietungen auf dem Seil gezeigt.

geschlossenen Augen über die Brust hing, wie eine kranke
Taube, die Treppe hinauf in die inneren Gemächer. –

E. T. A. Hoffmann, 1817

»Aus Anlaß der Ankunft des Duke of York in Venedig«

Edward, Bruder des Königs von England,
kommt mit großem Gefolge nach Venedig,
nachdem er Rom, Parma und Reggio,
Genua, Turin und andere schöne Städte gesehen hat.

Die großzügigen und höflichen Venezianer
bereiten ihm einen königlichen Empfang,
und sie machen sich eine Ehre daraus,
ihm die lebhaftesten und offenkundigsten Zeichen echter
Freundschaft zu erweisen.

Um Feste, Regatten und Erquickungen zu veranstalten,
    ist jeder in Bewegung und voller Fröhlichkeit.
    Nur die Liebhaber sind in Aufregung:

Da sie wissen, daß ihm die Frauen sehr gefallen,
    denken sie – nicht ohne Grund – daran,
    der Geliebten den Keuschheitsgürtel anzulegen.

Giorgio Baffo, 1764

Stierhetze

Meine Feder wird nicht müde, die Wunder Venedigs zu
preisen. Gestern feierte man das Fest der Stiere, ein schreckli-
ches Schauspiel für den, der es zum ersten Male sieht. Es wird
besonders von den Spaniern geschätzt. Dieses Fest begeht man
in jedem Jahre am Ende des Carnevals zu Ehren des Dogen,
meist jedoch mit weniger Glanz und Pomp. Diesmal wurde es
durch die Anwesenheit des Kurprinzen von Sachsen besonders
ausgezeichnet, so daß es ein Versäumnis wäre, wenn ich Euer
Wohlgeboren darüber nicht berichten wollte.
Stellen Sie sich den Markusplatz vor, prächtig und regelmäßig,
Vorteile, die nicht wenig zur Pracht dieser Feierlichkeit beitragen. Mit den Tribünen, die rings herum errichtet sind, gleicht
der Platz einem Amphitheater. An beiden Enden hatten auf
zwei mit schönen Statuen geschmückten Toren Trompeter
und Trommler (Pauken fehlten) Aufstellung genommen.
Quer über den Platz waren von einer Ecke zur anderen drei
dicke Seile gespannt, jeweils in der Mitte war eine Kugel
angebracht mit Feuerwerk im Innern. Der Platz des Kurprinzen befand sich neben dem alten Prokuratorenpalast, unter
dessen Fenstern ebenfalls Musiker mit Trompeten und Trom-
meln postiert waren. Kaum war Seine Hoheit erschienen, da
begannen mit einem Schlag alle Musiker einen entsetzlichen

79 Gondel mit Kaiser Franz Joseph und Kaiserin Elisabeth (1856).

Lärm zu machen; gleichzeitig sah man Schlächter, die auf altertümliche Weise, wie amerikanische Neger, gekleidet waren, in Zweiergruppen heranmarschieren. Dann trieb man zwanzig Stiere und eine entsprechende Anzahl großer Hunde in das Gehege, so daß im Nu zwischen diesen Bestien eine – wie man sich leicht vorstellen kann – fürchterliche Jagd anhob. Die Schreie von mehr als fünfzigtausend Masken flößten mir einen solchen Schrecken ein, daß sich mir die Haare sträubten. Waren die Tiere müde geworden, ließ man neue herein, und dies wiederholte sich, bis es hundert und mehr geworden waren. Etwa vier Stunden dauerte dieses Schauspiel. Sodann stieg ein kühner Mann auf die Spitze des Turmes von San Marco und ließ sich an einem gespannten Seil bis auf das gegenüberliegende Gebäude hinab. Dann wurden drei Stiere an die drei Seile gebunden, an denen sich die Feuerwerkskugeln befanden. Diese wurden angezündet, wodurch die Tiere, auf die man gleichzeitig noch große Hunde hetzte, zur Raserei getrieben wurden, so daß es wirklich ein Wunder war, wenn sie die Seile nicht zerrissen und damit all denen, die sich innerhalb der Einfriedung befanden, ernsten Schaden zufügten.
Sodann ließ man drei Stieren die Köpfe abhauen. Es kam dabei

darauf an, mit möglichst wenigen Hieben auszukommen. Ich mußte wahrhaftig die Kraft und die Geschicklichkeit des ersten bewundern, der den Kopf des Stieres mit einem einzigen Schlag vom Rumpfe trennte. Die beiden anderen waren nicht so tüchtig. Inzwischen war die Nacht hereingebrochen, und eine neue Attraktion folgte, den Zuschauern Vergnügen zu bereiten: das Feuerwerk. Es war die Krönung des Festes. Binnen kurzem war der ganze Platz von Licht überflutet; und so konnte man unter den vielen tausend Masken, die wahllos in das Gehege innerhalb der Einfriedung eindrangen, kein Unglück geschehen. Dennoch sah ich, wie Menschen und Hunde schwer verletzt weggetragen werden mußten ...

Johann Caspar Goethe, 1740

Im Ridotto

Diejenigen Plätze / welche Ridotti genannt werden / sind eigentlich Spielhäuser. Sie werden auff die nemliche Zeit / wann die Schaubühnen geöffnet werden / auffgeschlossen / und nur allein vor den Adel gehalten. Diese schicken die Spieler fort / wann es ihnen gut dünckt / dieselbige sind aber ausser dem / daß sie wol spielen / und grosse Privilegien haben / so glücklich / daß sie mehrentheils mit dem Geld davon streichen. In diesen Ridotti findet man zehen oder zwölff Kammern / auff einem Stockwerck / und in allen Spiel-Tafeln / welche so mit Liebhabern besetzt seyn / daß man sich allda kaum wenden kan / jedoch höret man / wie groß auch die Menge des Volcks ist / niemand reden. Wann man in dieselbigen kommen wil / so muß man nothwenig vermummt seyn; daselbsten erscheinen die Courtisaninnen eben sowol als die ehrlichen Damen in großer Anzahl. Diese dörffen unter dem Privilegio der Masque, die Ergötzlichkeit der Faßnacht mitgeniessen / doch wird ihnen allzeit / entweder durch Kundschaff-

80 Stierhetze (Giacomo Franco, ca. 1610).

ter oder ihre eigene Männer auffgepaßt. Ohne diese Spielkammern in denen Ridotti, sind auch noch andere / die zur conversation gewidmet seyn / darinnen allerhand Geträncke / Zuckerwerck und dergleichen Sachen verkaufft werden. In diesen legt man die Masque auch nicht ab / und wann man nur ein ehrlich Kleid angezogen hat / kan man unter dem Vorrecht der Vermummunge mit denen Damen / ja auch denen alleransehnlichsten reden / man muß aber niemanden beleidigen.

Anonym, 1701

Spielleidenschaft

Meine Geliebte war von der Leidenschaft des Glücksspiels besessen, und ihr Bruder, ein unverschämter, anmaßender, starrköpfiger Taugenichts, frönte diesem Laster zu unserem Unglück noch mehr als sie. Ich war gezwungen, mich gut mit ihm zu stellen und half ihm halb aus Höflichkeit, halb aus Langeweile. Nach und nach verfiel auch ich dem Spiel. Weder die beiden noch ich waren reich, wir verloren in Kürze all unser Geld. Also machten wir Schulden und mußten außerdem bald den größten Teil unserer Garderobe verpfänden. Damals gab es in Venedig im Karneval das berühmte, als ›Ridotto‹ bekannte Spielkasino. Dort hatten nur die reichen Nobili das Recht, mit ihrem Gelde Bank zu halten; die armen taten das um hohen Preis mit dem Geld anderer, meist mit dem der wohlhabenden Nachkommen Abrahams. Wir gingen Abend für Abend dorthin, und Abend für Abend verwünschten wir, wenn wir heimkehrten, das Spiel und seinen Erfinder. Der letzte Karnevalsabend war herangekommen. Wir hatten weder Geld noch die Möglichkeit, uns welches zu verschaffen. Aber die Gewöhnung an das Laster und mehr noch die Spielern eigene trügerische Hoffnung auf Gewinn brachten es dahin, daß wir die wenige uns verbliebene Kleidung verpfändeten oder verkauften: das ergab zehn Zechinen. Ein Augenblick genügte, und wir hatten im Ridotto auch diese verspielt. Bedrückt gingen wir an die Stelle, wo wir die Gondel zu nehmen pflegten. Der Gondoliere kannte mich und wußte, daß ich mich sonst oft freigebig gezeigt hatte. Als er uns jetzt bekümmert und stumm sah, ahnte er den Grund dafür und fragte mich, ob ich Geld brauchte. Ich glaubte an einen Scherz und erwiderte gleichfalls im Scherz, ich brauchte fünfzig Zechinen. Er sagte nichts, betrachtete mich lächelnd, ruderte singend ein kleines Stück weiter und hielt an der Überfahrt zu den Gefängnissen. Dort verließ er die Gondel, kam nach wenigen Minuten zurück, übergab mir fünfzig Goldzechinen und murmelte dabei: »Geht und gewinnt! Ihr sollt die venezianischen Gondolieri kennenlernen.«

Diese Überraschung! Nun geschah alles in einem Augenblick: das Geld sehen, der Versuchung nachgeben ohne zu überlegen, wie ich es früher aus Zartgefühl getan hätte, und in den Ridotto zurückkehren. Sogleich im ersten Saal setzte ich die Hälfte des Geldes und gewann das Doppelte. Ich ging weiter, setzte an vielen anderen Spieltischen und spielte über eine halbe Stunde mit so viel Glück, daß ich bald mit Gold beladen war. Da zog ich meine Gefährtin rasch die Treppen hinunter, eilte zur Gondel, gab dem Gondoliere seine natürlich sehr aufgerundete Summe zurück und befahl ihm, uns nach Hause zu fahren.

Kaum hatte ich all das Gold aus den Taschen geholt und auf einen Tisch geschüttet, klopfte es an die Tür. Es war der Bruder von Madame. Er erblickte das Geld, stieß einen Freudenschrei aus, packte es mit seinen barnabotischen Krallen und steckte, ohne zu zögern, einiges in die Tasche, das übrige in zwei Schnupftücher. Dabei entspann sich folgendes Zwiegespräch:

»Ihr habt dieses Geld im Spiel gewonnen?«

»Ja, Eccellenza.«

»Ihr habt es gezählt?«

»Nein, Eccellenza.«

»Würde es Euch Vergnügen machen, es zu verdoppeln?«

»Ja, Eccellenza.«

»Ich werde im Ridotto damit Bank halten. Zweifelt nicht am Erfolg.«

»Nein, Eccellenza.«

Da dieses ›nein‹ nicht klar schien, fügte er mit einem Grinsen hinzu, wobei er seine überlangen Zähne zeigte: »Ja, Eccellenza! Nein, Eccellenza! Wollt Ihr oder wollt Ihr nicht?«

»Aber ja, Eccellenza!« Was hätte mir mein Nein auch geholfen?

»Gut. Nehmt meine Schwester und folgt mir.«

»Ja, Eccellenza.«

»Laßt mich nicht warten.«

»Nein, Eccellenza.«

Also er die Treppen hinunter, ich mit der Schwester hinterdrein; ich kratzte mir den Kopf und verfluchte das »Ja, Eccellenza«, das Goldene Buch und das ganze Viertel San Bàrnaba. Im Ridotto legte er alles Geld auf einen Spieltisch, nahm das

82 Ansicht des Canal Grande in der Nähe des Fischmarkts am Rialto, von Domenico Lovisa (1720). Im Vordergrund sieht man eine Gruppe von Männern, die das Kunststück der »Forze d'Ercole« ausführen.

Kartenspiel und begann zu mischen. Sogleich umringten ihn eine Menge Spieler, unter ihnen solche, die gerade erst ihr Geld an mich verloren hatten. Sie kannten die Art meiner Verbindung zu diesem Bankhalter und brannten um so mehr darauf, ihr Geld zurückzugewinnen. Mitternacht war vorüber, alle anderen Bankhalter hatten aufgehört. Nur an unserem Tisch wurde verzweifelt gespielt. In den beiden ersten Runden hatte der Kerl großes Glück, ein Berg Gold lag vor ihm. Wir saßen eins links, eins rechts von ihm; keins wagte zu sprechen, aber wir gaben ihm Zeichen mit den Augen, Händen und Füßen, er solle aufhören. Vergebens. Die dritte Runde war erst in der Mitte, da war die Hälfte von all dem Geld dahin. Mit bewundernswürdiger Kaltblütigkeit legte er die Karten nieder.

Er sah mich an, lächelte höhnisch, schüttelte den Kopf, nahm seine Schwester bei der Hand, wünschte mir eine gute Nacht und – ging. Ich blieb zurück, aber wie! Ich zog mich in die sogenannte Seufzerkammer zurück: das war ein Raum im

Ridotto, wo Verliebte oder Spieler, die Unglück gehabt hatten, auf und ab spazierten, sich unterhielten, seufzten oder schliefen. Bald schlief ich ein. Ich erwachte erst am hellen Tag, als die ganze Gesellschaft fort war bis auf die wenigen, die wie ich eingeschlafen waren.   *Lorenzo Da Ponte, um 1830*

Karneval unter den Österreichern

Vom 21. Januar an begann man auch bei Tage den angefangenen Carneval zu spüren. Leider hatte der Gouverneur aus übertriebener Sorge für die zahlreich an der Riva degli Schiavoni wohnenden Curgäste dort jede Krämerei und das Aufschlagen von Buden für Thier- und Menschenschauspiele verboten. Die armen Eisen- und Messingverkäufer, die unter Segeltuchdächern feilbietenden Trödler mußten ihre Habseligkeiten in die großen Kisten packen, die ihnen sonst auf dem breiten Quai als Ladentische dienten und fort rollten die dunklen Gehäuse auf kleinen Rädern, um vorläufig in der allgemeinen Niederlage für diese armen Händler untergebracht zu werden, denen durch den Befehl des Gouverneurs der hübsche Gewinn der Carnevalsverkäufe vollständig abgeschnitten war. Dennoch vermochte das Machtwort des höchsten Mannes in Venedig nicht der Riva die beabsichtigte Ruhe zu geben. Bei Nacht riefen unaufhörlich die hin- und herziehenden Masken ihre lauten Begrüßungsworte oder ihre Jubellaute des Erkennens aus und vor lauter *»bondi conosso«* und *»sciau«* war kaum an ein Schlafen zu denken. Bei Tage höhnten das Verbot buntgekleidete Hunde, welche nach lauten Trommelschlägen taktvoll tanzten oder von Rücken zu Rücken auf sechs halbgebückt und in angemessener Entfernung von einander stehende Knaben sprangen. Dann ertönte wieder das dumpfe Tambourin mit hellklingenden Schellchen am Rande und vier weißgekleidete Paare führten eine Bauern-Quadrille auf, die der massivesten norddeutschen Landbewohner-Plumpheit alle Ehre gemacht haben würde. Etwas fremdartig mußten diese kräftigen Bewegungen den Venetianern wol vorkommen; denn sie waren sogleich massenhaft zur Hand, wenn irgendwo das Tambourin seinen eigenthümlichen Ton von sich gab, begrüßten laut lachend den Tanz und jauchzten vor Freude, wenn der Haupttänzer die beiden kleinen weißen Hörner auf seinem Kopfe oder auch nur eins derselben plötzlich lang in die Höhe schießen ließ und damit an das ehrwürdige Haupt eines Zuschauers antippte, dessen schöne Ehehälfte etwas geniale Begriffe von ehelicher Treue haben sollte.

Solcher tanzenden, Späße machenden Gruppen gab es während des Carnevals alltäglich mehre in den verschiedenen Theilen der Stadt. Auch die Hunde wanderten wacker umher. Dann gab es Holzbuden oder Ladenlokale, in welchen der ganze Krimm-Krieg in einzelnen Tableaux zu sehen und gar vortrefflich dargestellt war, mit welcher Gemüthsruhe ein russischer Infanterist sein Bajonet vorhält, wenn der Säbel des eindringenden französischen Reiters schon den Weg bis in die Schulter des armen Grünrocks gefunden hat. Und das war Alles »nach der Natur aufgenommen«, wie der vor der Eingangsthüre stehende Eigner mit lauter Stimme versicherte, wenn er die Vorübergehenden aufforderte, diese »einzige Gelegenheit, neueste Geschichte kennen zu lernen« ja nicht ungenutzt vorübergehen zu lassen, und wenn er den Stillstehenden eindringlicher zurief, »nicht eintreten hieße nur seine Zeit verlieren.« Mancher österreichische Krieger im grauen Capotrocke erkaufte sich für bloß drei Kreuzer das Vergnügen, als neutraler Deutscher zwischen den grimmigen Kosacken und den Zuaven mit der Katze auf dem Tornister ruhig in der Mitte stehen zu können und der Krimm-Theater-Besitzer schien bessere Einnahmen zu haben, als der Eigenthümer »von allen Wundern der Welt«, welcher oft vergebens vor versammeltem

83   *Das österreichische Fort bei San Pietro in Volta.*

Volke seinen entsetzlichen Hunger mit Werg stillte, um den erstaunten Burschen das von seinem kunstreichen Magen gefertigte Band vorzuwickeln. Auch »weise Vögel« waren wieder zu sehen, welche durch ihre unglaublichen Talente in Kartenspiel und Kanonenschießen die Menschen beschämten. Alle Fortschaffungsmittel der Welt waren in einer geräumigen Bretterbude bildlich dargestellt, und mehr wie je sah man auf den Plätzen und breiteren Straßen Orgeln mit tanzenden Figuren, alte Schnurranten, welche ihre stöhnenden Geigen und Bässe abstrapezirten und dem Flötenbläser nicht im geringsten zürnten, der zwar im Geldpunkte und andern äußerlichen Dingen mit ihnen gemeinschaftliche Sache machte, in Betreff des Tempo und der Tonart seines Spieles aber in souveräner Selbstständigkeit neben seinen Genossen herbließ.

Diesen spirituellen Hochgenüssen standen materielle zur Seite. Allenthalben hatten sich Händler mit großen Körben eingefunden deren reichlichen Apfelsinen-Inhalt sie mit recitativartigen Lobpreisungen Jedermann anempfahlen und Abends durch angesteckte Laternen noch in ein günstigeres Licht zu stellen suchten. Hier und da waren von Latten kleine Buden aufgeschlagen, deren Wände und Dach im Nothfalle durch aufgerollt daliegendes Segeltuch hätten hergestellt werden können. In ihnen wurden die beliebten Fastnachts-Krapfen gebacken, ein unangenehmes Ölgebäck, zu dessen Genusse man sehr leicht verführt wird, wenn es sich auf einer der messingenen schönen Schüsseln präsentirt. Diese Schüsseln, welche zahlreich in den kleinen Lattenbuden umherstehen, sind wahre Zierrathe und nicht selten Kunstwerke. Meistens über anderthalb Fuß im Durchmesser haltend zeigt ihr tiefliegendes inneres Rund allerlei getriebene Arbeit, zu welcher der blankgeputzte, glatte, vorstehende Rand einen recht hübschen Rahmen bildet. Einige sind sogar von dem hellklingenden sogenannten corinthischen Erz und seine Messingarbeit hebt sich von dem silberartig aussehenden Grunde ab. *R. Schlüter, 1857*

Tanz im Kloster

Als ich von Laura erfuhr, daß man an einem bestimmten Tag im großen Sprechzimmer einen Ball gab, entschloß ich mich, ihn so gut maskiert zu besuchen, daß mich meine Freundinnen nicht erkennen konnten. Ich war sicher, daß ich sie sehen würde. In Venedig gestattet man den Nonnen der Klöster während des Karnevals dieses unschuldige Vergnügen. Man tanzt im Sprechzimmer, und sie schauen dem schönen Fest hinter ihren großen Gittern zu. Wenn der Abend hereinbricht, ist das Fest zu Ende; alle gehen nach Hause, und die Nonnen ziehen sich sehr befriedigt zurück, daß sie diese Lustbarkeit der Weltkinder miterlebt haben. Der Ball wurde am gleichen Tag gegeben, für den mich M. M. zum Abendessen in ihre Villa eingeladen hatte; aber das hinderte mich nicht daran, maskiert in das Sprechzimmer zu gehen, wo ich gewiß auch meine liebe C. C. sehen würde.

Da ich sicher sein wollte, daß mich die beiden Freundinnen nicht erkannten, beschloß ich, mich als Pierrot zu maskieren. Es gibt keine geeignetere Maske, jemanden zu vermummen, sofern er weder bucklig ist noch hinkt. Das weitgeschnittene Pierrotkostüm, seine langen, bauschigen Ärmel, seine weiten Hosenbeine, die bis zu den Knöcheln reichen, verbergen jedes etwaige Merkmal seiner Gestalt, an dem ihn einer seiner persönlichen Freunde erkennen könnte. Eine Mütze, die den ganzen Kopf, die Ohren und den Hals bedeckt, verbirgt nicht nur die Haare, sondern auch die Farbe der Haut, und eine Gaze vor den Augen der Maske verhindert, daß man sieht, ob sie schwarz oder blau sind.

Nachdem ich also eine Suppe gegessen hatte, maskierte ich mich trotz der Kälte so; denn da das ganze Kostüm aus weißem Leinen besteht, gibt es kaum eine leichtere Gewandung. Ich bestieg eine Gondel, ließ mich an einem Traghetto absetzen und nahm dort eine andere Gondel, die mich nach Murano brachte. Ich trug keinen Mantel. In den Taschen meiner Hose hatte ich nur ein Taschentuch, die Schlüssel der Villa und meine Börse.

Ich betrat das Sprechzimmer; es war voll, aber alle machten dieser ungewöhnlichen Maske Platz, über die in Venedig niemand Bescheid wußte. Dem Charakter der Maske entsprechend, bewegte ich mich mit täppischen Schritten weiter und strebte dem Kreis der Tanzenden zu. Hier gab es manchen Pulcinella, Scaramuccia, Pantalone und Arlecchino. Hinter den Gittern erblickte ich alle Nonnen und alle Pensionärinnen, die einen sitzend, die andern stehend; ohne sie einzeln zu

84   *Außenansicht des Teatro di San Benedetto am Rio di San Luca*
(19. Jahrhundert).

mustern, entdeckte ich doch M. M. und auf der andern Seite stehend die liebliche C. C., die das Schauspiel genoß. Ich ahmte den Gang eines Betrunkenen nach, umkreiste die Tanzenden und blickte jeden von Kopf bis Fuß an; aber ich selbst wurde noch bedeutend mehr betrachtet und gemustert. Alle Blicke folgten mir.

Ich blieb vor einer hübschen Arlecchina stehen, nahm sie derb bei der Hand und nötigte sie, mit mir ein Menuett zu tanzen. Jeder lachte und machte uns gern Platz. Die Arlecchina tanzte wunderbar, nach dem Charakter ihrer Maske, und ich nach dem der meinigen; ich bereitete der ganzen Gesellschaft das größte Vergnügen, weil ich beständig zu fallen drohte, aber stets mein Gleichgewicht wiedergewann. Auf die allgemeine Besorgnis folgte Gelächter.

Nach dem Menuett tanzte ich zwölf Furlanen mit außerordentlicher Lebhaftigkeit. Außer Atem ließ ich mich fallen und tat so, als ob ich schliefe; und als man mich schnarchen hörte, achtete jedermann den Schlaf des Pierrot. Man tanzte einen Kontertanz, der eine Stunde dauerte und an dem ich nicht teilnehmen zu müssen glaubte. Aber nach dem Kontertanz kommt ein Arlecchino auf mich zu und schlägt mich dreist, wie es seiner Maske zusteht, mit einer Pritsche, die seine Waffe ist. Da ich als Pierrot keine Waffe habe, packe ich ihn am Gürtel und trage ihn im Laufschritt durch das ganze Sprechzimmer, während er mir weiterhin mit seiner Pritsche den Hintern versohlt. Seine Arlecchina, das hübsche Kind, mit dem ich getanzt hatte, kommt ihrem Freund zu Hilfe und schlägt mich ebenfalls mit ihrer Pritsche. Nun setze ich den Arlecchino ab, entreiße ihm seine Waffe, lade mir die Arlecchina auf die Schultern, klopfe ihr auf den Hintern und laufe so mit großen Schritten durch das Sprechzimmer, unter dem brausenden Gelächter und den Angstschreien der Kleinen, die bei einem Sturz ihre Schenkel oder Hosen zu zeigen fürchtete. Aber ein unverschämter Pulcinella störte dieses ganze komische Geplänkel. Er stellte mir von hinten so grob ein Bein, daß ich fallen mußte. Alle zischten ihn aus. Ich sprang rasch auf und begann, aufs äußerste gereizt, mit dem Flegel einen regelrechten Ringkampf. Er war ebenso groß wie ich. Da er ungeschickt war und nur seine Kraft zu brauchen wußte, zwang ich ihn zu Boden und bearbeitete ihn so, daß die Knöpfe seines Gewandes aufsprangen und er seinen Buckel und seinen falschen Bauch verlor. Unter dem Händeklatschen und dem Gelächter aller Nonnen, die vielleicht noch niemals ein ähnliches Schauspiel genossen hatten, nützte ich den Augenblick, bahnte mir einen Weg durch die Menge und machte mich davon.

Giacomo Casanova, um 1830

Theater

Man kann sich kaum vorstellen, wie viele Menschen in diesen Theatern bloß mit GeldEinnehmen beschäftiget sind. Einige vermiethen auf dem Markus-Platze die Logen; Einer steht beym Eingange ins Theater, und ruft einem Anderen am Eingange ins Parterre zu, wie viel Personen er einlassen könne: denn in Venedig kennt man den Gebrauch der Billete nicht; bloß für die auf dem Platze gekauften Logen erhält man gedruckte AnweisungsZettel. Zwey Kassiere sitzen ferner außer dem Theater, und ein Dritter sammelt während der Vorstellung das zweyte LogGeld von denen, die sich der Stühle bedienen. Dieses Einsammeln störet oft die Aufmerksamkeit. Jeder vom Orchester hat das Recht, zwey Personen mit sich ins Orchester zu bringen, die frey sind, wenn sie sich nicht der Stühle bedienen; ich sage Stühle: denn in Venedig hat man größten Theils Stühle anstatt der Bänke, wodurch man nicht nur bequemer sitzt, sondern auch alle Streitigkeiten wegen des Aneinanderrückens vermeidet. Ueberdieß ist auch hier das Parterre unabgetheilt.

Will man in eine Loge, so weis't Einer den Weg dahin, ein Anderer schließt die Thüre auf, ein Dritter bringt Pölster, ein Vierter OpernBüchchen, und Jeder verlangt ein TrinkGeld, qualche cossa di buona man. Nach ihnen kommen die Kaffetieri und Aufwärter der Traiteurs, und tragen Erfrischungen und Speisen jeder Art an; denn da die Stücke, besonders zur SommersZeit, von zehn Uhr bis nach zwey Uhr Nachts dauern, und die Venezianer in den heißen Tagen gewohnt sind, bey Tage zu schlafen, und bey Nacht zu arbeiten und sich zu unterhalten, so speisen sie gewöhnlich in den Logen, die daher wegen der Eß- und SpielGeräthe bey Tage gewöhnlich mit hölzernen Fenstern geschlossen sind.

Für die Leute auf dem Parterre sorgt mit Früchten jeder Art ein Mann, der beym Eingange in dasselbe seinen Stand aufgeschlagen hat, und von da aus seine StentorsStimme durch das ganze Haus erschallen läßt. Sechs bis acht Andere tragen EßWaaren und Bäckereyen jeder Gattung durch die Reihen der Stühle herum, und machen durch ihren KaufRuf nebst dem ohnedieß lebhaften italiänischen Publikum einen fürchterlichen Lärm.

85 Der Logenvermieter, gezeichnet von Gaetano Zompini (1789).

Die Musik beginnt endlich. – Wie sie aufhört, erscheinen auf dem vorderen Theile der Bühne, außerhalb des großen Vorhanges, wo meisten Theils ein schmaler Raum ist, einige SchauSpieler in gewöhnlicher Kleidung, und halten ein Vorspiel, das sich gewöhnlich um Liebe und Weiber, den Lebens-Stoff der meisten Venezianer, herumdreht, und eine gewisse HausPhilosophie, mit einigen beißenden Wahrheiten versetzt, den lachenden Zuschauern auftischt. Nach einigen Szenen treten die Schauspieler ab, und das eigentliche Schauspiel nimmt seinen Anfang. Heftigkeit und Uebertreibung gibt, wie gesagt, den meisten Schauspielern, besonders den tragischen, in den Augen der gemeinern Venezianer erst Werth, die gebildeteren Stände aber hat schon jene echte Kunst, die von der Natur ihre Reize und ihre Kraft zu erschaffen borgt, für sich einzunehmen gewußt.

Im Allgemeinen gibt übrigens der Venezianer Beyfall oder Tadel gleich laut und stürmisch zu erkennen. Szenen, die gefallen, müssen wiederholt werden, selbst wenn der Vorhang schon herunter ist und so unnatürlich es auch seyn mag.

Anonym, 1801

Die Compagnie della Calza

Bei Gelegenheit der Krönung von Michele Steno bildete sich, um die Festlichkeiten der Stadt einheitlich zu gestalten, eine Gesellschaft junger Leute, die sich, weil sie auf dem rechten enganliegenden Strumpfe ein farbiges Abzeichen trugen, Compagni della Calza (Strumpf-Vereine) nannte.

Dieser geselligen Verbindung, welche aus Angehörigen des hohen und niedern Adels bestand, durften sich auch Ausländer und Frauen anschließen; Letzere trugen das Abzeichen auf einem Aermel ihres Kleides. Als die Gesellschaft immer mehr zunahm, theilte sie sich in Gruppen, eine jede mit einem

86   Ein Mitglied der Schauspielertruppe »Compagnia della Calza«.

besonderen Vorstand und Namen: Die Unsterblichen, die
Ewiglebenden, die Beständigen, die Ewigen, die Glücklichen,
die Hauptsächlichen, die Freisinnigen, die Brüderlichen, die
Mächtigen, die Erleuchteten, die Höflichen, die Blühenden
und die Ueberseligen. Jede Abtheilung hatte ihr eigenes mit
Gold und Edelsteinen geschmücktes Kostüm; die Farben des
rechten Strumpfes waren verschiedenartig zusammengestellt.
Es mag einen phantastischen Anblick gewährt haben, wenn die
Menge jugendlich schöner lebenslustiger Gestalten in ihren
glänzenden Kostümen von Sammet, Atlas, Gold und Juwelen
sich zu ihren fröhlichen Berathungen versammelten.
Die Gesellschaft della Calza bildete sich im XIV. Jahrhundert
und dauerte bis an das Ende des XVI. Sie war das lebendigste
Abbild dieser glänzenden, glücklichen Epoche, in der die Republik auch die Bewunderung des Auslandes erregte. Bei den
Privatfesten und Hochzeiten, im Dogenpalast wie im Theater,
überall wo Frohsinn und Freude herrschte, standen diese fröhlichen Kameraden an der Spitze. Sie arrangirten die Theater-
vorstellungen, die Musik der Dogentafel, verdrängten die alten Mysterien durch die Erneuerung der römischen Stücke, ja,
ihr verfeinernder Einfluß erstreckte sich sogar auf die kirchlichen Ceremonien. Die Venetianer übertrafen zu jener Zeit,
wie Robertson sagt, die größten Könige jenseits der Alpen.
Ueberall herrschte frische Kraft und reges Leben, was auf eine
soziale, politische und geistige Umwandlung hindeutete.

Pompeo Molmenti, 1886

Konzerte in den Konventen

Nachmittags fuhren wir in das Conservatorium *alla pietà*, um
dort des geistreichen Vergnügens der Musik zu genießen, auf
das wir uns, dem zufolge, was wir in Meyers Darstellungen darüber gelesen hatten, schon im voraus freuten. Dieses

Stift ist jetzt das einzige, worin noch Conservatorien gegeben werden. Auch die Concerte der *Mendicanti* haben aufgehört, Theils weil ihre besten Sängerinnen verheirathet, Theils weil sie durch den Verlust ihrer Kapitale, die in der *Zecca* lagen, aller Unterstützung beraubt worden sind. Dieser Unfall traf nicht nur diese beiden Stifter, sondern auch die *Convertite,* die *Zitelle* und mehrere andre. Ihre Einkünfte bestanden in den Zinsen der Kapitale, welche von den Franzosen aus den öffentlichen Fonds geraubt wurden, und jetzt nähren sie sich Theils durch die Freigebigkeit ihrer Wohlthäter, Theils mit der Hoffnung, daß der Hof, nach den nöthigern Einrichtungen, auch ihrer nicht vergessen werde. Doch der Glanz, den die Protection der *Nobili* auf diese Häuser warf, ist verschwunden, und die Musiken der *pietà* können nicht mehr mit derselben Herrlichkeit, wie vormals, aufgeführet werden. Indeß ist diese angenehme und nützliche Anstalt, und die Einrichtung des Stiftes, noch anziehend genug, um bei Liebhabern der Musik Interesse zu erwecken und zu unterhalten. Durch eine kleines Geschenk bahnten wir uns den Weg zu dem vergitterten Chore, worin die Mädchen – unter der Leitung ihres Musikmeisters, eines alten herzlichen *Abbate,* und ihrer verständigen Lehrerinnen – sangen, flöteten, geigten und orgelten. Sie unterhielten uns mit einem Tone von Anstand und geselliger Freiheit, der von klösterlicher Scheu und muthwilliger Ausgelassenheit gleich weit entfernt war, und wir fanden, daß mehrere eben sowohl durch ihre Reitze als durch ihre Talente, die wackeren Männer, an die sie verheirathet werden, verdienen.

Nach mehreren Ariosen aus Oratorien und Opern sang die bescheidene und liebenswürdige N i c o l e t t a eine Bravourarie aus der B e f r e i u n g J u d ä a s d u r c h G i d e o n. Es that mir leid, daß ihre Stimme durch die äußerst große Verkünstelung des Satzes mit der Zeit verderbt und aller Tiefe beraubt werden muß. Als sie geendigt hatte, küßten sie ihre Meisterinnen, mit dem höchsten Ausdrucke der Zufriedenheit, und von der Kir-

87   *Waise (Cesare Vecellio, 1540).*

che herauf hallte ein undeutliches Getöse von Bravo und Händeklatschen, das sich in die wirbelnden Töne des Finale
mischte. – Es war Abend geworden; auf dem Chor und in der
Kirche brannten Kerzen. – Ich trennte mich ungern von diesen
Jungfrauen, die, nach der Schrift, den Herrn preisen mit Pauken und Cymbelton, mit Orgeln, Flöten, Geigen und Schal-
meien.   *Jos. von Hammer-Purgstall, 1800*

Am 3ten Mai sah der Verfasser die berühmte Vermälung des
Doge mit dem Meere, welche so weit von allen Vermälungen
in der Welt abweicht, daß sie eben so merkwürdig als sonderbar ist. Sie ist vielleicht die einzige, welche dem Bräutigam
keine schlummerlose Nacht verursacht, und bleibt, ihrer oft-
maligen Wiederholung ungeachtet, immer neu. Wie theuer
auch der Ring seyn mag, welchen der Doge seiner wasserblauen
Braut verehrt, so ist es doch immer weniger, als die Ruh, welche
er wohl gar seiner Frau aufopferte, und doch nun ohne ihre Pro-
testation sich als Bräutigam schmückt, vielleicht den einzigen
schönen Tag seiner Ehe sich ins Gedächtniß zurückzurufen.
Am Himmelfahrtstage früh hörte der Doge Messe in seinem
Zimmer. Die Signoria versammelte sich unterdessen auf dem
St. Markusplazze. Hierauf ging der Doge vom päpstl. Nuntius
und französischen Ambassadeur begleitet, über eine dazu errichtete Brücke in die bekannte Gondel Bucintoro. Sobald sie
am Borde waren, lösten alle umliegende Schiffe ihre Kanonen,
und es erhob sich eine angenehme Musik. Das Schiff hatte nur
einen Mastbaum mit der Flagge der Republik geziert, und 44
Ruder, welche nach den Zeichen bewegt wurden, welche der
im Vordertheil befindliche Gran Capitano mit einem Pfeif-
chen gab. Mehr als 2000 Barken und Gondeln mit Musik
besezt begleiteten diese prächtige Maschiene, welche sich langsam dem Golfo näherte. Sie wurde von 2 Barken, jede mit 12
Rudern, gezogen. Jedes Schiff, welches auf der Laguna lag,
grüßte den Bucintoro, welcher mit dem 70jährigen Bräutigam
vorüberfuhr, mit dem vollständigsten Kanonenfeuer. Beim
Lido kam der Patriarch von Venedig dem Doge auf einer
prächtigen mit rothem Sammte bedekten Peotta, in Gesellschaft einiger Geistlichen, entgegen. Diese Peotta wurde an
den Bucintoro angehängt, und alsobald weihte der Patriarch
Wasser des Golfo, welches in einem großen neuen Kübel sich

auf seinem Fahrzeuge befand. Dieses wurde sogleich von etlichen Bedienten neben dem Bucintoro in den Golfo geschüttet, und sodann wurde auf beiden Kastellen alles Feuergewehr losgebrannt. Der Bucintoro ruderte ungefähr noch 100 Schritte fort, denn wurde im Hintertheil desselben, wo sich der Doge befand, ein Thürchen geöfnet, aus welchem er den Ring, zwei Zecchinen Goldes schwer, ins Wasser warf mit den Worten: Desponsamus te, Mare, in signum perpetui dominii. Nun erhub sich ein lautes Vivatrufen und ein frolokkendes Geschrei. Hierauf fuhr der Bucintoro unter Begrüssung der Kanonen von Schiffen und Kastellen, zurük. Die Peotta des Patriarchen ruderte voran. Auf dem Lido bei der Kirche di San Nicolo, stieg der Patriarch aus, und ging über eine dort errichtete bedekte Gallerie. Etwa zehn Schritte brachte man dem Patriarchen, welcher im köstl. erzbischöflichen Ornate war, den bischöflichen Stab von gegossenem Silber in der Hand, ein Marienbild entgegen, welches er küßte. Er warf hierauf Räucherpulver in ein Räucherfaß, ließ sich beräuchern, und betete unter dieser Ceremonie heimlich. Als er dem Volke hierauf die Benediction gegeben hatte, stieg auch der Doge aus, und zog in Prozession nach dieser Kirche. Vor ihm trug man die Trompeten, den Stuhl und das Küssen, hinter ihm das Schwerdt und die Wachskerze. Ihm folgte die Signoria. Vor der Kirche erwartete der Patriarch den Doge, ließ ihm das Marienbild küssen, und etwas Räucherpulver auf die Kohlen werfen, und beräucherte ihn, indem er heimlich betete. Als auch der päbstliche Nuntius und der französische Ambassadeur beräuchert worden waren, ging die ganze Prozession in die Kirche, und hörte die Messe. Dann stiegen sie wieder in ihre Gondeln, und fuhren nach dem St. Markusplazze zu. Der Doge gab in seinem Pallaste ein Banket, und diesen ganzen Tag gingen alle Einwohner von Venedig in Masken.

Den Mittag war bei der Insel Murano ein Corso oder Wettlauf der Peotten und Gondeln. *Anonym, 1787*

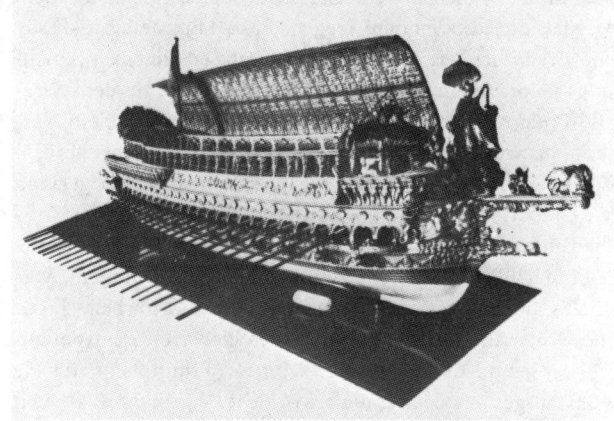

88 Modell eines Bucintoro aus dem 17. Jahrhundert.

Der Bucintoro

Der Name Bucentoro, soll von dem ersten Schiffe, das zu
diesem Gepränge gebraucht worden, und die Statuam eines
Centauri zum Zeichen gehabt, herkommen. Bu deutet in der
alten Sprache dieser Stadt eine sonderbare Grösse an, und eben
diesen Verstand hat auch die Griechische Particula βγ, wie aus
dem Zeugniß Varronis de Re rustica erhellet.

In dem Arsenal stehen drey dergleichen Fahrzeuge, deren das
erste anno 1520, das andere 1605, das letzte aber erst vor 2.
Jahren erbauet worden ist. Es ist leicht zu erachten, daß man in
der neuern Arbeit allezeit die vorhergehende zu übertreffen
gesuchet habe. Der neueste Bucentoro, so eine Art von Ga-
leazza ist, hat 100. Fuß in der Länge, 21. in der Breite und 42.
Ruder-Bänke, die unter den zween Haupt-Sälen verborgen
sind, und deren jede mit vier Ruder-Knechten besetzet wird.

Man nimt aber hiezu keine Galeriens, sondern Leute aus dem Arsenal, die insbesondere wegen dieses Himmelfahrts-Festes eine Erkentlichkeit geniessen. Denn ausser diesem Vermählungs-Gepränge kommt der Bucentaurus nicht aus dem Arsenal, sondern er liegt daselbst im trockenen unter einem Verdeck, aus welchem er nur acht Tage vor der Himmelfahrt ins Wasser gebracht und noch acht Tage hernach darin gelassen wird.

Die Bildhauer-Arbeit an dem neuesten Bucentauro stellen die heidnischen Meer-Götter, Nymphen, Flüsse, See-Thiere, Muscheln, die Bildnisse der Gerechtigkeit, der Wahrheit, Treue und Wachsamkeit, des Friedens, des Ueberflusses, Apollinis und der neun Musen, die zwölf Monate, Triumphe, und viele wohl ausgesonnene Symbola vor. Die Verguldung ist von einem Venetianer Giovanni Adami und hat 10. bis 12 000. Ducati d'argento gekostet. So schön aber der Bucentoro nach seiner Art ist, so wenig ist jedoch zu läugnen, daß die Königliche Englische erste Jagd ein noch prächtigers Ansehen hat, ob sie gleich nicht so viel kostet.

Bey der Lust-Reise des Bucentauri finden sich zwar auf demselben drey See-Officiers, die den Namen von Ammiragli, und zwar der erste dell'Arsenale, der andere del Porto del Lido, und der dritte del Porto di Malamoco führen; allein das eigentliche Commando hat der erste, welcher auch einen in der That lächerlichen Eid vorher ablegen muß, daß er ungeachtet alles Sturms und Wetters den Doge frisch und gesund zurück liefern wolle. Bey solchem Schwur waget er nicht viel, weil bey dem geringsten starken Winde die Solennität auf den nächsten Sonntag verschoben wird, entweder aus allzugrosser Furcht, den Doge und die Signoria in einige Gefahr zu setzen, oder weil man gerne einen Vorwand hat die vielen Fremden, so aus der Terra ferma und andern Orten hieher gekommen, länger aufzuhalten, und von ihrem Gelde der Stadt ein mehreres zuzuwenden.   *Johann Georg Keyßler, 1741*

Schon einmal [. . .] war die Rede von dem ungeheuren Wü-
then der Pest des Jahres 1576, die in wenigen Monaten bei
50 000 Bewohner der Stadt hinwegraffte, daher das Gelübde
der Republik, für die Befreiung dem Erlöser eine Kirche bauen
zu wollen. Man beschloss den neuen Tempel auf der Insel Giudecca aufzuführen. Am 3. Mai 1577 wurde der Grundstein gelegt und am 28. September 1592 fand die Einweihung statt.
Dieß ist eine der schönsten und berühmtesten Kirchen der
Stadt, wie es auch nicht anders zu erwarten war, da der Bau dem
Palladio anvertraut wurde. Durch dieses klassische Kunstwerk
hatte der unsterbliche Meister nicht nur sich selbst ein Denkmal
gesetzt, sondern auch zugleich die Republik als die freigebige
Beschützerin der Kunst zu verherrlichen gewusst. Zudem ist die
offene Lage am Ufer des breiten Giudecca-Kanals ganz dazu
geeignet, die edlen Formen des Prachtbaues vor den übrigen
Gebäuden der Umgebung schon von weitem hervorzuheben.
Nachdem die Kirche eingeweiht und dem öffentlichen Gottesdienste übergeben worden war, ordnete der Senat an, dass der
Doge jährlich den gewöhnlichen pomphaften Besuch machen
solle, und zwar jederzeit am dritten Sonntag des Juli, weil in
diesem Monate die Pest aufgehört hatte. Dieses Fest fiel somit
in die heisse Zeit und lud desshalb zum Genusse jener Anmuth
ein, die eine venezianische Sommernacht vor allem verbreitet.
Vom Volke wurde daher dieses beliebte Fest unter dem Namen »sagra del Redentore« in ein nächtliches umgewandelt.
Um den Zugang zu erleichtern, wurden schon am Samstag
zuvor zwei Brücken geschlagen, die eine über den Canal
grande in der Nähe der Dogana und die zweite über den
Giudecca Kanal gerade zur Kirche. Gewöhnlich waren es doppelte Brücken, die eine für die hingehenden, die andere für die
rückkehrenden, um bei dem ungeheuren Zudrange des Volkes
möglichem Unglück vorzubeugen.

89 *Das Erlöserfest, von Johann Baptist Brustolon nach Antonio Canaletto.*

Am Samstag Abends zur Vesper wurden die Brücken dem freien Verkehre geöffnet. Der Zudrang war ein ausserordentlicher, insbesondere gegen Mitternacht. Die Gassen, die zu den Brücken führten, wurden beleuchtet, die Häuser waren mit Blumen, Teppichen, Fahnen u.s.w. geschmückt, desgleichen die Kaufläden und Weinschenken, die die ganze Nacht offen gehalten wurden. Den überraschendsten Anblick gewährte jedoch der Giudecca-Kanal, der zu beiden Seiten, diesseits längs der Zattere und jenseits längs der ganzen Giudecca mit einem Feuermeer eingefasst, den Glanz dieser grossartigen Beleuchtung in seinen Wellen abspiegelte. Alle Häuser zu beiden Seiten waren beleuchtet und mit buntgefärbten Ballonen in denen Lichter brannten, geschmückt, auf der Ufereinfassung brannte in Pech getauchtes Tauwerk in hellen Flammen, während im Kanal beleuchtete Barken hin und her fuhren. Auf der Giudecca lagerte sich das Volk am Ufer des Kanals, oder suchte die Gärten auf, die ebenfalls mit Ballonen zwischen dem Laub der Bäume beleuchtet waren. Überall aber wurde getrunken, denn Wein und gebratene Hühner wollte in dieser Nacht Niemand entbehren. Letztere wurden die ganze Giudecca entlang im Freien gebraten, oft zu zwanzig Stück auf einem Spiess und doch war es kaum möglich dem allgemeinen Bedarf zu genügen. Die reichen Familien kamen in ihren Peoten und Barken in den Kanal gefahren, ohne jedoch auszusteigen, sondern sie deckten sich in ihren Schiffen die Tafel. Um Mitternacht war die Menge solcher Schiffe so gross, dass der ganze weite Kanal damit dicht bedeckt erschien. Das Hin- und Wiederfahren war für diese Zeit unmöglich, alle Schiffe blieben fest an ihrer Stelle. Der Anblick dieser beleuchteten Schiffe, dann der beiden Ufer mit ihren Häusern und Palästen, gleichfalls im Lichtglanze strahlend, war bezaubernd; dazu denke man noch die Menge lustigen Volkes, das am Ufer auf und ab wogte, das Geschrei der Verkäufer, den Gesang und die Musik der Banden u.s.w. Es musste diess ein unvergleichliches

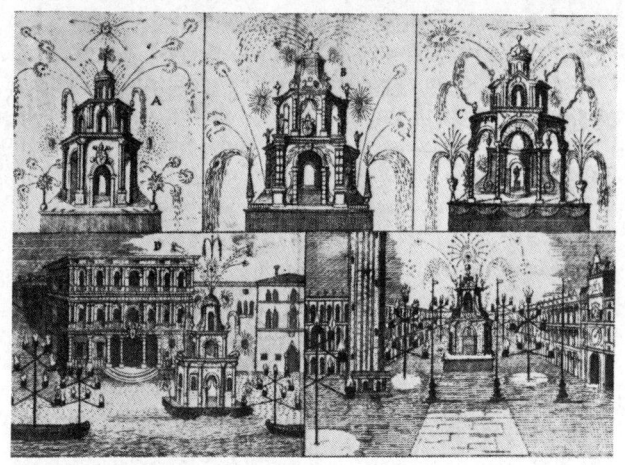

90 *Feuerwerksmaschinen für das Fest zu Ehren des Papstes Clemens XIII.*
Rezzonico (1758).

Schauspiel gewesen sein, das eben nur in dieser Umgebung möglich war. Nach und nach verloren sich die Schiffe aus dem Kanal und auch das Volk zog sich in die Gärten zurück, wo Gelage mit Gesang und Musik bis zur Morgendämmerung fortdauerten.

Endlich ertönte das festliche Morgengeläute, die Kirche wurde geöffnet, und bald sah man alles belebt, denn aus allen auch den entlegensten Theilen der Stadt eilten sie familienweise oder einzeln, alt und jung nach der Giudecca, um dem ersten Gottesdienste beizuwohnen. Nach 10 Uhr kam der Doge »con trionfi« in den Staatsbarken dahergefahren und begab sich zum Hochamte. Um diese Zeit erreichte das Gedränge den höchsten Grad und dauerte so bis in die Nachmittagsstunden fort. Sobald jedoch, wie es damals Sitte war, die Glocke vom Markusthurme den Sonnenuntergang anzeigte, wurden die Brücken mit Hast abgebrochen und nun fing ein anderes Schauspiel an; die vielen Tausende, die noch auf der Insel verweilten, waren von der Stadt abgeschnitten. Jetzt war es Sache der Barkaruole und Gondoliere, aus der allgemeinen Verlegenheit Gewinn zu ziehen. Alles wollte auf die Zattere oder auf die Piazzetta hinübergebracht werden, daher also auf der einen Seite das Drängen, Schreien und Rufen der Leute, auf der andern Seite die grösste Hast und Eilfertigkeit der Gondoliere, die mit ihrem Geschrei alle übrigen überbieten wollten, darunter oft die gellenden Stimmen der in Zank gerathenen – so dauerte es bis in die späte Nacht, obgleich zuweilen zehn oder noch mehr Schiffe vollbeladen zu gleicher Zeit an den Landungsplätzen ankamen.

Endlich sind sie wieder zur Stadt zurück und nur Ein Wunsch beschäftigt sie alle: das beliebte Fest im nächsten Jahre wieder so toll und voll mitmachen zu können.　　*Rainer Graf, 1866*

Regatta

Die Republik beorderte einen der angesehensten Patrizier, gewöhnlich einen Procuratore di San Marco zum Leiter des Festes. Diesem stellten sich alle vor, die an der Wettfahrt Theil nehmen wollten. Er erinnerte sie an die festgesetzte Ordnung und an die Strafen, die jeden Uebertreter derselben treffen würden.

Am Tage der Regatta bestiegen sie, alle gleich gekleidet, ihre kleinen nur zu diesem Zwecke gebauten Schiffe, die alle die nämliche Bauart und das nämliche Gewicht haben mussten. Die Ausfahrt geschah unter der Republik von der Punta di Sant' Antonio, von der Spitze des heutigen öffentlichen Gartens aus. Eine Schnur hielt sie alle in der gleichen Linie. Mit einem Kanonenschuss wurde das Zeichen zum Anfang gegeben, die Schnur wurde abgeschnitten und wie der Blitz stürzten sie hervor. Sie hatten den ganzen grossen Kanal bis an das obere Ende bei Santa Chiara zurückzulegen. Hier umfuhren sie einen in der Mitte des Kanals eingeschlagenen, mit einer Fahne bezeichneten Pflock und ruderten nun wieder stadteinwärts bis zum Ziele »la macchina«, das am Palaste Foscari in Gestalt eines reichverzierten Tempels, einer Grotte, oder des Parnassus mit Apollo und den Musen u.s.w. aufgestellt war.

Ueberall unterwegs wurden sie mit Zurufen oder Beifallsge-klatsch zur Ausdauer aufgemuntert. Diess steigerte sich insbe-sondere, wenn der Pflock einmal umfahren war, denn jetzt näherten sie sich dem Ziele und es trat die Aussicht des Sieges für den einen oder andern Glücklichen immer deutlicher her-vor. Die Theilnahme stieg auf's Höchste und unter donnern-dem Beifall erreichte der Sieger das Ziel. Schnell sprang er aus dem Kahn und pflanzte die rothe Siegesfahne am Vordertheile seines Schiffes auf. Langsam machte er nun die Runde, mit einer Art Siegesstolz auf seine Nebenbuhler zurückblickend, die sich später als er dem Ziele näherten. Der zweite bekam eine grüne, die darauffolgenden eine weisse, blaue und der letzte endlich eine gelbe Fahne, auf der statt der Nummer, wie bei den übrigen, ein Ferkel abgebildet war. Mit allen Fahnen waren gewisse Preise verbunden, für den letzten aber ausser-dem noch ein lebendiges Ferkelchen, dessen Grunzen den Jubel des Volkes nur noch vermehrte.

Im Winter begnügte man sich mit Einem Wettlauf, in den langen Sommertagen aber gab es oft vier Fahrten auf verschie-denen Fahrzeugen, von denen die letzte von Mädchen von Pelestrina, Malamocco und Chioggia ausgeführt wurde. Im Triumphe fuhren die Sieger mit ihren Fahnen langsam nach dem Canal grande, nach allen Seiten hin grüssend und den Beifallssturm durch das Schwenken ihrer Mützen erwiedernd. Man denke sich die Freude in den Familien und im Kreise der Freunde und Verwandten des Siegers, namentlich des ersten. Später wurden sie dem vorgestellt, zu dessen Ehren die Regata gegeben wurde. Auch die Patrizierfamilien empfingen sie in

91   Die Regatta der Frauen (Giacomo Franco, ca. 1610).

ihren Palästen und beschenkten sie reichlich. Sehr geschmeichelt fühlte sich jenes Haus, in dessen Diensten der Sieger stand, er wurde nicht nur durch ein Geschenk, sondern gewöhnlich auch durch die Erhöhung seines Lohnes belohnt. [. . .]

Vor allem erschien der grosse Kanal von einem Ende zum andern in seiner grössten Pracht, einen unvergleichlichen Anblick darbietend, denn alle Häuser und Paläste erschienen mit den buntesten Farben geschmückt, aus allen Fenstern und Balkonen hingen Tapeten, Teppiche, Blumengewinde u.s.w. und dabei alle Fenster bis zu den Dachräumen dicht besetzt von Zusehern. Am kostbarsten geschmückt waren die Balkone der Paläste, sie waren mit grossen kostbaren Teppichen behängt, auf denen historische oder mythologische Szenen, oft von grossem Kunstwerthe eingewirkt waren. Hier versammelten sich die Patrizierfamilien, alle, besonders die Damen in ihrem reichsten Schmucke. Dessgleichen waren alle Ufer, alle Terrassen, die Landungsplätze an den Thüren der Paläste mit einem dichten Gedränge festlich gekleideter Zuseher erfüllt.

Unter den Schiffen, die bei diesem Feste die Hauptrolle spielten, waren die sogenannten »Bissone« die prachtvollsten. Diess waren grössere mit acht Ruderern bemannte Schiffe, auf denen die reichen Patrizier dem Feste beiwohnten. In jeder Bissona befand sich immer nur Ein Patrizier, der am Vordertheile des Schiffes auf weichen Polstern hingestreckt, für die Einhaltung der vorgeschriebenen Ordnung zu sorgen hatte. Zu diesem Zwecke befand sich zu seinen Füssen ein mit Blumen und Bändern geschmückter Korb, gefüllt mit Kugeln aus gebrannter Thonerde. Der Patrizier hatte eine Art kleiner Armbrust in der Hand, mittelst welcher er allen, die sich eine Störung der Ordnung zu Schulden kommen liessen, mit Geschicklichkeit dergleichen Kugeln in die Seiten schleuderte. Die Ausstattung der Bissona war übrigens eben so prunkvoll als sinnreich. In allen ihren Theilen war sie mit hellfarbigen, gold- und silberverbrämten Stoffen überzogen, von denen ein reiches mit

Goldfransen verziertes Stück mantelartig in das Wasser über-
hängend dem Schiffe nachschwimmen musste, denn so ver-
langte es der Stolz der Patrizier. Die Bissona stellte nach ihrer
Ausstattung und in der Kleidung der Ruderer gewöhnlich ein
Charakterbild dar, entweder in Bezug auf Nationen z. B.
Chinesen, Orientalen u. a. oder die fremden Welttheile berüh-
rend, z. B. Amerikaner, Afrikaner, oder waren es Anspielun-
gen auf historische oder mythologische Szenen. Am Vorder-
und Hintertheile des Schiffes erhob sich je ein Mastbaum mit
den reichsten Verzierungen, dem Charakterbilde entsprechend, ausgestattet. Der am Vordertheile war der grössere und
hatte die Gestalt eines Schirmes, unter dem der Herr des Schiffes gelagert war.

Dergleichen Bissonen in den lebendigsten Farben schimmernd, erschienen zahlreich beim Feste, da es der Stolz der
Familien erforderte, wenigstens Ein solches Schiff auszurüsten,
wenngleich die Kosten dabei nicht gering waren. Auch reiche
Handelsleute rüsteten dergleichen Bissonen aus, oft aber gehörten sie ganzen Gesellschaften, die die Kosten der Ausstattung untereinander vertheilten.

Sehr interessant waren die Barken der verschiedenen Zünfte,
deren es mehr als vierzig gab und von denen jede mehrere
Barken zum Feste zu schicken pflegte. Sie waren alle mit den
Abzeichen der mannigfaltigen Gewerbe sinnreich ausgestattet.
Die schönsten waren jene der Perlenfabrikanten von Murano,
die in allen möglichen Farben wie mit Edelsteinen überdeckt
schimmerten. Nicht minder prachtvoll waren jene der Glas-
und Spiegelfabriken, der Goldarbeiter, der Waffenschmiede,
der Früchtehändler u.s.w. Sehr originell und malerisch aufge-
putzt waren gewöhnlich die Barken der Fischerzunft.

Nicht so reich verziert waren die zahlreichen Peoten, in denen
Bürgerfamilien, Gesellschaften von Freunden oder andere Genossen dem Feste beiwohnten.

Den grössten Aufwand hingegen entwickelten wieder die sogenannten »Galleggianti«. Diese wurden aus zwei grossen aneinander befestigten Fahrzeugen gebildet, indem man über beiden einen viereckigen Salon, überragt von einer eleganten Kuppel, erbaute. Von innen war dieser Salon mit Tapeten, Spiegeln und Gemälden ausgestattet. Von aussen war die Galleggiante nicht minder reich verziert und besonders waren an der zeltartigen Kuppel reiche Stoffe, Blumen, Gold- und Silberverzierungen und Straussfedern oft mit Verschwendung angebracht. In den Schiffsräumen unter dem Salon befand sich theils die Dienerschaft, die die Gesellschaft mit Erfrischungen bediente, theils aber Musikbanden, die in Zwischenräumen ihre Harmonien erklingen liessen. Die Ruderer waren alle in den verschiedensten Costümen gekleidet. Dergleichen Galleggianti wurden von den verschiedenen Körperschaften ausgerüstet, z. B. von den Getreide- und Holzhändlern u. a. oder von den in Venedig ansässigen Griechen, Israeliten oder endlich von den verschiedenen Casino-Gesellschaften.

Auf Kosten der Regierung erschienen zahlreiche geschmückte Barken mit Sängern und Musikbanden besetzt, die nach dem Canal grande auf- und abfuhren. Angesehene Fremde und reiche Privatleute wohnten in offenen Gondeln dem Feste bei. Da waren es die Frauen, die durch die Eleganz des Anzuges, den Reichthum des Schmuckes, namentlich aber den Kopfputz die Aufmerksamkeit aller zu erregen suchten.

Die Kapitäne der vor Anker liegenden Handelsschiffe schickten ihre Boote mit nett gekleideten Matrosen. Die Seeoffiziere der Republik so wie die Leiter des Arsenals erschienen in voller Uniform, von festlich gekleideten Arsenalotten gerudert. Ferner wohnten die Gesandten und die Consuln der auswärtigen Mächte in ihren geschmückten Barken dem Feste bei, die Fahne ihres Staates am Vordertheil des Schiffes.

Mitten in dieser eleganten Welt bewegte sich das gemeine Volk, auf seinen einfachen Fahrzeugen nach seiner Art den lebhaftesten Antheil an der allgemeinen Freude nehmend. Aller Unterschied der Stände hörte hier auf. Auch die Bewohner der umliegenden Inseln und der nahen Küsten ruderten bei dieser Veranlassung von allen Seiten der Stadt zu. Die verschiedenen Trachten dieser festlich aufgeputzten Leute, so wie ihre oft bizarr ausgeschmückten Fahrzeuge erregten allgemeine Heiterkeit. Mitunter rüsteten die Inselbewohner, grösstentheils Fischer, grosse Barken aus, in Gestalt von Wallfischen, Elefanten, Muschelgrotten, kleinen Gärten, Baumgruppen und dergleichen, was überall den lauten Beifall der Menge hervorrief.

Rainer Graf, 1866

Mit dem Burchiello zur Villa Pisani in Stra

Erzählte ich Ihnen schon, auf welche Art wir am achtundzwanzigsten letzten Monats von Padua abreisten? Wir schifften uns auf dem Brentakanal ein, und als wir das Schiff bestiegen, blies, wie das die Regel, ein kräftiges Windchen uns geradeswegs entgegen. Wir aber hatten wackere Pferde, ließen uns vom Ufer aus treideln, so blieb auch diesmal der Teufel der Gefoppte, und wir schlugen der Verwünschung, die er auf uns gelegt hatte, ein Schnippchen. Unser Schiff heißt der »Bucentaurus«, natürlich nur ein sehr kleines Söhnchen des wahren Bucentaurus, dafür aber das niedlichste Kind der Welt, ähnlich in seiner hübschen Bauart unseren Postbooten, freilich ist er um vieles schmucker. Man tritt durch ein kleines Dienerzimmer in einen mit venezianischem Brokat ausgeschlagenen Raum mit acht wirklichen Fenstern und zwei Glastüren, einem Tische und zwei breiten, mit Saffianleder überzogenen Wandbänken. In diesem unserem Häuschen fühlten wir uns so mollig, daß wir ganz anders wie sonst gar nicht ungeduldig waren, bald anzukommen, um so weniger, als wir uns mit einer Menge Lebensmitteln, kanarischem Wein und derarti-

92 Ansicht von Oriago, von I. F. Costa nach N. H. Mora.

gem versorgt hatten und viele schöne Landhäuser die Ufer des
Kanales entlang standen.

Das des jetzigen Dogen, eines Pisani, verdiente eine Beschreibung, und vor allem sein Gartenportal nach dem Wasser: die
Säulendurchgänge bekrönt eine entzückende Altane, zu der
zwei eiserne Wendeltreppchen sich an frei daneben stehenden
Säulen emporschlingen. Dies Ganze ist wundervoll erdacht,
und Kardinal Rohan hat es denn auch, wie man mir sagte,
abzeichnen lassen, um ein gleiches Portal in Zabern nachzu-
bauen. Wir hatten recht Lust, auszusteigen und die Häuser alle
anzusehen, aber ihre Menge schreckte uns ab, wir hätten mindestens einen Monat dabei zugebracht. Nur bei dem letzten, an
dem wir vorüberkamen, konnten wir der Versuchung nicht
widerstehen. Es enthält viele Fresken, darunter einen vorzüg-
lichen Titanensturz von Zelotti. [. . .] Noch einige Millien
weiter hatten wir die Ehre, in das Adriatische Meer einzulau-
fen, und kurz danach erblickten wir Venedig.

Charles de Brosses, 1739

93　Ansicht der Villa Pisani in Stra, von I. F. Costa.

Vergnügungen auf dem Land

Bei diesem auf seiner steinernen Insel eingekerkerten Volke ist
es so rührend, dieses ewige Heimweh nach dem Lande, diese
einmütige Sehnsucht nach der Natur, diese hartnäckige Flucht
des Wunsches und des Traumes weit weg von dem toten
Marmor nach dem Grase, dem Laube, dem fließenden Wasser,
nach allem, was sprießt, duftet, singt, blüht und lebt. Alle
streben nach diesem Ziele, das ihnen versagt ist. Alle werden
von dieser Sehnsucht nach dem grünen Lande zermürbt. Und
alle suchen sich die Zeit bis dorthin so gut als möglich zu
vertreiben, indem sie in einem Topfe eine Blume ziehen, im
Hofe einen Baum pflanzen, auf dem kleinsten mit Erde ange-
schütteteten Raum kleine künstliche Gärten anlegen, die sich
wie ein Stück Oase ausnehmen, hübsch wie ein Flecken des
Paradieses. Wenn dann der Karneval seine letzte Rakete ver-
schleudert hat, die *Sensà* vorüber ist und die Ferien da sind,

dann verladen die Schwärme in Eile ihre Flötenmelodien und Biribispiele, ihre Karten und Flittermäntel, ihren ganzen Lärm auf Schiffe und suchen hurtig das Weite ... prrr! ... Und plötzlich ist Venedig leer und verstummt. Venedig träumt! Venedig lauscht dem Gesumme der Stechfliegen in der Sonne und dem Tratsch der Perlenfädlerinnen auf den Türschwellen. »Omnia silent«, schrieb Ballarini seinem Herrn, »die Oberhoheit von Venedig hat sich über das offene Land ausgedehnt.«

Dort, um Mira und Dolo herum, längs der Brenta, längs der Straße nach Treviso erheben sich diese hundertdreißig Sommerpaläste. Man muß sich nur diese aus Marmor auf dem Rasen erbaute Sommerstadt vorstellen, diese ländlichen Wonnen, wie z. B. in Sala oder Altichiero, die weißen Statuen unter dem Grün oder wie in Valmarana die mythologischen Darstellungen Tiepolos an den Wänden oder wie in Strà den Bronzehippogryph oben auf einer rosafarbenen Säule, die in den Pferdeställen die einzelnen Verschläge trennt; vorstellen den goldenen Ballsaal mit seiner Tribüne für die Musiker und die Flucht der fünfzig Zimmer für die Gäste, die Terrassen, die Gärten, die Rasenpläze, die verschlungenen Gänge, die Altäre, die lauschigen Plätzchen im Blätterwerk und die barocken oder Rokokotempelchen im Gezweige. Und man muß auch unter den Herren, die sich dieser versteckten Freuden bemächtigen, den Wetteifer in der Prachtentfaltung feststellen. Den Ehrgeiz, die glänzendste Hofhaltung zu führen, das schönste Gespann zu haben, die größte Gesellschaft zu empfangen. Bis dahin hat man nur im Vorgefühl des Glückes geschwelgt. Man hat gewartet, Geduld gehabt, gespart. Gepriesen seist du, Wonnezeit! Der Landaufenthalt bedeutet die endgültige Befreiung, bedeutet den Karneval ohne die Maske; bedeutet die offen zur Schau getragene Narrheit, bedeutet den Höhepunkt der Muße, des Festes, des Lichtes; und wenn eben noch in Venedig ein Kummer an den Flanken der Gondeln und in den Falten der Mäntel geblieben ist, so ist er jetzt verschwunden; es gibt nichts mehr als die Ebenholzhälse der Lauten, welche die Rosen der Terrasse und die Rosen des Fleisches noch rosiger erscheinen lassen. Es gibt nur mehr den lateinischen Leitspruch der alten Sonnenuhr dort oben auf der gelben Mauer: *Horas non numero nisi serenas,* ich zähle nur die sonnigen Stunden. O alte Sonnenuhr mit dem goldenen Zeiger, wie recht hast du! Ja, das Leben ist eine Folge von lichtvollen, sonnigen Stunden. Das einzig Wirkliche sind nur die hellen, die fleckenlosen, nur die aus Sonne gewobenen Stunden. Alle anderen verschwinden in der Vergessenheit, versinken in das Nichts. Die Zeit ist ein Leeres. Maß des Daseins sind nur die Wohltaten, die es spendet. Nur die Strahlen zählen, die den Tag erhellen. Venedig hat aus dem Leben eine Vergnügungspartie gemacht und es macht aus dem Lande eine Landpartie. Partien im Grünen, Partien auf dem Wasser; Jagdpartien im weißen Ledergewande mit malvenfarbigen Aufschlägen; berittene Aufzüge im Walde mitten durch den Goldkäferglanz des Mooses und die Perlen des Taues; Jausen in der Lichtung, wo auf das über den Rasen gelegte Spitzentischtuch von flinken Dienern Silberhumpen, halboffene Pasteten, versiegelte Weinflaschen gestellt werden. Lustspiele in dem goldenen Saale; Maskeraden am Ufer; unveröffentlichte Opern Paesiellos mit Text von Casti; ein Dekamerone folgt auf das andere. Die Erde wird zum Mitschuldigen. Die Wälder werden galant. Die Natur und das Theater gehen einen Bund ein. An den Lustwäldchen üben sich die Echospiele und zwischen den zarten Blüten begleiten die Grillen die Musik der Geigen.

Ganze Prozessionen von Damen, Kavalieren, Prälaten wandern in den durchsichtigen Morgen hinein: die blumengeschmückten Röcke, die purpurnen Bischofsmäntelchen, die schneeigen Perücken, die Schnallen der Schuhe, die silbergrauen und mandelgrünen Wämser, die enganliegenden Mieder, aus denen das blühende Fleisch quillt, die Falten, die wie ein Wasserfall aus Seide vom Nacken bis zu den Knöcheln

94 *Jagd in der Lagune. Gemälde von Pietro Longhi.*

wallen, rascheln auf dem Grase und verbreiten einen vielfarbigen Schimmer. Auf der Terrasse mit dem Marmorgeländer wird im Schatten einer antiken Statue ein Menuett improvisiert; die Musiker sind unter den Ästen der Tannen untergebracht, ein Pfeifer, ein Geiger, ein Konterbassist; eine Krause um den Nacken, Perlen am Halse, einen schwarzen Domino auf den Augen, mit der einen Hand ihren Rock schürzend, mit der andern den Fächer auf ihren Schenkel stützend, beugt sich eine junge Dame zurück; ein Kavalier mit Spitzbärtchen steht ihr gegenüber; Masken schauen zu; zwei von ihnen schleichen unter einem und demselben chinesischen Sonnenschirm sachte von dannen. Längs der Ufer der Brenta, die sich in den Sonetten der Dichter in einen großartigen Strom verwandelt, spiegeln bewimpelte Barken auf dem schwarzen Wasser ihre Laternenreihen. Goldene Karossen schlagen Funken aus den Pflastersteinen der schlummernden Bezirke, zwischen denen das Gras wächst. Amoretten mit Schmetterlingsflügeln spähen hinter den Zweigen verstohlen hervor. In den Lüften schweben zarte Melodien von Pergolese und Cimarosa. Unter der Kreuzung einer Allee fahndet ein Cicisbeo in Goldspitzen nach einem Reim; hinter dem geschnittenen Buchsbaum eines Irrganges sucht eine ältliche Dame ihren Floh; ganz atemlos vom Laufen läßt sich ein loses Mädchen auf eine Bank fallen und prustet noch, den Kopf nach rückwärts gebeugt. Im Mondenschein haben sich zwei tolle Mädchen am Rande eines großen Wasserbeckens die Schuhe ausgezogen und, ihre Röcke raffend, verharren sie noch zaudernd auf der Marmorstufe, während sich ein Kavalier vor ihnen neigt und sie mit einem Madrigal zum Hineinsteigen aufmuntert. Einer kleinen Marquise wird von sechs Herren der Hof gemacht und ein alter belesener Gast vergleicht sie mit Aurora. Manchmal hebt ein grauköpfiger Gärtner morgens beim Begießen der Beete ein zerknittertes Sonett und einen Handschuh auf.

Philipp Monnier, 1907

Entenjagd in der Lagune

In der Lagune bei Venedig gibt es eine äußerst merkwürdige Art, Schwimmvögel, die dort sehr zahlreich sind, zu jagen. Mehrere leere und unbedeckte Fässer werden im seichten Wasser in einem gehörigen Abstand versenkt; etwa fünf bis sieben Zentimeter vom Rand ragen heraus. Viele Jäger, die mit geladenen Gewehren und Patronen für den Notfall ausgerüstet sind, fahren vor Tagesanbruch in Booten zu diesen Fässern hinaus, steigen hinein und schicken die Boote weg. So wie es Tag wird, fliegen die Vögel auf Nahrungssuche. Die Jäger, die über den Rand ihres Fasses hinweg lauern, schießen auf alle Vögel, die in ihre Reichweite kommen. Dieses Jagdvergnügen erstreckt sich über etliche Stunden des Morgens; wenn es vorbei ist, kommen die Bootsleute zurück, holen die Jäger aus den Fässern, rudern umher und sammeln die toten Vögel ein, die auf der Wasseroberfläche treiben. Danach fahren alle zusammen fröhlich an Land, wo sie die Beute ehrlich teilen.

Giuseppe Baretti, 1768

LAGUNE UND UMGEBUNG

Ökologische Probleme

Ein köstlicher Tag, vom Morgen bis in die Nacht! Ich fuhr bis
Pellestrina gegen Chiozza über, wo die großen Baue sind,
Murazzi genannt, welche die Republik gegen das Meer aufführen
läßt. Sie sind von gehauenen Steinen und sollen eigentlich
die lange Erdzunge, Lido genannt, welche die Lagunen von
dem Meere trennt, vor diesem wilden Elemente schützen.
Die Lagunen sind eine Wirkung der alten Natur. Erst Ebbe,
Flut und Erde, gegeneinander arbeitend, dann das allmähliche
Sinken des Urgewässers waren Ursache, daß am obern Ende
des Adriatischen Meeres sich eine ansehnliche Sumpfstrecke
befindet, welche, von der Flut besucht, von der Ebbe zum Teil
verlassen wird. Die Kunst hat sich der höchsten Stellen be-
mächtigt, und so liegt Venedig, von hundert Inseln zusam-
mengruppiert und von hunderten umgeben. Zugleich hat man
mit unglaublicher Anstrengung und Kosten tiefe Kanäle in den
Sumpf gefurcht, damit man auch zur Zeit der Ebbe mit
Kriegsschiffen an die Hauptstellen gelangen könne. Was Men-
schenwitz und Fleiß vor alters ersonnen und ausgeführt, muß
Klugheit und Fleiß nun erhalten. Das Lido, ein langer Erd-
streif, trennt die Lagunen von dem Meere, welches nur an zwei
Orten hereintreten kann, bei dem Kastell nämlich und am
entgegengesetzten Ende, bei Chiozza. Die Flut tritt gewöhnlich des Tages zweimal herein, und die Ebbe bringt das Wasser
zweimal hinaus, immer durch denselben Weg in denselben
Richtungen. Die Flut bedeckt die innern morastigen Stellen
und läßt die erhöhteren, wo nicht trocken, doch sichtbar.
Ganz anders wäre es, wenn das Meer sich neue Wege suchte,
die Erdzunge angriffe und nach Willkür hinein- und herausflu-

tete. Nicht gerechnet, daß die Örtchen auf dem Lido, Pellestrina, St. Peter und andere, untergehen müßten, so würden
auch jene Kommunikationskanäle ausgefüllt und, indem das
Wasser alles durcheinanderschlemmte, das Lido zu Inseln, die
Inseln, die jetzt dahinter liegen, zu Erdzungen verwandelt
werden. Dieses zu verhüten, müssen sie das Lido verwahren,
was sie können, damit das Element nicht dasjenige willkürlich
angreifen, hinüber und herüber werfen möge, was die Menschen schon in Besitz genommen, dem sie schon zu einem
gewissen Zweck Gestalt und Richtung gegeben haben.

Bei außerordentlichen Fällen, wenn das Meer übermäßig
wächst, ist es besonders gut, daß es nur an zwei Orten herein
darf und das übrige geschlossen bleibt, es kann also doch nicht
mit der größten Gewalt eindringen und muß sich in einigen
Stunden dem Gesetz der Ebbe unterwerfen und seine Wut
mindern.

Übrigens hat Venedig nichts zu besorgen; die Langsamkeit,
mit der das Meer abnimmt, gibt ihr Jahrtausende Zeit, und sie
werden schon, den Kanälen klug nachhelfend, sich im Besitz
zu erhalten suchen.

Wenn sie ihre Stadt nur reinlicher hielten, welches so notwendig als leicht ist und wirklich auf die Folge von Jahrhunderten
von großer Konsequenz. Nun ist zwar bei großer Strafe verboten, nichts in die Kanäle zu schütten noch Kehrig hineinzu-
werfen; einem schnell einfallenden Regenguß aber ist's nicht
untersagt, allen den in die Ecken geschobnen Kehrig aufzurüh-
ren, in die Kanäle zu schleppen, ja, was noch schlimmer ist, in
die Abzüge zu führen, die nur zum Abfluß des Wassers bestimmt sind, und sie dergestalt zu verschlemmen, daß die
Hauptplätze in Gefahr sind, unter Wasser zu stehen. Selbst
einige Abzüge auf dem Kleinen Markusplatze, die, wie auf
dem Großen, gar klug angelegt sind, habe ich verstopft und
voll Wasser gesehen.

Wenn ein Tag Regenwetter einfällt, ist ein unleidlicher Kot, alles flucht und schimpft, man besudelt beim Auf- und Absteigen der Brücken die Mäntel, die Tabarros, womit man sich ja das ganze Jahr schleppt, und da alles in Schuh und Strümpfen läuft, bespritzt man sich und schilt, denn man hat sich nicht mit gemeinem, sondern beizendem Kot besudelt. Das Wetter wird wieder schön, und kein Mensch denkt an Reinlichkeit. Wie wahr ist es gesagt: das Publikum beklagt sich immer, daß es schlecht bedient sei, und weiß es nicht anzufangen, besser bedient zu werden. Hier, wenn der Souverän wollte, könnte alles gleich getan sein. [. . .]

Heute abend ging ich auf den Markusturm; denn da ich neulich die Lagunen in ihrer Herrlichkeit zur Zeit der Flut von oben gesehen, wollt ich sie auch zur Zeit der Ebbe in ihrer Demut schauen, und es ist notwendig, diese beiden Bilder zu verbinden, wenn man einen richtigen Begriff haben will. Es sieht sonderbar aus, ringsum überall Land erscheinen zu sehen, wo vorher Wasserspiegel war. Die Inseln sind nicht mehr Inseln, nur höher bebaute Flecke eines großen graugrünlichen Morastes, den schöne Kanäle durchschneiden. Der sumpfige Teil ist mit Wasserpflanzen bewachsen und muß sich auch dadurch nach und nach erheben, obgleich Ebbe und Flut beständig daran rupfen und wühlen und der Vegetation keine Ruhe lassen.

Ich wende mich mit meiner Erzählung nochmals ans Meer, dort habe ich heute die Wirtschaft der Seeschnecken, Patellen und Taschenkrebse gesehen und mich herzlich darüber gefreut. Was ist doch ein Lebendiges für ein köstliches, herrliches Ding! Wie abgemessen zu seinem Zustande, wie wahr, wie seiend! Wieviel nützt mir nicht mein bißchen Studium der Natur, und wie freue ich mich, es fortzusetzen! Doch ich will, da es sich mitteilen läßt, die Freunde nicht mit bloßen Ausrufungen anreizen.

Die dem Meere entgegengebauten Mauerwerke bestehen erst aus einigen steilen Stufen, dann kommt eine sacht ansteigende

*95 Einfahrt in die Lagune bei der Festung S. Andrea
(von F. Tironi und A. Sandri).*

Fläche, sodann wieder eine Stufe, abermals eine sanft ansteigende Fläche, dann eine steile Mauer mit einem oben überhän-
genden Kopfe. Diese Stufen, diese Flächen hinan steigt nun das
flutende Meer, bis es in außerordentlichen Fällen endlich oben
an der Mauer und deren Vorsprung zerschellt.

Dem Meere folgen seine Bewohner, kleine eßbare Schnecken,
einschalige Patellen, und was sonst noch beweglich ist, besonders die Taschenkrebse. Kaum aber haben diese Tiere an den
glatten Mauern Besitz genommen, so zieht sich schon das
Meer weichend und schwellend, wie es gekommen, wieder
zurück.

Anfangs weiß das Gewimmel nicht, woran es ist, und hofft
immer, die salzige Flut soll wiederkehren; allein sie bleibt aus,
die Sonne sticht und trocknet schnell, und nun geht der Rückzug an. Bei dieser Gelegenheit suchen die Taschenkrebse ihren
Raub. Wunderlicher und komischer kann man nichts sehen als
die Gebärden dieser aus einem runden Körper und zwei langen

Scheren bestehenden Geschöpfe, denn die übrigen Spinnen-
füße sind nicht bemerklich. Wie auf stelzenartigen Armen
schreiten sie einher, und sobald eine Patelle sich unter ihrem
Schild vom Flecke bewegt, fahren sie zu, um die Schere in den
schmalen Raum zwischen der Schale und dem Boden zu
stecken, das Dach umzukehren und die Auster zu verschmau-
sen. Die Patelle zieht sachte ihren Weg hin, saugt sich aber
gleich fest an den Stein, sobald sie die Nähe des Feindes merkt.
Dieser gebärdet sich nun wunderlich um das Dächelchen
herum, gar zierlich und affenhaft; aber ihm fehlt die Kraft, den
mächtigen Muskel des weichen Tierchens zu überwältigen, er
tut auf diese Beute Verzicht, eilt auf eine andere wandernde los,
und die erste setzt ihren Zug sachte fort. Ich habe nicht gesehen, daß irgendein Taschenkrebs zu seinem Zweck gelangt
wäre, ob ich gleich den Rückzug dieses Gewimmels stundenlang, wie sie die beiden Flächen und die dazwischen liegenden
Stufen hinabschlichen, beobachtet habe.

Johann Wolfgang von Goethe, 1786

Gefahr der Versandung

Unsere Reisebeschreiber wollen durchaus behaupten, diese
Stadt würde in ein oder zwey Menschenaltern in großer Gefahr seyn, auf dem festen Lande gelassen zu werden, und stellen
es auf so eine Art vor, als ob sich die See unvermerkt davon
entferne, und in ihre unterirdischen Gänge zurück zöge. Ich
befragte verschiedene, und unter andern den Pater Coronelli,
den Staatsgeographum, über die Wahrheit dieses Umstandes;
Und sie versicherten mich alle, daß die See so hoch, als jemahls
empor steige, ob gleich die große Menge von Schlamm, die sie
mit sich bringt, schon im Stande wäre, die seichten Gewässer
zu verstopfen; sie wären aber in keiner Gefahr, die Wohlthat

ihrer Lage einzubüßen, so lange sie sich es angelegen seyn ließen, diese Moräste und Sandbänke bey Seite zu schaffen. Wenn es Ebbe ist, so kann man deren eine große Menge sehen, welche als so viele kleine Inseln hier und da liegen; Und diese machen eben den Schiffen, welche damit nicht bekannt sind, den Eingang so gar schwer. Denn die tiefen Kanäle, welche die Venetianer mit so großen Kosten frey und offen erhalten müssen, laufen zwischen denselben hin. *Joseph Addison, 1705*

Torcello

Am ausführlichsten aber genossen wir die Gondel und die Lagunen, als wir uns an einem schönen Vormittag nach einer der nordöstlichen und entferntesten Inseln bringen ließen, dem untergegangenen Torcello.

Ich will mit dem Ausdrucke »untergegangen« nicht etwa andeuten, Torcello, das einst eine große Stadt war, sei in Meeresfluten versunken wie einst Vineta. Zwar richtet das Meer hier zu Lande gelegentlich allerlei an; vor sechs oder sieben Jahren konnte man einmal ein paar Tage lang auf dem Markusplatze in Gondeln fahren und auf der dicht bei Torcello gelegenen Insel Burano zerstörte ein einziger Orkan 214 Häuser.

Aber Torcello selbst ist nicht von den Elementen zerstört worden. Es ist eher eine weggetragene Stadt und jedenfalls eine der größten Merkwürdigkeiten im ganzen Bereiche der Lagunen.

Man denke sich eine kleine Insel mit niedriger Küste; zwischen fruchtbaren Weingeländen erheben sich ein paar ärmliche Wohnungen von Landleuten. Aber mitten auf der Insel steht noch der Dom der einst stolzen, herrlichen Stadt, ein edler Dom, innen mit reichen altchristlichen Mosaikbildern geschmückt und mit einem Mosaikboden gleich der Markuskir-

che in Venedig. Aber auf der noch erkennbaren Piazza von Torcello wächst Gras; einsam verlassen liegt das einstige Forum da, und das Rathaus von Torcello ist kein Dogenpalast geworden. Versandet sind die meisten seiner Kanäle, an denen einst Paläste standen, von deren zum Wasser hinabführenden Thorstufen hie und da eine Spur übrig geblieben ist; auch eine halbverfallene kleine Rialtobrücke schwingt sich an einer Stelle über das träge Wasser. Von all der alten Herrlichkeit ist nichts Bedeutendes übrig geblieben als der bereits genannte großartige Dom und neben demselben ein Baptisterium, dessen Bau besonders durch die luftige, im Kreis angelegte Vorhalle mit Säulen dem Auge gefällt. Aber die Steine, die schönen Quadern der verfallenen Stadt, müßten doch wenigstens noch da sein, denkt man. Auch darin täuscht man sich. In einer solchen steinarmen Sand- und Wassergegend wurden die Steine weggeschleppt, sobald einmal, wie es scheint im 17. Jahrhundert, der Verfall der Stadt ein definitiver geworden war. Und die Gründe dieses Verfalls? Man kennt sie nicht genugsam. Die Schrift des Pfarrers von Torcello, die wir kauften, läßt vermuten, daß klimatische Fieber zur Entvölkerung der Stadt beitrugen. Was in noch früherer Zeit die Eifersucht oder die Härte des mächtigen Venedig mögen bewirkt haben, weiß man nicht; die Thatsache aber ist sicher, daß gegenwärtig auf dieser Insel siebzig Personen leben, wo eine Stadt stand, die im 10. Jahrhundert mit Byzanz einen schwungvollen Handel trieb, so daß Konstantin der Purpurgeborne ihrer Erwähnung thut. Und nun nehme man noch dazu, daß vor noch viel längerer Zeit daselbst eine römische Niederlassung blühte; ein an Ort und Stelle ausgegrabener altrömischer Altar ist noch zu sehen, sowie die auf der Insel gefundene, nicht schlecht gearbeitete Jupiterstatue. Selbst Spuren von Etruskern bewahrte der treue Boden dieses Eilandes. Und alles, alles vorbei! »Terribilis est locus iste« sagt man unwillkürlich mit den Worten eines Spruches, der im Dom unter einem Bilde des Gekreuzigten steht. Der gute Pfarrer von Torcello schlägt in seiner Broschüre vor, man sollte, um die Insel wieder zu bevölkern, die Müßiggänger von Venedig hieher verpflanzen. Aber wäre die Insel groß genug? Und wer steht dafür, daß dann nicht Venedig zu einem Torcello würde?

Josef Victor Widmann, 1897

San Servolo

Vorbei gings an der Insel St. Servolo, gerade an den Fenstern des Hospitals für Irren – welches unter der Leitung der barmherzigen Brüder steht.

97 *Ansicht von San Servolo.*

Einige arme Narren sahen bei den Gitterstäben ihrer Fenster
heraus auf die ewig sich kräuselnden Meeresfluthen. Ich für
mein Theil halte diesen Ort mit seiner melancholischen Aussicht nicht für ein Irrenhaus geeignet. Der ewige Meeresan-
blick ist vielleicht eher behülflich einen Menschen wahnsinnig
zu machen – als einen Wahnsinnigen zu heilen. Trauriges,
graues, verwittertes Gemäuer mit seinen im Schutt der Leibes-
mühsal verfallenen Menschengeistern!
Hier haben es die Brüder der Barmherzigkeit in christlicher
Liebe mit der Pflege von beiläufig 300 Irrsinnigen zu thun.
Kein Strauch, kein Gras ist auf dieser Insel von außen zu sehen,
nur die öden Mauern starren aus dem Meeresspiegel empor.
Eine Wemuth befällt das Herz, wenn hie und da bei den
Fenstern ein armer Narr die bleiche Stirne, aus der die stieren
Augen schauen, auf die schwarzen Gitterstäbe lehnt – die
Gondel fliegt im taktmäßigen Ruderschlag an ihm vorüber –
an dem armen Unglücklichen, dem das Ruder des Geistes auf
dem Lebensmeere aus den Händen gesunken, so daß der Geist
irrend auf den Fluthen herumtreibt! –
Wer sollte ein Verlangen fühlen, an diesem traurigen Eiland

landen zu wollen? Die öden Mauern verschwinden zur Linken und hinten taucht aus dem Meeresspiegel eine Insel hervor mit rothem Gemäuer, das sich vor üppigen Weinranken empor-hebt. Es ist S. Lazaro. *Sebastian Brunner, 1860*

San Lazzaro

Auf Nachmittag hatten wir mit Nerly eine Fahrt nach dem Armenischen Kloster der Meticharisten von San Lazaro ver-abredet, wohin uns in dreiviertel Stunden bei schönstem Son-nenschein unsere Gondel durch die von einem leichten Winde sanft gekräuselten Fluthen trug.

San Lazaro mit der einfach zierlichen Architektur seines Klo-sters, mit seinen sorgfältig gepflegten Wein- und Blumengär-ten ist eine der schönsten Perlen in dem Kranze der hundert kleinen Inseleilande, welche wie ein Halsschmuck die stolze Venetia umgeben. Es ist ein Asyl des Friedens und der Ruhe, der Studien und der Beschaulichkeit, wie es nur die Seele eines Dichters träumen mag, und wohl kann man die Vorliebe Byrons begreifen, der bei seinem Aufenthalte in Venedig oft Tage lang auf dieser stillen Insel zubrachte, wo er bei einem der frommen und gelehrten Mönche sich Unterricht im Armeni-schen ertheilen ließ. Ueberall in den hellen freundlichen Räu-men des Klosterhofes wie des Innern trat uns ein Geist der Ordnung und Sauberkeit, und des stillen Fleißes wohlthuend entgegen. Unser Begleiter der mit einem der frommen und gelehrten Väter, dem Padre Gregorio besonders befreundet ist, verschaffte uns den Vorzug unter der Führung desselben die Merkwürdigkeiten des berühmten Klosters kennen zu lernen.

Wir sahen zunächst die Klosterbibliothek, welche wir mit den erlesensten Hauptwerken der Wissenschaft, zumal philosophi-

schen und historischen, wohlversehen fanden, und die Bibliothek der Handschriften mit ihren zahlreichen orientalischen
Manuscripten, meist der Armenischen Sprache angehörend,
darunter eine Armenische Bibel mit wunderschönen Miniatu-
ren, deren Farbenglanz, obschon die Bibel der Angabe nach
aus dem neunten Jahrhunderte stammte, noch in voller Frische
und Schönheit prangte. Ferner griechische Handschriften von
den Homilien des Basilius und von dem Kommentare des
heiligen Chrysostomus. Aber mehr als die letzteren interessir-
ten uns die Zeilen, mit denen sich Byron in das wohlgehaltene
und bibliothekarisch genau nach den Nationen und den An-
fangsbuchstaben der Namen der Besucher geordnete Gedenkbuch des Klosters eingeschrieben hatte, und das Bildniß von
Byrons Lehrer Padre Pasquale, das sich der Herzog von Braunschweig von dem berühmten Maler Schiavone malen lassen,
und auf Bitten Nerly's in einer Kopie in das Kloster gestiftet
hat: ein schönes mildes Greisenantlitz mit seelenvollen un-
schuldigen Kinderaugen und langwallendem Barte. Unter den
sonstigen Antiquitäten bemerke ich noch ein Stück samarita-
nischer Inschrift auf rothem Kalkstein vom Sinai, dergleichen
auf jenem Berge, wie unser Führer von Englischen Reisenden
vernommen, zahlreiche sich befinden sollen. Padre Gregorio
eine kleine schmächtige Gestalt, mit rabenschwarzem Haar
und Barte, feinster Carnation der edlen Gesichtszüge und mit
jenem sanften und innigen Ausdrucke der schön gewölbten
großen Augen, wie man ihn nur bei den Orientalen findet, und
von feinsten Manieren und freundlichstem Behaben, erwies
sich als einen in der Literatur, auch der neuern, ganz wohl
unterrichteten Mann, der über die Leistungen deutscher
Sprachvergleichung und Geschichtsschreibung, über die
Werke von Bopp und Mommsen Gespräche zu führen wußte,
und dem selbst meine geringen Aristotelischen Arbeiten nicht
unbekannt waren. Von seiner feinen Rücksicht gab er uns
einen Beweis dadurch, daß er uns an einem ganzen Schranke

voll kleiner Curiosa von Münzen, Vasen, Portraits und anderen Anticaglien mit der einzigen Andeutung vorbeiführte, daß es piccole curiosità für die besuchenden Forestieri seien, während wir unmittelbar darauf bemerkten, daß ein anderer Mönch – es war wie uns Don Gregorio sagte, einer ihrer gelehrtesten Brüder, der Padre Don Stefano – sich freundlich herbeiließ, einer Gesellschaft solcher »Forestieri« alle jene Schnurrpfeifereien auf ihre Fragen ausführlich zu erklären.

Im Besuchzimmer sahen wir zu unserm Erstaunen neben dem Portrait des Kaisers von Österreich das des türkischen Sultans. San Lazaro steht nämlich unter der speciellen Protektion des letzteren, und die Flagge des Halbmondes wehte schützend über dem christlichen Kloster in den stürmischen Tagen der Belagerung Venedigs im Jahre 1849.

Die Väter haben eine eigene von ihnen gestiftete Druckerei, durch welche sie die Levante mit orientalischen Werken versehen und abendländische Schriften in Übersetzungen, besonders in Armenischer Sprache, dorthin verbreiten. Die Arbeiter der Druckerei sind Venetianer, und obschon es Sonntag war, saßen in dem hellen freundlichen von drei großen Marmorsäulen getragenen Raume doch ein Paar Geistliche, die mit einem bürgerlich gekleideten Werkführer geschäftliche Abrechnungen und Besprechungen hielten. Diese Druckerei der Mechitaristen von San Lazaro druckt in fast allen lebenden Sprachen, sogar in der Chinesischen. Ich sah die Übersetzung der Gebete eines Armenischen Patriarchen, Niersis, in nicht weniger als vierundzwanzig Sprachen kostbar gedruckt, und nur der hohe Preis hielt mich ab, von dieser Merkwürdigkeit ein Exemplar mitzunehmen. Ihr Hauptabsatzpublikum im Orient ist das Armenische, und Padre Gregorio berichtete uns, daß dasselbe jetzt etwa auf fünftausend Leser angewachsen sei, während es, als das Kloster und die Druckerei vor hundertfunfzig Jahren gestiftet wurde, wie er hinzusetzte, kaum hundert Armenier

98 San Lazzaro.

gab die noch lesen konnten. Von deutscher Literatur haben sie
Goethe, Schiller, Wieland, Klopstock, Geßner, Jacobi und
andere ins Armenische übersetzt und gedruckt – in Auswahl
natürlich. So bilden sie eine Verbindungsbrücke der orientalischen mit der abendländischen Kultur. Als das Schwierigste
beim Uebersetzen dieser und anderer Werke in die Sprache
seiner Heimath bezeichnete der gelehrte Padre, daß die fremden Sprachen der abendländischen Kulturvölker in den vielen
Jahrhunderten während deren die einst so hohe Kultur des
Armenischen Volks brach gelegen, mit der fortschreitenden
geistigen Entwicklung zahllose sprachliche Erweiterungen
und Bereicherungen gewonnen hätten, für die es schwer, ja in
vielen Fällen unmöglich sei, aus dem vorhandenen Armenischen Sprachschatze irgend entsprechende Ausdrücke zu fin-

99 *Landungssteg und Pferdebahnen auf dem Lido.*

den, so daß zuweilen nichts übrig bleibe als geradezu neue
Worte zu schaffen.

Das Kloster ist gegenwärtig von etwa funfzig Mechitaristen
und zum großen Theil sehr gelehrten Vätern bewohnt. Wir
sahen einige derselben in ihren langen schwarzen Gewändern
und stattlichen Bärten die stillen Gänge durchwandeln, von
deren einem sich eine unvergleichliche Aussicht über die Lagunen und die umliegenden Inseln darbietet. In der Unter-
richtsanstalt des Klosters werden armenische Jünglinge in
geistlichen und weltlichen Wissenschaften und in Sprachen
unterrichtet, um später als Missionäre des römischen Katholi-
cismus in den Orient zurückzukehren. Die meisten Mitglieder
der Mechitaristen von San Lazaro, welche außer in ihrer eigenen auch in der Kirche della Croce zu Venedig fungiren,

besitzen neben der Kenntnis des Armenischen und Italienischen auch noch die der türkischen, englischen, französischen
und deutschen Sprache, und eine Festrede des Kardinalpatriar-
chen von Venedig vom Jahre 1749, die wir neben andern
Geschenken von Padre Gregorio mitnahmen, rühmt sie als
geschickte und eifrige Gewinner ketzerischer Seelen für den
Glauben der alleinseligmachenden römischen Kirche.

Es ist ein wunderbares Fleckchen Erde, diese Klosterinsel, dies
inmitten des Abendlandes hingepflanzte Stückchen Orient,
mit seinen frommen stillen fleißigen Bewohnern, deren Heimath sich von den Hochlanden des Kaukasus hinstreckt nach
dem mesopotamischen Urlande der Menschheit, und die nun
hier im Angesicht der herrlichsten Ruine der Welt ihr friedli-
ches der Wissenschaft und Frömmigkeit geweihtes Leben führen auf dem kleinen meerumflossenen Eilande, das diese Söhne
des fernen Asiens sich durch ihren Fleiß zu einem Paradiese
geschaffen. Die stille Myrthe und der bescheidene Oelbaum
zeigen sich neben der düsterhohen Cypresse und der himmel-
anstrebenden Ceder des Libanon, an deren Schaft sich die Rose
schmiegt.   *Adolf Stahr, 1860*

Auf dem Lido

Das erste, das uns in die Augen fällt, ist eine wirkliche und
wahrhaftige Pferdebahn! Ein Pferd, ein Wagen in Venedig? Es
ist zu seltsam. Haben doch bis zum Jahre 1890 80 Prozent der
Venetianischen Bevölkerung außer den Pferden auf dem Mar-
kusdom nie ein Roß gesehen, es sei denn auf Denkmälern und
Bildern, oder lebend – in einer Menagerie. Die Pferdebahn
dient dazu, um bequemen Leuten die Durchquerung des Lido
zu erleichtern. Hier sind wir in einer ganz anderen Welt, nichts
erinnert mehr an den Märchenzauber Venedigs, hier sind wir

im elegantesten Seebade der Adria, um so eleganter, als auch Königin Margherita hier einige Wochen zu baden pflegt. Ringsum stehen kleine moderne Villen, aus Stein oder aus Holz geschnitzt.

Endlich kommen wir zu dem großen Badeetablissement und eilen zur Terrasse, wo wir staunend, sprachlos stehen bleiben. Selten hat das Meer, das dräuend stürmende, einen solchen Eindruck auf mich gemacht wie hier. Kommt man aus dem heiteren Lagunenmeer, dem von Inseln und Schiffen bevölkerten, und sieht nun die unermeßliche Leere der blauen Wasserflut, die voller Wut ihre weiße Sturmkolonnen gegen die Mauern des Lido schickt und immer von neuem vorschickt, als könne sie den Augenblick nicht erwarten, wo sie ganz Venedig überwältigt, so ergreift uns die Wildheit der Naturkraft zugleich mit ihrer unendlichen Schönheit.

Wer zu träumen liebt, dem rate ich, das geräuschvolle Leben des Badestrandes zu fliehen und am Rande des Lido einherzuschlendern, bis er an die Stelle kommt, wo, halb im Sande vergraben, die schiefen Steine des alten Judenkirchhofs hervorragen, und sich von hier aus das Meer zu betrachten.

Wer hingegen Volksleben vorzieht, der wage sich in die Budenstadt, die sich rings um das Badeetablissement angesiedelt hat. Wenn er Glück hat, trifft er auch hier und da ein Volkstheater und begegnet dem alten Pantalone in der altvenezianischen Kaufmannstracht, der »zimarra«, dem langen, schwarzen Mantel, den roten, weiten Strumpfhosen und Pantoffeln. Diese »Maske« des alten venezianischen Theaters ist mählich, wie bei uns der deutsche Michel, zum Symbol des guten italienischen Volkes geworden. Im Theater erhielt Pantalone stets Prügel, und im heutigen Leben ist es immer »Pantalone che paga« (der arme Steuerzahler, der für die Fehler der Regierung aufkommt).

Zur Stadt zurück! Bei den meisten Reisenden erhebt sich nun die Frage: »Was fangen wir abends an?« Viele Deutsche scheuen

Magnifico.

100 *Pantalone in Begleitung (von Bertelli).*

sich, weil sie die Sprache nicht verstehen, in ein Theater oder in eine Singspielhalle zu gehen, als wenn bei dem lebhaften Spiele der Italiener die Sprache überhaupt in Betracht käme, folglich setzen sie sich mit Sippen und Magen zu fröhlichem Trunke zusammen.

Albert Zacher, 1912

GEGENWART

Hitler und Mussolini auf dem Markusplatz

Der riesige Markusplatz, sonst die Stätte, wo Venezianer und Fremde sich treffen und ihren Kaffee nehmen, hat heute morgen ein völlig verändertes Bild.

Der Palazzo Reale, der im riesigen Viereck den Platz umgibt, ist mit wertvollen roten und goldenen Brokatstoffen geschmückt, und unten auf dem weiten Platz herrscht ein militärisches Bild. In langen Kolonnen sind die Formationen, die vor dem Duce vorbeimarschieren werden, aufgestellt.

Neben dem Markusturm ist die Tribüne errichtet, von der aus der Vorbeimarsch abgenommen wird.

Kurz vor 9 Uhr erscheint Adolf Hitler auf dem Platz. Laute Ovationen ehren ihn. Viele Formationen haben sich schon vorher die Zeit des Wartens damit vertrieben, Heilrufe und »Hitler«-Rufe im Sprechchor zu üben. Sie betonen dabei beim Namen des Führers die zweite Silbe Hitlér. Wir Deutschen merken daher erst nach der zweiten oder dritten Wiederholung des Rufes, wer gemeint ist.

Wenige Minuten später trifft Mussolini ein. Ein Orkan der Begeisterung braust über den Platz. Ununterbrochen toben die Rufe weiter, als der Duce zuerst die aufgestellten Kolonnen kurz abschreitet und dann die Tribüne betritt. In herzlicher Weise begrüßen sich Mussolini und Hitler und treten dann beide an die Rampe des Podiums. Musik schwenkt ein, der Vorbeimarsch beginnt.

In dem ungewohnt raschen Tempo des italienischen Parademarsches zieht zuerst die IX. Legion der faschistischen Miliz vorbei.

Es folgen die Jungfaschisten (18.-21. Lebensjahr) mit ihren

101   Das Hotel des Bains (Foto Naya).

rot-gelben Halstüchern und die Avant-Guardisti (14.-18. Lebensjahr), den Abschluß bildeten Abteilungen der Marineju-
gend.

Mit strahlenden Blicken und verbrannten Gesichtern, aus denen die Begeisterung leuchtete und der Stolz zu lesen war, den
sie in sich tragen, gehen die Repräsentanten der faschistischen
Partei an ihrem Duce vorüber und grüßen den Führer der
nationalsozialistischen Bewegung Deutschlands.

Etwa eine Stunde hat der Vorbeimarsch gedauert, dann sind
die letzten Abteilungen vorbeimarschiert. Mussolini und der
Führer verlassen unter neu aufbrausendem ungeheuren Jubel
den Platz. Insbesondere die Jüngsten, die Ballila, die nicht
mitmarschierten und an der Längsseite des Platzes aufgestellt
waren, forderten dabei ihr Recht: durch ihr Spalier mußten

Mussolini und Hitler. Es war ein Spalier restloser Begeisterung. Die Hüte der Kleinen wirbelten durch die Luft, sie selbst
sprangen in die Höhe und schrien, was die Kehlen hielten. Nur
mit Mühe konnte der Weg für Mussolini und Hitler gebahnt
werden.
Im Motorboot ging die Fahrt wieder zum Hotel zurück.
Im Anschluß nach seiner Rückkehr von der Parade der faschistischen Verbände begab sich der Führer in die 19. Biennale,
wo er insbesondere den deutschen Pavillon besuchte.

Völkischer Beobachter, 1934

Gegen das passatistische Venedig

Wir lehnen das alte Venedig ab, das entkräftet und von jahr-
hundertelanger Wollust geschwächt ist, obwohl auch wir es
einst in unseren sehnsüchtigen Träumen liebten und besaßen.
Wir lehnen dieses Venedig der Touristen ab, diesen Markt der
Antiquitätenfälscher, diesen Magneten des Snobismus und der
Dummheit aus aller Welt, dieses Bett, das Karawanen von
Liebenden durchgelegen haben, dieses edelsteingeschmückte
Sitzbad für kosmopolitische Kurtisanen, diese *cloaca maxima*
des Passatismus. Wir wollen diese faulige Stadt heilen, diese
prächtige Wunde der Vergangenheit zum Vernarben bringen.
Wiederbeleben und adeln wollen wir das Volk von Venedig,
das seine alte Größe verloren hat, das eine ekelerregende Feig-
heit vergiftet und das Getriebe seiner kleinen, schielenden
Händler erniedrigt. Wir wollen die Geburt eines industriellen
und militärischen Venedig vorbereiten, das die Adria, dieses
große italienische Binnenmeer, beherrschen kann. Beeilen wir
uns, die kleinen stinkenden Kanäle mit dem Schutt der alten
einstürzenden und aussätzigen Paläste zuzuschütten. Verbren-
nen wir die Gondeln, diese Schaukelstühle für Idioten, und

102   Titelseite der »Gazzetta del Popolo« vom 17. Juni 1934.

errichten wir bis zum Himmel empor die mächtige Geometrie der Metallbrücken und der rauchgekrönten Fabriken als Ersatz für die weichen Kurven der alten Bauten. Es komme endlich das Reich des göttlichen elektrischen Lichts, um Venedig von seinem käuflichen Mondschein der möblierten Zimmer zu befreien. *Marinetti, Boccioni, Carrà, Russolo, 1910*

Venedig ohne Kanäle?

Venedig! Ich wünschte, daß ich einen Ausruf erfinden könnte, der wie ein Schrei der Lust alles das verkündete, was mir diese Stadt ist. Dieser Wunsch kennzeichnet den Zustand von Faulheit und Entzücken, in dem ich mich fast immer befand, wenn ich in Venedig war.

Ja, ich liebe diese Stadt mehr, als irgend eine andre: es ist eigentlich die einzige Stadt, die ich liebe. Vermutlich deshalb, weil es keine Stadt gibt, die so ganz Stadt wäre, wie diese: so ganz Kunst. Denn ich liebe das Entschiedene.

Mag sein, daß auch das Verfallende an Venedig mir so lieb ist, und das völlig Extraordinäre. Nicht zu vergessen seine göttliche Ruhe auf den Kanälen und entlegenen Plätzen, vor allem seine Freiheit vom Gerassel der Wagen: seine Trambahnlosigkeit zumal.

Ihr verdankt es diese wunderbare Stadt auch, daß man sich an ihrer Architektur noch erfreuen kann, ohne durch dicke Drahtlinien geniert zu werden, die nun auch in Italien die architektonischen Bilder zerreißen.

Die Hauptsache aber ist: Venedig ist arm, Venedig hat keine Möglichkeit, Industrie im großen Stile zu beherbergen: reich und häßlich zu werden.

Das ist den Venezianern natürlich sehr unangenehm. Auch sie möchten gerne alte schöne Paläste einreißen und dafür Fabriken bauen. Bei allen Teufeln: ich freue mich innig, daß das nicht geht.

Jetzt sind sie dabei, einen Straßendamm über die Lagunen weg zur *terra firma* zu errichten. Ist diese Straße mal da, so hoffen sie, daß draußen Fabrikquartiere erstehen werden. Meinetwegen. Wenn nur die alte edle Venezia selber bleibt, was sie ist: die Stadt der verfallenden Paläste, der verschwiegenen Winkel, der graziösen Brücken, der engen Gassen, der lautlosen braunen Kanäle, der schwarzen Umschlagtücher, der schwarzen Gondeln.

In den sechziger Jahren des vorigen Jahrhunderts sollen die Stadtväter Venedigs ernstlich den Plan erwogen haben, den großen Kanal sowohl wie die nächstgelegenen kleinen zuzuschütten, um einen neuen Stadtkern zu bilden. Auch ein paar Dutzend der alten Paläste sollten daran glauben. Die, im Laufe der Jahrhunderte eisenhart gewordenen Pfähle, auf denen diese stehen, sollten, so heißt es, an amerikanische Pianofortefabrikanten verkauft werden, da ihr Holz das beste für den Pianofortebau sei. Diese Legende ist wohl eine Satire. Aber sie ist gut erfunden. Es hat in der Tat eine Zeit gegeben, wo die Venezianer höchst unglücklich darüber waren, keinen Boulevard, sondern den *gran canale,* keine großen Mietshäuser, sondern Paläste zu haben. Heute wissen sie ihre Spezialität besser zu schätzen. Da sie keine andere Industrie erheblichen Umfangs besitzen, haben sie die Fremdenindustrie im großen Stile ausgebildet. – Wer dürfte es ihnen verdenken? Es geschieht im ganzen auf liebenswürdige Manier, und das Geschmacklose, das damit einhergeht, läßt sich vermeiden, wenn man, zumal des Abends, den großen Kanal vermeidet. Wer aber ganz unbehelligt davon bleiben will, der besuche Venedig im Winter. Um diese Zeit ist die Lagunenstadt nicht bloß miasmen-, sondern auch fremdenrein.   *Otto Julius Bierbaum, 1910*

103 Zimmer im Palazzo Pesaro Orfei (Palazzo Fortuny).

Restaurierungsarbeiten

Was in Restaurationen monumentaler Gebäude geleistet worden ist, brauchte man nur zu summiren, um zu einem erstaunlichen Facit zu kommen. Die Jahrhunderte machen ihr Recht gegen die in dem lockeren Lagunenboden auf Rosten aufgeführten Gebäude geltend, und es stand z. B. mit der Marcuskirche (deren wellenförmigen Mosaikboden man nur anzusehen braucht, um die ungleiche Senkung zu erkennen) bereits so bedenklich, dass der tägliche Kanonenschuss, der den Schluss des Hafens anzeigt, auf die halbe Ladung reducirt werden musste, obschon er füglich, wie Goethe's Egmont

104 *Der Rio delle Burchielle auf Burano.*

hätte sagen dürfen: »Die Luft hab' ich erschüttert, weiter nichts gethan.«

Die grössten und erfolgreichsten Anstrengungen sind gemacht worden, der Welt dieses einzig merkwürdige, historisch und künstlerisch geweihte Denkmal wieder für eine Reihe von Jahrhunderten zu garantiren.

Mit wahrem Feuereifer werden in Venedig Restaurirungen betrieben. Viele Kirchen sind mit Holzgerüsten gefüllt, Kuppeln und Wände mit Holzgerüsten verkleidet und der Anblick herrlicher Architekturwerke theils verkümmert, theils völlig vereitelt. Wer sich darüber etwa ärgern wollte, möge bedenken, dass es in erster Reihe die dringende und zwingende Nothwendigkeit ist, welche diese ganze Bau- oder Restaurirbewegung veranlasst. So sagte man mir z. B., die Kirche Salvatore in der Mercerie, – eine der schönsten und interessantesten Venedigs – sei bei vorgenommener Untersuchung in so erschreckend baufälligem Zustand, bei äusserlich scheinbar guter Erhaltung, gefunden worden, dass über Hals und Kopf die Wiederherstellung in Angriff genommen werden musste. Das Grabmal der Katharina Cornaro, der beiden Brüder und Dogen Priuli, das von Jakob Sansovin im edelsten Renaissancestyl gearbeitete Mausoleum des Dogen Franz Venier sind also – wer weiss, für wie lange! – hinter ungeheuren Contignationen verschwunden, welche bis zum Kirchengewölbe emporragen und das ganze Schiff der Kirche ungangbar machen. Ein Geistlicher in S. Giorgio Maggiore, wo das Interieur, ein Meisterwerk Palladio's, eben auch durch ein gewaltiges Restaurirungsschaffot entstellt und in seiner harmonischen Gesammtwirkung schlimm beeinträchtigt wird, klagte mir: es gehe mit diesen Arbeiten erschreckend langsam. Der Grund ist leicht einzusehen. Die früher von Staatswegen dafür bewilligten Summen sind, wie ich höre, dermalen auf etwa ein Viertel reducirt. Uebereilt hat man sich bei Arbeiten dieser Art in Venedig (und in Rom) ohnehin niemals. Als ich die Stadt im Jahre 1861 zum ersten Male besuchte, sah es in der Kirche S. Giovanni e Paolo fast aus wie im Tempel zu Jerusalem, wo kein Stein auf dem anderen bleiben sollte. Und doch sind dort die Restaurationen noch lange nicht zu Ende! Diese Verschleppung (denn so muss man es nennen, selbst wenn man in billigste Erwägung zieht, was Alles zu thun war und noch zu thun ist) hat leider einen für die Kunst ganz unersetzlichen, kaum je zu verschmerzenden Verlust gehabt. Tizian's »Petrus Martyr«, eines der Hauptwerke des Meisters, welches zu verkaufen den Dominicanern von S. Giovanni e Paolo zur Zeit der Republik bei Todesstrafe gegen den Schuldtragenden verboten gewesen, eine »Madonna in Trono« mit Heiligengruppen rechts und links, und himmlisch-schönen Musikengeln, Giovanni Bellini's grossräumigstes Gemälde und eines seiner herrlichsten, wurden um der Restaurirung willen von den Altären abgenommen und einstweilen in der unmittelbar an die Kirche anstoßenden, den Sieg von Lepanto 1571 monumental, mit echt venezianisch-überschwänglichem Prachtaufwand verherrlichenden »Cappella del Rosario« aufgestellt. Da brach in der Nacht vom 15. zum 16. August 1867 in eben dieser Capelle der verheerende Brand aus, dessen eigentliche Entstehungsursache noch heute nicht genügend ermittelt ist. Eine traurige Brandruine blieb zurück. Mir stockte der Athem, als ich in den öden Raum trat, den ich einst und wiederholt in seinem vollen Glanze gesehen und den die jammervollen Reste seines ehemaligen überreichen Marmor- und Goldschmuckes doppelt trostlos erscheinen lassen. Der Sacristan, der uns die Thüre geöffnet, beklagt augenscheinlich weit weniger den Untergang des Petrus Martyr, der Bellinischen Madonna und der auf den Sieg von Lepanto bezüglichen Malereien Tintoretto's, als die zopfigen Reliefs von Morlaiter u. A., deren verkalkte und zerschmetterte Ueberbleibsel an den Wänden er seufzend zeigt. Man hat auf dem Altar im Kirchenschiffe, wo sonst Tizians Bild stand, eine alte, nicht eben schlechte Copie aufgestellt – aber von dem untergegangenen Original giebt sie keine Vorstellung. Wie wirkte auf diesem die in zorniges, blutiges Abendlicht getauchte Landschaft, mit den hohen Bäumen, deren Laub in düsterem Kupferroth erglänzte – diese genial aufgefasste Naturstimmung, durch welche die Mordscene doppelt unheimlich wurde – und wie wunderbar brach durch die trübe Glut jener Strahl reinsten Himmelslichtes, auf dem die zwei unvergleichlich schönen Engelsknaben niederschwebten! Das »Mahl in Emaus« von Giovanni Bellini aus S. Salvatore hat man, so lange die Restaurirung dauert, klüglich in die Bildersäle der Akademie geflüchtet.

August Wilhelm Ambros, 1880

105 *Palazzo Valier von Luca Carlevarijs.*

Die erste Nachkriegs-Biennale

Einer der ersten Menschen, dem ich in Venedig im Jahr 1946
begegnete, war ein Künstler namens Vedova. Ich saß im Café
Angelo am Rialto. Da ich niemanden in Venedig kannte,
erkundigte ich mich beim Padrone, wo ich mit ein paar modernen Künstlern zusammentreffen könne. Er sagte: »Gehen
Sie in das andere Angelo-Restaurant auf der Piazza San Marco
und fragen Sie nach Vedova.« Ich schrieb mir den Namen auf
eine Zündholzschachtel und begab mich in das andere Angelo.
Dort hießen mich Vedova und ein zweiter Venezianer Künstler, Santomaso, aufs herzlichste willkommen. Beide wurden
meine Freunde. Sie interessierten sich sehr für moderne Kunst
und wußten von der Sammlung meines Onkels, worüber ich
sehr erstaunt war. Sie hatten sogar den Katalog. Da sie miteinander im Venezianer Dialekt sprachen, verbrachte ich in ihrer
Gesellschaft peinvolle Stunden, denn ich verstand kein Wort

von dem, was sie sagten. War ich mit einem von ihnen allein, so ging es besser, da ich etwas Italienisch konnte.

Vedova, ein Riese mit einem Bart, malte abstrakte Bilder. Er war Kommunist und während des Krieges bei den Partisanen gewesen. Verrückt äugte er nach hübschen jungen Mädchen. Santomaso, nicht so groß und rundlicher, hatte ebenfalls Augen, die gern umherschweiften, dazu aber Frau und Kind. Er war der Gebildetere von den beiden, außerordentlich gut in venezianischer Geschichte beschlagen und erzählte die aufregendsten Dinge aus der Vergangenheit seiner großen Heimatstadt. An den Wänden des Restaurants Angelo hingen überall Bilder der beiden Maler und noch vieler anderer Kollegen. Das ist ein venezianischer Brauch: Die Maler können umsonst essen und mit ihren Werken bezahlen.

Durch Santomaso erhielt ich die Einladung, meine ganze Sammlung auf der XXIV. Biennale von Venedig zu zeigen. Er hatte Rudolfo Pallucchini, dem Generalsekretär der Biennale, den Vorschlag gemacht, die Sammlung auszustellen. Wir kamen überein, sie im griechischen Pavillon zu zeigen. Er stand leer, weil in Griechenland gekämpft wurde.

Die Biennale, die 1895 zum erstenmal stattfand, ist eine internationale Ausstellung zeitgenössischer Kunst, die alle zwei Jahre in Venedig in den Giardini Pubblici draußen an der zum Lido führenden Lagune veranstaltet wird. Die hervorstechendste Eigenschaft dieser Gegend ist eine Reihe sehr häßlicher Gebäude aus der Zeit Mussolinis. Die Bäume und Gärten aber sind wunderbar gepflegt und bilden einen prächtigen Hintergrund für die verschiedenen Pavillons. Mitte Juni, bei Eröffnung der Biennale, stehen die Zitronenbäume in voller Blüte und strömen einen betäubenden Duft aus. Ich habe oft das Gefühl, daß die Gärten der Ausstellung schwere Konkurrenz machen, denn es ist so unvergleichlich angenehmer, dort zu sitzen, als in die schrecklich heißen, ungelüfteten Pavillons zu gehen.

106 Plakat für die »4. Internationale Kunstausstellung der Stadt Venedig« (1901).

Die beteiligten Länder sind für die Ausstellung in ihrem Pavillon verantwortlich, die unter dem Ehrenschutz ihrer Regierung veranstaltet wird. Im Hauptpavillon der Italiener hängen ganze Kilometer von sehr langweiligen Bildern, hie und da ist aber auch etwas Gutes darunter. Die ungezählten großen und kleinen Sonderausstellungen sollten eigentlich zeitgenössischen Malern gewidmet sein, manchmal schleichen sich jedoch auch Künstler aus früheren Epochen ein, wie Delacroix, Courbet, Constable, Turner und sogar Goya – niemand weiß, warum. Die meisten Italiener, die auf der Biennale Bilder ausstellen, tun es immer wieder, aus reiner Gewohnheit. Es gab auch Kollektivausstellungen von Picasso, Braque, Miro, Ernst, Arp, Giacometti, Marini, Klee, Mondrian, dem Zöllner Rousseau und auch von den Fauves und den Futuristen. Vor 1948 kannte man in Italien nur Picasso und Klee, abgesehen von den italienischen Futuristen.

Die Biennale wird vom italienischen Präsidenten eröffnet, der mit Glanz und Gloria zur Einweihung kommt. Für den Festzug von der Prefettura, dem Palast des Präfekten, zu den Giardini Pubblici holt man die venezianischen Prachtgondeln aus alter Zeit heraus.

Die Pavillons befanden sich 1948, nachdem sie so lange Jahre nicht benützt worden waren, in einem schlechten Zustand, und bis zur letzten Minute wurden an allen Ecken und Enden Reparaturen durchgeführt. Mein Pavillon wurde von Scarpa überholt, Venedigs modernstem Architekten. Pallucchini, der Generalsekretär, stand mit der modernen Kunst keineswegs auf vertrautem Fuß. Er hatte sich eingehend mit der italienischen Renaissance beschäftigt, und es muß sehr schwer und eine große Mutprobe für ihn gewesen sein, eine derartige Aufgabe zu übernehmen. Als er in meinem Pavillon einen Vortrag hielt, bat er mich, ihm bei der Unterscheidung der einzelnen Schulen behilflich zu sein; er kannte nicht einmal die Maler. Unglücklicherweise mußte ich zum Zahnarzt gehen, aber Pallucchini behauptete, er sei auch ohne mich zurechtgekommen.

Pallucchini war sehr genau und tyrannisch. Er erinnerte mich an einen anglikanischen Priester. Er ließ mich erst in die Giardini, als mein Pavillon fertig war. Darüber regte ich mich sehr auf, denn alle anderen Leute in Venedig, die sich für moderne Kunst interessierten, schienen Einlaßkarten zu bekommen. Schließlich wurde ich eingeladen, mir alles anzusehen, und Pallucchinis Adjutant, ein prachtvoller Mann namens Umbro Apollonio führte mich überall herum. Ich weiß nicht, wieso, aber während ich mit ihm sprach, hatte ich das Gefühl, daß er zum erstenmal in seinem Leben mit einer Arbeit betraut war, die ihm Freude machte. Meine Erkenntnis dieser Tatsache rührte ihn so tief, daß wir sofort Freunde wurden. Genau wie Pallucchini, wußte er nichts von moderner Kunst. Man hatte in Italien noch nie etwas von den Surrealisten, von Brancusi, Arp, Giacometti, Pevsner und Malevitch gehört. Wenn San-

tomaso darüber unterrichtet war, was sich außerhalb Italiens
abspielte, so nur, weil er 1945 Paris besuchte. Auch hatten er
und Vedova Nummern von »Minotaur« und »Cahiers d'Art«
gesehen, die heimlich nach Italien gebracht worden waren.
Die ausländischen Pavillons hatten 1948 natürlich mit der Zeit
Schritt gehalten. Manche aber lagen noch sehr weit hinter dem
Eisernen Vorhang. Ich erhielt drei Tage vor Eröffnung der
Biennale die Erlaubnis, meine Sammlung zu hängen. Eigentlich wollte ich mit Dr. Sandberg, dem Direktor des Stedelijk
Museum in Amsterdam, der mit seiner Arbeit im holländischen Pavillon schon fertig war, nach Ravenna fahren. Aber
das kam gar nicht in Frage, und so machte ich mich verbissen
an die Arbeit. Glücklicherweise ließ man mir freie Hand, und

ich verfügte über eine Menge tüchtiger Arbeiter, die es gelassen hinnahmen, daß ich immer wieder etwas änderte. Wir hatten die Ausstellung wirklich rechtzeitig fertig, und obwohl sie furchtbar dicht gehängt war, sah sie lustig und attraktiv aus – alles an weißen Wänden [. . .].

Die Eröffnung der Biennale war eine sehr formelle Angelegenheit, aber wie üblich hatte ich weder einen Hut noch Strümpfe oder Handschuhe und geriet in Schwierigkeiten. Ich borgte mir Strümpfe und einen Gürtel von einer Freundin und trug statt eines Hutes riesige Ohrringe in Form von Margeriten aus venezianischem Glas. Graf Zorzi, der Leiter des Pressebüros und Botschafter der Biennale, der mir die Einladung zur Eröffnung überhaupt hatte zukommen lassen, gab mir genaue Instruktionen, ich solle, wenn Präsident Einaudi in meinen Pavillon käme, versuchen, ihm in den fünf Minuten, die er bei mir bleiben würde, soviel als möglich über moderne Kunst beizubringen. Ich erhielt genau entgegengesetzte Anweisungen von Pallucchini, der erklärte, der Präsident sei lahm und würde nach dem Besuch der ganzen Biennale entsetzlich müde sein, wenn er sich als letztes zu einem Rundgang in meinem Pavillon aufraffte.

Als Seine Exzellenz anlangte, begrüßte er mich mit den Worten: »Wo ist Ihre Sammlung?« Ich sagte: »Hier«, und er verbesserte sich und fragte, wo sie zuvor gewesen sei. Ich versuchte, weniger Pallucchini als vielmehr Graf Zorzi zu gehorchen, und setzte zu einigen Erklärungen an, aber glücklicherweise kamen die Fotografen dazwischen, und die ganze offizielle Gesellschaft wurde mit Gonella, dem Unterrichtsminister, dem Präsidenten und mir unter meinem herrlichen Calder-Mobile aufgenommen. *Peggy Guggenheim, 1948*

Der jüdische Friedhof auf dem Lido

Auf dem vielbesuchten Lido di Venezia liegt ganz in der Nähe der Luxushotels, der Strandkabinen und Pizzerias fast unbeachtet ein kleiner jüdischer Friedhof aus dem 14. Jahrhundert, einer der schönsten und bedeutendsten in Europa.

Für die meisten Venedigbesucher ist die Insel S. Michele mit ihren roten Umfassungsmauern, den Zypressen und der leuchtend weißen Kirchenfassade von Coduzzi *der* venezianische Friedhof. Dabei ist diese Toteninsel eine relativ junge Einrichtung im alten Venedig, denn erst am Anfang des 19. Jahrhunderts, nach dem Untergang der einst mächtigen Serenissima, wurden die Inseln S. Michele und S. Cristoforo zusammengelegt und zur Friedhofsinsel gemacht. Bis dahin waren alle Toten Jahrhunderte lang im Stadtgebiet um die Kirchen herum beigesetzt worden, bis auf die eine Bevölkerungsgruppe: die Juden. 1386 hatte die venezianische Regierung zwei Vertretern der Judengemeinde, Salomon und Crisanto, ein Stück Land auf dem damals unbewohnten Lido als Beerdigungsstätte überlassen. Die Übergabe des Friedhofgeländes war ein wichtiges Ereignis in der bewegten Geschichte dieser jüdischen Gemeinde: hiermit wurde ihre Präsenz in der Stadt anerkannt.

Die Haltung der venezianischen Obrigkeit gegenüber »ihren« Juden war immer recht zwiespältig: so nahm die Republik zum Beispiel im 16. Jahrhundert die aus Spanien, Portugal und dem spanischen Süditalien vertriebenen Juden und Marranen auf, zwang sie aber bald darauf, in ein bestimmtes, abriegelbares Gebiet umzuziehen, in das der neuen Gießerei, auf venezianisch »gheto nuovo« – und »Ghetto« ist wohl das einzige venezianische Wort, das als Fremdwort in fast alle Sprachen eingegangen ist.

Damals bestand die Gemeinde bereits aus vier verschiedenen Gruppen: da waren die ursprünglich aus Süd- und Mittelitalien stammenden »italiani« und die aus dem Norden kommenden »tedeschi«; außerdem gab es noch die »levantini« aus dem Orient und die neu hinzugekommenen »spagnoli«. Sie bauten sich in dem engen Getto ihre Synagogen und hatten jede einen eigenen Bezirk auf dem Friedhof. Bis ins 19. Jahrhundert hinein lebten die vier Gruppen getrennt nebeneinander her.

Heute zählt die jüdische Gemeinde in Venedig nur noch 650 Personen. Sie verwaltet sämtliche jüdischen Institutionen in der Provinz Venetien, darunter acht Friedhöfe und einige Synagogen. Allein fünf Synagogen sind im venezianischen Getto zu betreuen; alle waren renovierungsbedürftig. Bei zweien, der »Scuola levantina« und der »Scuola tedesca«, ist die mit deutschen, amerikanischen und italienischen Geldern finanzierte Restaurierung jetzt abgeschlossen, die drei übrigen sollen jetzt mit Mitteln des Staats und des Comitato per il Centro storico ebraico di Venezia restauriert werden. Da schon diese Instandsetzungen große Summen verschlungen haben, konnte bisher an eine Restaurierung des Alten Friedhofs überhaupt nicht gedacht werden. Dabei ist es höchste Zeit.

Im Grunde ist die Lage fast aller jüdischen Friedhöfe in Europa ähnlich verzweifelt, da sie seit dem Aussterben der Gemeinden nicht mehr betreut werden. Die 35 Jahre seit Kriegsende haben ausgereicht, sie in von Efeu überwucherte, verwunschene Gärten zu verwandeln, die noch ein, zwei Jahre romantisch aussehen, dann aber für immer verloren sein werden. Was gerade den venezianischen Friedhof von den vielen anderen unterscheidet, ist seine kulturgeschichtliche Bedeutung, und das nicht nur, weil er die letzte Ruhestätte berühmter jüdischer Gelehrter ist – hier liegen neben dem Rabbiner Leon Modena (gestorben 1648), der Dichterin Sara Copio Sullam (1641) auch zwei in Deutschland geborene Gelehrte, Elia Levita (1549) und Samuel Aboab (1694). Immer wieder wurde dieser Friedhof in literarischen Dokumenten beschrieben, etwa bei Goethe, Musset, George Sand, Byron, Gautier und Bassani.

Venedigreisende des 18. Jahrhunderts wie Goethe haben außer dem alten Judenfriedhof noch den nahegelegenen anglikanischen besucht, der in der Zwischenzeit vom Erdboden verschwunden ist. Auch von dem jüdischen werden bald nur noch Beschreibungen übrig sein, wenn jetzt nicht Hilfe kommt. Schon sind die meisten Steine im Erdreich versunken, der rückwärtige Teil des Friedhofs ist versumpft und von Heckenrosen und Schlingpflanzen überwuchert. Dabei ist die Restaurierung der Grabsteine nur *eines* der Probleme, da auch die unter Wasser stehenden Teile des Friedhofs trockenzulegen sind. Ebenso wichtig ist die Frage, wie die Grabmäler nach ihrer Restaurierung instand gehalten werden können.

Weder die jüdische Gemeinde Venedig noch die Stadtverwaltung allein können die erforderlichen Mittel aufbringen. Zur Restaurierung der Grabsteine, auch zu ihrer Katalogisierung, hat sich inzwischen das in Venedig ansässige »Europäische

Ausbildungszentrum für Handwerker im Denkmalschutz« bereit erklärt. Es fehlt an Geld für die Freilegungsarbeiten und Instandhaltung. Beth-hachajim, Haus des Lebens, ist eine hebräische Bezeichnung für Friedhof. So bleibt zu hoffen, daß wenigstens dieses »Haus des Lebens« nicht zum Sterben verurteilt ist.
Kristine Hecker, 1980

Angst

Als ich aber sah, daß ich allein war in meinem Zimmer, überkam mich doppelte Angst, und ich lief fort. Von der Frari-Kirche herüber hörte ich die Glocken schlagen. Zehn Schläge. Die Nacht war frisch, jedoch windlos. Schwarz stand das Wasser in den Kanälen. Die Jahreszeit war herbstlich geworden, ging es doch gegen Ende Oktober. Als ich den Campo dei Frari erreichte, hob ich meinen Blick zum Himmel auf, der kalt und hoch war und voll von Sternen.

Hier war mir etwas leichter, in der Weite des Platzes, über dem die Dunkelheit nicht drückend war, sondern luftig, lose aus blauschwarzen Kristallen gefügt, deren Reiben und Knirschen ich zu hören vermeinte; das Geräusch besänftigte mich. Meine langsame Befriedung und das Gefühl, selbst lose geworden zu sein und ohne strenge Kontur, nicht Körper mehr, sondern feines, sich ausdehnendes Gespinst, mochten freilich auch vom Genuß des Kokains herrühren, doch daran dachte ich nicht.

Ohne recht zu wissen, was ich nun anfangen wollte, ging ich gegen Osten, in Richtung Campo San Polo und über diesen hinaus. Es war kaum jemand unterwegs. Die tiefe Stille, die über dem Viertel lag, wurde nur dann und wann von dem verworrenen Gelärm unterbrochen, das aus versteckten Wirtshäusern drang. Hatte ich sonst geradezu eine Vorliebe dafür, solche Schlupfwinkel aufzuspüren und mich, zumindest für eine kurze Stunde, unter die erregten, aufgepeitschten Men-

109   Die Kirche degli Orfanelli an den Zattere.

schen zu mischen, empfand ich heute keinerlei Neigung dazu.
Im Gegenteil suchte ich diese Bezirke so schnell als möglich zu
verlassen, um mich in völliger Stille wieder zu finden. Das
Gefühl der Losigkeit war ständig in mir gewachsen. Ich vermeinte, aus flimmernden Partikelchen zu bestehen, eine fast
körperlose Wolke von Atomen zu sein.   *Peter Rosei, 1977*

Venedig, eine Stadt der Trinker? Ein Interview

Prof. Saraceni: Bei den Männern ergaben die mittleren, die
starken und die sehr starken Trinker zusammen ca. 53 %,
während die entsprechende Prozentuale bei den Frauen dage-

110 *Auf der Insel San Francesco nel Deserto.*

gen nur 8 % beträgt; dazu muß jedoch sofort vermerkt werden, daß unsere Befragung bei den Frauen extrem schwierig gewesen ist, bedingt durch die geringe Bereitschaft der Frauen, ein Laster, wie es der Alkoholmißbrauch ist, zuzugeben, ein Laster, das von der Gesellschaft bei den Frauen verurteilt wird, bei den Männern dagegen nicht.

Frage: Welche alkoholischen Getränke werden am stärksten konsumiert?

Prof. Saraceni: Es sind Wein, Bier und Grappa; der Wein nimmt sicherlich die erste Stelle ein, er wird getrunken entweder pur, als »ombra« oder in der form des »spritz«, das ist ein venezianisches Getränk, das sich zu gleichen Teilen aus Wein und Bitter zusammensetzt. Diese und andere Getränke werden den ganzen Tag über in den zahlreichen osterie, von denen

Venedig übersät ist, konsumiert. Im Jahr 1974 ließen sich in Venedig im Centro Storico 740 Ausschänke von leichten und harten alkoholischen Getränken zählen. Wenn man das mit der Einwohnerzahl in Relation bringt, ergibt das ein Verhältnis von 1:140.

Die Stadt ist noch dieselbe, die sie im 15. und 16. Jahrhundert war – ihre urbanistische Struktur hat sich nicht geändert. Der Raum ist weiterhin sehr beschränkt, die engen, feuchten, ungesunden, wenig einladenden Wohnungen sind eine Ursache für die Flucht in die osterie . . .

Professor Guido Saraceni, Chefarzt des Fatebene-Fratelli-Krankenhauses in

Venedig, 1977/78

Der 4. November 1966, »der längste Tag«

Gegen 18 Uhr am Freitag, dem 4. November 1966, haben die Venezianer, zum erstenmal in der jüngsten Geschichte Venedigs, ihr einmaliges und im Grunde uneingestandenes Vertrauen in ihre Stadt fast verloren. [. . .]

Um 18 Uhr konnte die Berechnung der »unter Wasser« verbrachten Stunden eine Vorstellung von den bereits erlittenen Schäden und Unbequemlichkeiten geben und das wahrscheinlich noch zu Erwartende war beunruhigend klar: das Hochwasser war um 22 Uhr am 3. November mit gewalttätiger Stärke in die Stadt geströmt. Um 5 Uhr des folgenden Morgens hätte es sich, entsprechend den Regeln der Gezeiten, wieder zurückziehen müssen, wäre aber sechs Stunden später wiedergekommen. Allerdings zeigte das Hochwasser um 5 Uhr nur ganz geringe Bewegung und enthüllte kaum irgendwo trockene Erde: die Lagune war nicht fähig, sie freizugeben. Der erste Alarm wurde ausgelöst.

Gegen Mittag vermehrte sich das bereits angeschwollene Wasser durch die erneute Flutwelle noch erheblich, eroberte das verlorene »Land« und erhob sich schließlich zu einer Höhe, die es so vorher noch nie gegeben hatte.

Die Telefonleitungen brachen zusammen, das elektrische Licht fiel aus, in vielen Häusern auch das Gas: in fast allen Teilen der Stadt konnte man selbst mit hohen Gummistiefeln nicht laufen; es gab nur einige Boote, die in Regen und warmem Wind durch die Gassen und über die Plätze fuhren.

Venedig sah sich in totaler Dunkelheit dem Abend gegenüber und wartete auf 18 Uhr, denn dann war das zweite und letzte Zurückfließen des Hochwassers an diesem Tag fällig. Man wartete, wie man auf eine alles entscheidende Prüfung wartet. Die frühe Novembernacht war hereingebrochen, das Licht war ausgefallen, jeglicher Kontakt mit der Welt war abgeschnitten, wenn man nicht ein Kofferradio besaß, das den Venezianern mitteilte, was sich wahrscheinlich bei ihnen ereignete.

Und man erwartete die letzte Prüfung, zu der die Stadt und die Lagune aufgerufen waren. Die Prüfung wurde nicht bestanden: erneut eine Flutwelle, das Hochwasser konnte nicht abfließen. Mehr noch, jeder Regel und jeder Erfahrung widersprechend, begann das Wasser in dem Moment, in dem es hätte sinken müssen, erneut zu steigen.

Zu diesem Zeitpunkt, es war nun 18 Uhr, schien die Unverletzlichkeit Venedigs ins Wanken zu geraten.   *Giulio Obici, 1967*

Wirksamer Schutz gegen das Hochwasser durch bewegliche Zylinder?

Das Hochwasser hat Venedig in zwei Lager gespalten. Das Programm, mit dem es bekämpft werden soll und das, ausgearbeitet von einer Ministeriumskommission, den Spitzen der Stadtverwaltung von Minister Nicolazzi vorgestellt wurde, hat in der Tat ein sehr unterschiedliches Echo gefunden. Den

111   Die überflutete Piazzetta von San Marco (4. November 1966).

Befürwortern, die sich ohne Vorbehalte für das Projekt aussprechen, stehen diejenigen gegenüber, die es ablehnen. Zwischen diesen Extremen gibt es noch Tausende anderer Positionen, denen nur eins gemeinsam ist: Ratlosigkeit. [. . .]
Die verheerenden Auswirkungen des Hochwassers auf Venedig sind hinreichend bekannt: der Bestand der Häuser selbst wird durch die Erosion gefährdet, die bewirkt, daß das Wasser in die Fundamente eindringt, und – wenn es sich zurückzieht – die Mauern salzdurchtränkt zurückläßt. Der schlimmste Schaden aber wird dem Wirtschaftsleben der Stadt durch die immer wieder überschwemmten Geschäfte und die Unmengen verdorbener Waren zugefügt, ferner durch die Unmöglichkeit, sich in den Gassen fortzubewegen. Um es mit einem Wort zu sagen: es ist die zeitweilige, aber im Jahresverlauf sich

stets wiederholende Paralyse Venedigs. – Seit der verheerenden Flut vom 4. November 1966 sind 15 Jahre vergangen. In
diesem Zeitraum hat man nichts anderes getan als diskutiert,
analysiert, protestiert. Und das stets aufs neue. Das von Minister Nicolazzi vorgestellte Projekt sieht nun zwei Arten von
Eingriffen an den Lagunenöffnungen vor: feste Dämme und
bewegliche Barrieren, die im Falle einer über eine bestimmte
Höhe hinausgehenden Flut wirksam werden sollen. Die Barrieren bestehen aus Gruppen von Zylindern, von denen jeder
ca. fünf Meter Durchmesser aufweist und die normalerweise,
den geographischen Gegebenheiten der Lagunenöffnung entsprechend, auf dem Lagunenboden liegen und an einer Beton-
konstruktion verankert sind.
Je nach Höhe der erwarteten Flut wird ein Alarm ausgelöst, der

bewirkt, daß die Zylinder sich aufstellen und dadurch wie ein Deich die Laguneneinfahrt versperren. Diese Vorrichtung, die an den drei Öffnungen der Lagune (bei San Nicolò di Lido, Malamocco und Chioggia, den drei Zugängen vom Meer zur Lagune von Venedig) angebracht werden müßte, würde 475 Milliarden Lire kosten. Die Bauzeit dürfte ca. fünf Jahre betragen, einige bürokratische Hürden, die noch zu überwinden sind, einbegriffen: Zustimmung zum Projekt durch den Rat für öffentliche Bauten (Consiglio superiore dei Lavori pubblici), durch die Kommission zur Rettung Venedigs (Commissione di salvaguardia per Venezia) und den Stadtrat, Abstimmung im Parlament und eine Neufinanzierung des Sondergesetzes für Venedig (Legge speciale per Venezia), durch das 1973 300 Milliarden Lire bereitgestellt wurden.

In der Zwischenzeit werden eine Reihe von experimentellen Maßnahmen eingeleitet: Erhöhung der Kanalufer und Trockenlegung der Untergeschosse in den am tiefsten liegenden Zonen Venedigs, die dem Hochwasser natürlich am meisten ausgesetzt sind (Piazza San Marco, Campo Ruga, San Lorenzo und Madonna dell'Orto). Diese Maßnahmen laufen unter dem Namen »Projekt San Marco« (progetto S. Marco) und wurden von Prof. Augusto Ghetti vorgeschlagen, der Vorsitzender der vom Minister für Öffentliche Bauten eingesetzten Kommission ist, die auch das größere Projekt der Schließung der Lagune ausgearbeitet hat.

Bei diesen Plänen für die Zeit, bis die Lagune geschlossen werden kann, beginnen die Auseinandersetzungen. Die Vereinigung »Italia Nostra« bezeichnet die von Ghetti für die einzelnen »Inseln« der Stadt vorgeschlagenen Maßnahmen als »absurd« und beteuert, es handle sich um »ungeheuer schwer durchführbare Arbeiten, die daran zweifeln lassen, daß derjenige, der sie vorgeschlagen hat, die urbane Struktur, die charakteristische Bauweise Venedigs kennt«. Ghetti habe sich zur Propagierung dieser Maßnahme gezwungen gesehen, weil er

113 Zerstörte Murazzi.

wisse, daß die Schließung der Lagune, wegen des Hafenbe-
triebs und der Gefahr einer massiven Verseuchung, auf außer-
gewöhnliche Hochwasser beschränkt werden muß. Das könne
die Probleme Venedigs, so »Italia Nostra«, nicht lösen.

Minister Nicolazzi versicherte den Venezianern, daß die Ver-
zögerungen im Hafenbetrieb durch die Schließung der Lagune
0,3 Prozent, gemessen an der Gesamtzeit, entsprächen. Es
handle sich somit um Verspätungen, die absolut tragbar und
denjenigen vergleichbar seien, die durch Nebel und Niedrig-
wasser erzeugt würden.

Das gelte nur, meint dagegen »Italia Nostra«, wenn man die
Sperrung der Lagune bei 1,20 m über Normal wirksam wer-
den lasse. Kleinere Fluten erzeugten aber auch schon erhebliche
Schäden in der Stadt. *Gigi Bevilacqua, 1981*

»*Venedig II*«

Nach dem Untergang Venedigs
werden sie sagen
(ihr wißt schon wer)
es hat nie eine Stadt
auf einer Lagune gegeben

Alles Erfindung

Und wer da Byzanz überfiel
das waren die Deutschen
wie von jeher
(Fränkische Ritter am Fallschirm)
Legenden beschreiben
einen erdachten Ort .
Es ist ein Begriff
für eine kanalisierte Anlage
doch nach einiger Zeit
am Horizont des Vergessens
tauchen die Kuppeln von San Marco auf
der Dogenpalast
die Piazetta mit den zwei Säulen trotzdem
und
die Gefängnisse füllen sich
mit Leuten die glauben
auf dem Canale Grande gefahren
zu sein.

Günter Kunert, 1981

Venedig ist in jedem Jahr das Ziel vieler Italienreisender. Vom Bahnhof Santa Lucia oder von der Piazzale Roma aus, wo ein Parkhaus noch aus Mussolinis Zeiten steht und die Reisebusse ankommen, durchstreifen sie Gassen und Gäßchen der Stadt, überqueren die kleineren Plätze *(campi)* und gelangen schließlich zur einzigen Piazza Venedigs: San Marco.

Venedig will zu Fuß erobert werden, nur die einzigartigen Paläste am Canal Grande betrachtet der Besucher am besten von den Wasserbussen *(batelli)* aus. Eine Gondelfahrt scheint vielen zu teuer, sie setzen lieber von einem Ufer des Canal Grande zum anderen stehend in einer der überdimensionalen zweirudrigen Gondeln über, die als Fähren *(traghetti)* genutzt werden, um so auch einmal das typische Schaukeln zu erfahren. Man erlebt zwar das Sich-Treiben-Lassen auf den Kanälen der Stadt nicht, hat dafür aber Kontakt mit den Einwohnern, die ihre *traghetti* gerne benutzen; denn es finden sich nur drei Brücken über den Canal Grande, und man möchte unnötige Umwege vermeiden. Der Betrieb einiger *traghetti* ist in den letzten Jahren sogar wieder aufgenommen worden, Rudern lohnt sich erneut im Zeichen der Ölkrise.

Die Zeiten, in denen die Venezianer selbst ihre Privatgondeln nebst Gondoliere hielten, sind längst vorbei. Selbst für ein Motorboot, mit dem man in die Lagune fahren könnte, um dort zu baden, findet sich kaum ein Liegeplatz. Die einstige Größe und signorile Lebensweise sind verflogen. Venedig ist republikanisch geworden. Der Uhren- und Schmuckhändler, von dem die Neider sagen, sein Laden messe nur vier mal sechs Meter, leistet sich ein Stockwerk in einem Palazzo und läßt es für viele Millionen Lire renovieren, viele adlige Familien müssen immer mal wieder ein Stück aus dem Familienbesitz an einen Antiquar verkaufen, um dringend nötige Reparaturen ihrer Palazzi zu finanzieren.

Der Tourist sieht vor allem schlecht erhaltene Außenwände, Fäulnis und Verfall in Hinterhöfen, nachträglich eingebaute Aufzüge. Gelegentlich täuscht der äußere Eindruck. Nicht selten arbeitet ein Familienmitglied bloß für das Haus, und viele Privatwohnungen sind in gutem Zustand. Das feucht-heiße Klima Venedigs zieht vor allem die Außenwände in Mitleidenschaft, sie bröckeln ab, der Putz hält sich kaum auf den Wänden. Unter dem Einfluß des Meerwassers und der Industrieabgase aus dem nahegelegenen Marghera zerbröselt der Marmor unaufhaltsam zu Gips, platzen Wände auf. Zudem gibt der Untergrund nach, Türverankerungen lösen sich, die Holzfenster schließen kaum, in den hohen Räumen zieht es, die Heizkosten steigen, wenn man überhaupt noch eine Heizung in Gang setzt und die Familie nicht in der Küche am Herd sitzt. Fern vom Touristengewimmel, das oft schon die nächsten Gassen, die an die ausgeschilderten Routen grenzen, nicht mehr erreicht, lebt man in den Palazzi und Häusern abgeschieden und ruhig. Die große Eingangstüre, der *portone,* hält den Lärm der Gassen ab, der äußere Rahmen läßt eine kontemplative Lebenshaltung annehmen, die historische Größe, die einen allenthalben umgibt, färbt auf die Bewohner ab, die nicht in jedem Fall den Impetus zur *vita activa* verspüren.

Venedig, die Stadt ohne Autos und Industrielärm, hat ihren eigenen Rhythmus. Man braucht keine Angst zu haben, von einem Auto erfaßt zu werden, und kann schlendernd und unbeschwert alle Wege erledigen. Die Luft ist, selbst wenn der Wind aus Marghera weht, immer noch besser als in pulsierenden Industriestädten, nicht selten weht eine frische Brise vom Meer her. Venezianer nehmen sich viel Zeit für menschliche Kontakte, oft brauchen sie sich nur aus dem Fenster zu lehnen, um gleich mit den Nachbarn sprechen zu können. Man trifft sich in den *calli,* den Gäßchen, trinkt in den Bars, kennt jeden aus seinem Viertel.

Andererseits stört viele der immer gleiche Ausblick auf das

nahe Nachbarhaus. Die Wohnungen sind oft dunkel, die sanitären Anlagen nicht ausreichend. Es überfällt viele: sie wollen Grün sehen, die *Giardini pubblici* und die Insel S. Elena reichen ihnen nicht. Einige zieht es, trotz der zahllosen, dem Betrachter entzogenen kleinen Gärtchen oder Terrassen der Häuser, aus der Stadt. Aber sollte es ihnen in Mestre, Marghera oder im Paduanischen besser gehen? Sie werden die der Stadt eigene Lebensart vermissen, die immer verschiedenen Sonneneinfälle, die Farben und den Geruch des fauligen Wassers: Die wahren Venezianer bleiben. Sie können sich nicht vorstellen, an einem anderen Ort zu leben. Sie reflektieren nicht über historische Größe, haben das Gespür dafür mit der Muttermilch eingesogen, wie könnten sie auf den Abglanz der Paläste verzichten, der auf jeden Bewohner dieser Stadt fällt? Sie sind nicht namenlos und werden es nie werden.

Um in Venedig leben zu können, nehmen die Einwohner viele Erschwernisse in Kauf. Sie umlagern die privaten Maklerbüros, um eine Wohnung zu erhalten. Junge Leute heiraten nicht, da sie über Jahre, die Wohnungsnot ist extrem groß, bei den Eltern wohnen bleiben müssen. Viele ziehen auf den Lido, wo es mehr Platz gibt. Doch gerade eine Wohnung auf dem Lido ist mit vielen Nachteilen verbunden: die Wege verlängern sich, die Boote fahren nicht sehr schnell, in der Nacht immer seltener. Wer in Venedig lebt, braucht Zeit und Geduld.

Viele hoffen auf einen Ausbau der – nach der Psychiatriereform verlassenen – Inseln der Lagune, aus ehemaligen Irrenanstalten könnten Wohnviertel entstehen. Doch die Frage der Verkehrsanbindung müßte geklärt werden, Geld für die Renovierung und den Bau von Häusern wäre zu beschaffen. Unwillkürlich kommt einem wieder der Gedanke an das nicht realisierte Projekt einer U-Bahn für Venedig. Doch dürften neben technischen und finanziellen Problemen mit dem immer wieder im Frühjahr und Herbst auftretenden Hochwasser erhebliche Schwierigkeiten verbunden sein.

Zu Zeiten der *acque alte,* der periodischen Überflutungen der Stadt, verlieren auch die Venezianer die Geduld. Wie lange spricht man schon über die Schließung der Lagune durch ein Hebewerk, wie viel Geld ist schon in physikalische Versuche zur Untersuchung der Strömungsverhältnisse der Lagune geflossen: ohne greifbares Resultat! Bis heute ist die Befreiung der Stadt vom Hochwasser eine Utopie. Es ärgern sich die Geschäftsleute, die beim Ertönen der Sirenen, die es auch erst seit der Großen Flut vom November '66 gibt, in ihre Geschäfte hetzen müssen, um Taschen, Schuhe, Kleidungsstücke etc. auf Tische und Stühle zu legen. Man sieht sie mißmutig am Telephon stehen, sehnsüchtig erwartend, daß der Ansagedienst ein Sinken des Wasserstandes meldet. Sie räumen dann alles wieder ein, was nicht verdorben ist, desinfizieren die Einrichtung, Wände und Fußböden, und zwei Tage später beginnt mit dem nächsten Hochwasser alles wieder von vorn. Man trifft sich in der Bar an der Ecke, die Wirtin schenkt Grappa gratis an alle aus, man sieht Ratten vorbeischwimmen, Unrat, die Abfalltüten der Städtischen Müllbeseitigung, und wartet, wartet, bis endlich ein Schlauch angeschlossen werden kann, mit dem man seine Bar oder sein Geschäft abspritzt. Trauriges Resultat der Fluten sind herausgerissene Teppichböden, die leider fest verklebt waren und – zum Glück seltener – Berge von defekten Kühlschränken und Kühltheken, die durch das Wasser ruiniert wurden, Schäden, die die Bewohner tragen müssen. An solchen Tagen wird das Leben in dieser Stadt zur Last.

Und es gibt noch eine Gefahr, die Venedig birgt. Anders als in London, dessen Nebel zwar zum Mythos geworden ist, aber doch heute kaum noch auftritt, gibt es in Venedig im Frühjahr und Herbst dichten Nebel; an solchen Tagen kann man kaum zehn Meter weit sehen. Alle Schiffslinien, auch auf dem Canal Grande bis hin zum Lido, werden eingestellt, die Feuchtigkeit kriecht in die Kleider, man kann die Wohnungen nicht ausreichend durchheizen. Venedig wird trist, leer, es wirkt verlassen, ungastlich. Die Stille belastet, man sinniert, arbeitet nicht. Der Winter kann gefährlich werden, aber auch heilsam sein, indem er von der Hektik erlöst. Die Bars bringen Abwechslung, man trinkt Punsch, Pfefferminzlikör mit heißer Milch, Grappa. Man schwätzt, und weil fast jeder jeden kennt, blüht der Klatsch.

Zerstreuung bietet im Winter auch die Theater- und Opernsaison. Das Teatro Goldoni ist gerade nach langen Jahren wieder eröffnet worden, das Opernhaus La Fenice ist für seine ausgezeichneten Inszenierungen bekannt. Man veranstaltet Konzerte und Ausstellungen. Als Zentrum kulturellen Austauschs hat Venedig eine Zukunft, Stiftungen wie die Fondazione Giorgio Cini auf der Insel San Giorgio leisten ihre kulturelle Arbeit, als Universitätsstadt genießt Venedig einigen Ruf, auch wenn Ca' Foscari nicht mit der Universität von Padua konkurrieren kann. Venedig hat Chancen auch als ›Stadt der Studien‹ mit seinen drei großen Bibliotheken. Überleben kann es ferner durch das kleine Handwerk, das Kunstgewerbe (man findet Läden für Holzspielzeug, Marionetten, Keramik, handgearbeitete Lederwaren, Masken, auch Druckereien und Buchbinderwerkstätten). Die zahllosen beengten *botteghe* der Handwerker lassen sich für größere Unternehmungen ohnehin nicht gebrauchen. Alle Restrukturierungspläne zur Nutzung der Räumlichkeiten einer bis in die ersten Jahrzehnte dieses Jahrhunderts hinein vorhandenen ›Industriestadt Venedig‹ scheitern an finanziellen und bürokratischen Barrieren. Das Mulino Stucky, die ehemalige Getreidemühle am Canale della Giudecca, steht leer, Murano hinterläßt an einigen Stellen den Eindruck einer Industrieruine. Die kleinen Glasfigürchen werden längst irgendwo in Italien gemacht, nur nicht mehr dort, wo Murano-Glas traditionell hergestellt wurde.

Aber sollte man deshalb die Hoffnung auf eine Zukunft der Stadt begraben und die bisher geleistete immense Arbeit internationaler Hilfsorganisationen negieren, Bürger- und Handelsgeist endgültig verkommen lassen, wo die Stadt schon nicht mehr sinkt – nach Schließung der artesischen Brunnen in der Umgebung, die Spekulationen um eine weitere Industriezone (*Zona III*) auf dem Festland fördern, sich für einen gigantischen Ölhafen mit vielleicht weiterem Ausbaggern der Fahrrinnen aussprechen, um die Stadt endgültig zu ruinieren und der industriellen Spekulation zu opfern? Sicherlich nicht.

Venedig war immer offen für Innovationen. Was die Österreicher durch Zuschütten mancher Kanäle an Veränderungen im Stadtbild bewirkten, ist uns heute vielfach nicht mehr bewußt, wenn wir nicht zufällig eine Vorrichtung zur Befestigung eines Bootes mitten auf einem *campo* finden. Heute geht man auch bei Veränderungen im Stadtbild nicht gerade behutsam vor, denkt man etwa an den neuen Palazzetto dello sport in der Nähe des Arsenals oder auch an die Cassa di Risparmio, die Sparkasse zwischen dem Campo Manin und Campo S. Bartolomeo. Doch völlig verfehlt wäre es, Venedig zum Museum zu erklären, es nicht als lebendigen Organismus zu betrachten, der mit seinen Einwohnern lebt. Hochzeitsreisende und Tagesausflügler aus Tirol können der Lagunenstadt nicht genügen, ebensowenig kapitalkräftige Mailänder oder auch Ausländer, die gerne ein Appartement in Venedig besäßen, um die *Regatta storica,* die *Voga longa* oder das riesige Feuerwerk am Himmelfahrtsfest zu sehen. Venedig lebt zum Teil von den Touristen, die auch zum neu belebten Karneval kommen, aber es wird nicht glücklich mit ihnen. Es braucht die Reisenden aus Asien, Amerika und Europa, die eine Gondel mieten, weil der Gondoliere und seine Familie von den Einnahmen weniger Monate leben müssen und schließlich auch die Kunst des Gondel-Steuerns und des Gondelbaus nicht in Vergessenheit geraten soll. Aber erfreulich ist es sicherlich nicht, wenn Touristen zum Betreten einer Gondel geradezu genötigt werden, sie selbst wiederum geneigt sind, die Stadt in ein riesiges Museum mit Amüsierbetrieb zu verwandeln.

Man sollte länger in Venedig leben, vor allem einmal einen Winter in der Lagunenstadt verbringen, Venezianisch lernen und Kontakte knüpfen und sich von der menschlichsten aller Städte verzaubern lassen.

Den Freunden in Venedig, die ihre Stadt lieben und sie uns nahebrachten, ist dieser Band gewidmet: Margherita Obici, Antonella Pillon-Bortoluzzi, Daniela und Danilo Reato, Oscar Zambon. *Die Herausgeber*

Bildnachweis

1 Cesare Vecellio: De gli Habiti Antichi, et Moderni di Diverse Parti del Mondo. Venedig: Damian Zenaro 1540.

2 Giorgio u. Maurizio Crovato: Mostra isole abbandonate della Laguna. Com'erano e come sono. Hrsg. v. der Associazione Settemari Venezia. Venedig 1978. S. 14 (Katalog).

3 Comune di Venezia (Hg.): Architettura e Utopia nella Venezia del Cinquecento. Bearb. v. Lionello Puppi. Mailand: Electa Editrice 1980. S. 87 (Katalog).

4 la Biennale (Hg.): Venezia e lo spazio scenico. Venedig: Edizioni »La Biennale di Venezia« 1979. Abb. 115 (Katalog).

5 D.S. Chambers: The Imperial Age of Venice. 1380-1580. London: Thames and Hudson (1970). S. 79 (= Library of European Civilization. Hrsg. v. Geoffrey Barraclough).

6 Museo Correr, Venedig. Photothek. Inventar-Nr. V. 15337.

7 Architettura e Utopia . . . Mailand: Electa Editrice 1980. S. 91.

8 Museo Correr, Venedig. Photothek. Inventar-Nr. M. 34724.

9 G. Crovato/M. Crovato/L. Divari: Barche della Laguna veneta. Venedig: Arsenale Cooperativa Editrice 1980. S. 29.

10 Photo der Herausgeber.

11 Photo der Herausgeber.

12 Immagini di Venezia e della Laguna nelle fotografie degli Archivi Alinari e della Fondazione Querini Stampalia. Florenz: Edizioni Alinari (1979). Abb. 26 (Katalog).

13 Photo der Herausgeber.

14 Photo der Herausgeber.

15 Venezia e lo spazio scenico. Venedig: Edizioni »La Biennale di Venezia« 1979. Abb. 26.

16 Immagini di Venezia . . . Florenz: Edizioni Alinari (1979). Abb. 2.

17 Museo Correr, Venedig. Photothek. Inventar-Nr. V. 15293.

18 Christa Murken-Altrogge: Werbung, Mythos, Kunst am Beispiel Coca-Cola. Tübingen: Wasmuth (1977). S. 23 des Abbildungsteils. Abb. 74.

19 Venezia e lo spazio scenico. Venedig: Edizioni »La Biennale di Venezia« 1979. Abb. 99.

20 Ebd. Abb. 46.

21 Ebd. Abb. 127.

22 Immagini di Venezia . . . Florenz: Edizioni Alinari (1979). Abb. 11.

23 Privatphoto. (= Photo im Besitz der Herausgeber).

24 Museo Correr, Venedig. Photothek. Inventar-Nr. M. 35480.

25 Museo Correr, Venedig. Photothek. Inventar-Nr. M. 35482.

26 Museo Correr, Venedig. Photothek. Inventar-Nr. M. 4605.

27 Immagini di Venezia . . . Florenz: Edizioni Alinari (1979). Abb. 41.

28 G. Crovato/M. Crovato/L. Divari: Barche della Laguna veneta. Venedig: Arsenale Cooperativa Editrice 1980. S. 94.

29 Photo von Danilo Reato.

30 Cesare Vecellio: De gli Habiti Antichi . . . Venedig: Damian Zenaro 1540. S. 145.

31 Ebd. S. 97.

32 Comune di Venezia (Hg.): Immagini e materiali del Laboratorio Fortuny. (Venedig:) Marsilio Editori (1978). Abb. 83 (Katalog).

33 und 34 Venezia e lo spazio scenico. Venedig: Edizioni »La Biennale di Venezia« 1979. Abb. 123 u. 124.

35 Elio Zorzi: Osterie veneziane. Venedig: Filippi Editore 1967. Nach S. 256.

36 Museo Correr, Venedig. Photothek. Inventar-Nr. M. 3002.

37 Photo der Herausgeber.

38 Immagini di Venezia . . . Florenz: Edizioni Alinari (1979). Abb. 54.

39 Ebd. Abb. 18.

40 Cesare Vecellio: De gli Habiti Antichi . . . Venedig: Damian Zenaro 1540. S. 177.

41 Museo Correr, Venedig. Photothek. Inventar-Nr. M. 5928.

42 Immagini di Venezia . . . Florenz: Edizioni Alinari (1979). Abb. 39.

43 Maschere e travestimenti nella tradizione del Carnevale di Venezia. Einleitung und Revision des Textes von Margherita Obici. Bibliographie und Text von Danilo Reato. (Venedig:) Arsenale Cooperativa Editrice (1981). S. 45.

44 Museo Correr, Venedig. Photothek. Inventar-Nr. M. 2873.

45 Maschere e travestimenti . . . (Venedig:) Arsenale Cooperativa Editrice (1981). S. 13.

46 Cesare Vecellio: De gli Habiti Antichi . . . Venedig: Damian Zenaro 1540. S. 173.

47 Privatphoto (= Photo im Besitz der Herausgeber).

48 Venezia e lo spazio scenico. Venedig: Edizioni »La Biennale di Venezia« 1979. Abb. 8.

49 A. Bernardello/P. Brunello/P. Ginsborg: Venezia 1848-49. La Rivoluzione e la difesa. (Venedig:) Comune di Venezia. Assessorato Affari Istituzionali (²1980). S. 89.

50 Ebd. S. 52.

51 Venezia e lo spazio scenico. Venedig: Edizioni »La Biennale di Venezia« 1979. Abb. 196.

52 Architettura e Utopia . . . Mailand: Electa Editrice 1980. S. 31.

53 Giovanni Marangoni: Gondola e Gondolieri (de qua e de là de l'acqua). Venedig: Filippi Editore (1970). S. 87.

54 G. Crovato/M. Crovato/L. Divari: Barche della Laguna veneta. Venedig: Arsenale Cooperativa Editrice 1980. S. 76.

55 Venezia e lo spazio scenico. Venedig: Edizioni »La Biennale di Venezia« 1979. Abb. 13.

56 Privatphoto (= Photo im Besitz der Herausgeber).

57 G. Crovato/M. Crovato/L. Divari: Barche della Laguna veneta. Venedig: Arsenale Cooperativa Editrice 1980. S. 58.

58 Giovanni Marangoni: Gondola e Gondolieri. Venedig: Filippi Editore (1970). S. 153.

59 Cesare Vecellio: De gli Habiti Antichi . . . Venedig: Damian Zenaro 1540. o. S.

60 Gaetano Zompini: Le arti che vanno per via nella città di Venezia. Einführung von Goffredo Parise. Mailand: Longanesi (1980). Abb. 36 (= I Tascabili del Bibliofilo. Bd. 6) [= Nachdruck der Ausg. Venedig 1785].

61 Museo Correr, Venedig. Photothek. Inventar-Nr. M. 583.

62 Museo Correr, Venedig. Photothek. Inventar-Nr. V. 14082.

63 Gaetano Zompini: Le arti che vanno per via . . . Mailand: Longanesi (1980). Abb. 47.

64+65 D.S. Chambers: The Imperial Age of Venice. London: Thames and Hudson (1970). S. 153. Abb. 92 u. 93.

66 Museo Correr, Venedig. Photothek. Inventar-Nr. V. 19209.

67 Comune di Venezia (Hg.): Itinerari di archeologia industriale

a Venezia. Materiali di documentazione. [Venedig:] (1979). S. 123.

68 Comune di Venezia (Hg.): Vetri di Murano dell'800. Bearb. v. Rosa Barovier Mentasti. (Venedig:) Alfieri/Electa (1978). Abb. 77 (Katalog).

69 Comune di Venezia (Hg.): Venezia, città industriale. Gli insediamenti produttivi del 19° secolo. (Venedig:) Marsilio Editori (1980). S. 109 (Katalog).

70 Ebd. S. 85.

71 Itinerari di archeologia industriale. [Venedig:] (1979). S. 112.

72 Architettura e utopia . . . Mailand: Electa Editrice 1980. S. 199.

73 A. Bernardello/P. Brunello/P. Ginsborg: Venezia 1848-49. (Venedig:) Comune di Venezia. Assessorato Affari Istituzionali (²1980). S. 133.

74 Museo Correr, Venedig. Photothek. Inventar-Nr. M. 12910.

75 Venezia e lo spazio scenico. Venedig: Edizioni »La Biennale di Venezia« 1979. Abb. 307.

76 Giovanni Marangoni: Gondola e Gondolieri. Venedig: Filippi Editore (1970). S. 209.

77 Venezia e lo spazio scenico. Venedig: Edizioni »La Biennale di Venezia« 1979. Abb. 118.

78 Ebd. Abb. 221.

79 Ebd. Abb. 44.

80 Ebd. Abb. 200.

81 Fondazione Querini Stampalia/Comune di Venezia (Hg.): I giochi veneziani del Settecento nei dipinti di Gabriel Bella. Bearb. v. Madile Gambier, Massimo Gemin, Ettore Merkel. (Venedig:) Alfieri/Electa (1978). S. 49 (Katalog).

82 Ebd. S. 45.

83 Immagini di Venezia . . . Florenz: Edizioni Alinari (1979). Abb. 70.

84 Nicola Mangini: I teatri di Venezia. (Mailand:) Mursia (1974). S. 289. Abb. 32.

85 Venezia e lo spazio scenico. Venedig: Edizioni »La Biennale di Venezia« 1979. Abb. 314.

86 G.A. Cibotto: Proverbi del Veneto. o.O. Aldo Martello/Giunti Editore (1976). Nach S. 98.

87 Cesare Vecellio: De gli Habiti Antichi . . . Venedig: Damian Zenaro 1540. o.S.

88 Venezia e lo spazio scenico. Venedig: Edizioni »La Biennale di Venezia« 1979. Abb. 148.

89 Museo Correr, Venedig. Photothek. Inventar-Nr. M. 593.

90 I giochi veneziani del Settecento nei dipinti di Gabriel Bella. (Venedig:) Alfieri/Electa (1978). S. 44.

91 Giuseppe Tassini: Feste, spettacoli, divertimenti e piaceri degli antichi Veneziani. Venedig: Filippi Editore (^{2}1961). Nach S. 140.

92 Museo Correr, Venedig. Photothek. Inventar-Nr. M. 9020.

93 Museo Correr, Venedig. Photothek. Inventar-Nr. M. 3056.

94 Museo Correr, Venedig. Photothek. Inventar-Nr. V. 19214.

95 Museo Correr, Venedig. Photothek. Inventar-Nr. M. 2836.

96 Immagini di Venezia . . . Florenz: Edizioni Alinari (1979). Abb. 63.

97 Privatphoto (= Photo im Besitz der Herausgeber).

98 Immagini di Venezia . . . Florenz: Edizioni Alinari (1979). Abb. 75.

99 Ebd. Abb. 71.

100 Museo Correr, Venedig. Photothek. Inventar-Nr. 14623.

101 Museo Correr, Venedig. Photothek. Inventar-Nr. V. 19699.

102 Venezia e lo spazio scenico. Venedig: Edizioni »La Biennale di Venezia« 1979. Abb. 186.

103 Immagini e materiali del Laboratorio Fortuny. (Venedig:) Marsilio Editori (1978). Abb. 40.

104 Immagini di Venezia . . . Florenz: Edizioni Alinari (1979). Abb. 57.

105 Architettura e Utopia . . . Mailand: Electa 1980. S. 273.

106 Giandomenico Romanelli (Hg.): Ottant'anni di allestimenti alla Biennale. Venedig: La Biennale di Venezia 1977. S. 100 (= Archivio storico delle arti contemporanee. Fonti, cataloghi, bibliografie. Bd.7) [Katalog].

107 Gian Domenico Romanelli: Ottant'anni di architettura e allestimenti alla Biennale di Venezia. Venedig: La Biennale di Venezia 1976. o.S. (= Archivio storico delle arti contemporanee. Contributi. Bd. 5).

108 Ebd. o.S.

109 Immagini di Venezia . . . Florenz: Edizioni Alinari (1979). Abb.
31.
110 Ebd. Abb. 47.
111 Giulio Obici: Venezia fino a quando? Mit einer Einleitung v.
Teresa Foscari Foscolo und einer historischen Anmerkung v.
Cesare De Michelis. Padua: Marsilio Editori 1967. Abb. 22.
112 Ebd. Abb. 23.
113 Ebd. Abb. 16.

Die Herausgeber danken Danilo Reato für seine Unterstützung bei der
Beschaffung von Photomaterial aus venezianischen Museen.

Niccolò Machiavelli: Die Ursprünge. Aus: Politische Betrachtungen über die alte und die italienische Geschichte. Übers. v. Friedrich von Oppeln-Bronikowski. Zweite, durchges. Aufl. hrsg. v. Erwin Faul. Köln/Opladen: Westdeutscher Verlag 1965. S. 5.

Magnus Aurelius Cassiodor: Schreiben an die Tribunen von Venedig. Zitiert nach: Graf Daru: Geschichte der Republik Venedig. Übers. v. Theodor Ruprecht. Bd. 1. Leipzig: Otto Wigand 1854. S. 14 f. (= Bibliothek der wichtigsten Geschichtswerke des Auslandes. Hrsg. v. Johannes Scherr. Bd. 1).

Manfred Hellmann: Die Verfassungsentwicklung im 13. und 14. Jahrhundert. Aus: Grundzüge der Geschichte Venedigs. Darmstadt: Wissenschaftliche Buchgesellschaft 1976. S. 96-99 (= Grundzüge. Bd. 28).

Joh. Jacob Grasser: Die Kleidung des Dogen. Aus: Newe und volkommne Italianische / Frantzösische / und Englische Schatzkammer: Das ist: Wahrhaffte und eigendtliche Beschreibung aller Stätten in Italia / Sicilia / Sardinia / Corsica / Franckreich / Engelland / und darumb ligenden Provintzen [. . .]. Getruckt zu Basel / Durch Johann Jacob Genath. 1610. S. 1017.

Friedrich Leopold Graf zu Stolberg: Der Doge. Aus: Reise in Deutschland, der Schweiz, Italien und Sicilien. Bd. 4. Königsberg/Leipzig: Nicolovius 1794. S. 367-371.

Philippe de Commynes: Als Gesandter in Venedig. Aus: Die Denkwürdigkeiten Philipps von Commynes, Herrn von Argenton. Übers. v. S. Aschner. München: Georg Müller 1920. S. 536-539.

Karl Friedrich Benkowitz: Mestre. Aus: Reise von Glogau nach Sorrent, über Breslau, Wien, Triest, Venedig, Bologna, Florenz, Rom und Neapel. Von dem Verfasser des Natalis. Zweiter Theil. Berlin: Maurer 1804. S. 25 ff.

Arthur Schnitzler: Casanovas Wiederbegegnung mit Venedig. Aus: Casanovas Heimfahrt. – In: Arthur Schnitzler: Casanovas Heimfahrt. Erzählungen. (Frankfurt a. M.) Fischer (1978). S. 157-243. Hier S. 238 ff.

Johann Wolfgang von Goethe: In den Gassen Venedigs. Aus: Italienische Reise. Erster Teil. – In: Goethe. Poetische Werke. Autobiographische Schriften II. Italienische Reise. (Berlin/Weimar:) Aufbau-Verlag ²1972. S. 156-342. Hier S. 223 ff.

Charles Dickens: Ein Traum. Aus: Italienische Reise. Übers. v. Noa Kiepenheuer u. Friedrich Minckwitz. Nachw. v. Werner Hermann. (Hamburg:) Hoffmann und Campe o. J. S. 134 ff.

Thomas Mann: Fäulnis und Schwüle. Aus: Der Tod in Venedig. – In: Thomas Mann: Der Tod in Venedig und andere Erzählungen. (Frankfurt am Main:) Fischer Taschenbuch Verlag (1965). S. 7-82. Hier S. 40 f.

Wilhelm Xaverius Jansen: Ungesunde Lebensbedingungen. Aus: Briefe über Italien, vornehmlich den gegenwärtigen Zustand der Arzneikunde und die Naturgeschichte betreffend, an Herrn Professor Sandifortzu Leyden geschrieben. Aus dem Holländischen übers. u. von dem Verfasser stark vermehrt. Düsseldorf: Dänzerische Buchhandlung 1793. S. 28 ff.

Wilhelm Heinse: Sollte man fliehen? Aus: Ardinghello und die glückseeligen Inseln. Leipzig: Insel ²1907. S. 24 ff.

Johannes Werner: Die Reinheit der Kanäle. Aus: Venedig und Lido als Klimakurort und Seebad vom Standpunkt des Arztes. Berlin: Jul. Springer 1912. S. 27 f.

Rainer Maria Rilke: Das Ghetto. Aus: Eine Szene aus dem Ghetto von Venedig. – In: Rainer Maria Rilke: Geschichten vom lieben Gott. (Frankfurt am Main:) Insel (1973). S. 56-62. Hier S. 58 ff.

Friedrich Nietzsche: »Venedig«. – In: Friedrich Nietzsche: Gesammelte Werke. Bd. 20. Dichtungen (1859-1888). München: Musarion Verlag (1927). S. 152.

Hippolyte Taine: Nächtliche Impressionen. Aus: Reisen in Italien. Florenz/Venedig. Übers. v. Ernst Hardt. Bd. 2. Jena 1910. S. 220 ff.

Rainer Maria Rilke: »Das schöne Gegengewicht der Welt . . .«. Aus: Aufzeichnungen des Malte Laurids Brigge. (Frankfurt am Main:) Suhrkamp (1973). S. 220 ff.

Ernst Moritz Arndt: Venedig bei Nacht. Aus: Bruchstücke aus einer Reise durch einen Theil Italiens im Herbst und Winter 1798 und 1799. Erster Theil. Leipzig: Gräff 1801. S. 116-121.

H. K. Brandes: Auf der Piazza. Aus: Ausflug durch das Salzkammergut und die Gastein nach Venedig im Sommer 1856. Lemgo/Detmold: Meyer'sche Hofbuchhandlung 1857. S. 70 ff.

Alfred Polgar: Die Tauben von San Marco. – In: Alfred Polgar: Im Lauf der Zeit. Reinbek: Rowohlt 1978. S. 119 f.

Alfred Kerr: »Der neue Campanile«. – In: Alfred Kerr: Du bist so schön! Die Welt im Licht. Bd. 2. Berlin: S. Fischer (1927). S. 24 (= Alfred Kerr: Gesammelte Schriften. Zweite Reihe. Bd. 2).

Karel Čapek: Die Katzen wiegen San Marco auf. Aus: Was mir in Italien gefiel und nicht gefiel. Übers. v. Erika Sangerberg. Berlin-Schöneberg: Gebr. Weiss o. J. S. 9-12.

William D. Howells: Venedig im Schnee. Aus: Venetian Life. Leipzig: Tauchnitz 1883. S. 46 ff. Übers. v. Doris Maurer.

Silvio Pellico: In den Bleikammern. Aus: Mein Leben in Gefängnissen. Nach der Übersetzung von Kannegießer. München: Theatiner-Verlag [1924]. S. 51 ff.

Friedrich Pecht: An der Riva degli Schiavoni. Aus: Südfrüchte. Skizzenbuch eines Malers. Bd. 1. Venedig/Rom. Leipzig: Weber 1853. S. 61-65.

Conrad Ferdinand Meyer: »Auf dem Canal grande«. – In: Conrad Ferdinand Meyer: Sämtliche Werke. Historisch-kritische Ausgabe. Hrsg. v. Hans Zeller und Alfred Zäch. Bern: Benteli (1963). S. 164.

Peter Lauritzen: Die venezianischen Paläste. Aus: Peter Lauritzen (Text) und Alexander Zielcke (Photos): Venezianische Paläste. Übers. v. Wolfgang Heuss in Zusammenarb. mit Heinz Jürgen Sauermost. München: Bruckmann 1979. S. 23-29.

Peter Rosei: Am Canale della Giudecca. Aus: Wer war Edgar Allan? Roman. Salzburg: Residenz (1977). S. 114 f.

Sebastian Brunner: In den ›Giardini pubblici‹. Aus: Heitere Studien und Kritiken in und über Italien. Bd. 1. Wien: Braumüller 1866. S. 27-30.

Friedrich Thiersch: Spuren deutscher Kaufleute. Aus: Friedrich Thiersch, Ludwig Schorn, Eduard Gerhardt u. Leo Klenze: Reisen in Italien seit 1822. Erster Theil. Leipzig: Fleischer 1826. S. 140 ff.

Robert Schweichel: Das Denkmal Daniele Manins. Aus: Italienische Blätter. Berlin: Janke 1877. S. 363 f.

Thomas Coryate: Moden. Aus: Die Venedig- und Rheinfahrt A. D. 1608. Übers. v. E. Adler. Stuttgart: Steingrüben (1970). S. 135 u. 137-140.

Pompeo Molmenti: Luxusgesetze. Aus: Die Venetianer. Geschichte und Privatleben. Von der Gründung bis zum Verfall der Republik. Übers. v. M. Bernardi. Hamburg: Richter 1886. S. 335 ff.

Gilbert Burnet: Die Inquisition. Aus: Des berühmten Englischen Bischoffs zu Salisbury / Gilberti Burnets / Durch die Schweitz / Italien / auch einige Oerter Deutschlands und Franckreichs vor wenigen Jahren gethane Reise / Und derselben Curieuse Beschreibung [. . .] In Verlegung Johann Friedrich Gleditsch / 1693. S. 405 ff.

Georg von Martens: Die Sprache. Aus: Reise nach Venedig. Zweiter Theil. Venedig. Euganeen. Alpen von Belluno. Tirol. Baiern. Naturgeschichtlicher Anhang. Ulm: Stettin'sche Buchhandlung 1838. S. 4 ff.

Karl Scheffler: Vom Essen. Aus: Italien. Tagebuch einer Reise. Leipzig: Insel ²1916. S. 92 ff.

»Fegato alla veneziana«. – In: Gianni Ghirardini: Cento ricette di cucina veneziana. Venedig: Alfieri 1967. S. 59. Übers. v. Arnold E. Maurer.

Aldo Palazzeschi: Straßenszene. Aus: Der Doge. Roman. Übers. v. Charlotte Birnbaum. (Zürich/Einsiedeln/Köln:) Benziger (1968). S. 63 ff.

Ernest Hemingway: »Ich sollte hier leben«. Aus: Über den Fluß und in die Wälder. Roman. Übers. v. Annemarie Horschitz-Horst. Reinbek: Rowohlt 1979. S. 36 f.

Wladimir von Hartlieb: Café Florian. Aus: Italien. Alte und neue Werte. Ein Reisetagebuch. München: Georg Müller 1927. S. 394.

Ludwig Mathar: Touristen. Aus: Primavera. Frühlingsfahrten ins unbekannte Italien. Bonn: Verlag der Buchgemeinde 1926. S. 51 f.

Erwin von Busse-Granand: Venezianische Maler. Aus: Francesco Guardi und die Kleinmeister des venezianischen Rokoko. Leipzig: Seemann (1925). S. 9 ff. (= Bibliothek der Kunstgeschichte. Hrsg. v. Hans Tietze. Bd. 83).

William D. Howells: Unter venezianischem Einfluß. Aus: Venetian Life. Leipzig: Tauchnitz 1883. S. 34 f. Übersetzt v. Doris Maurer.

Hieronymus Megiser: Die Pest sucht die Stadt heim. Aus: Venediger Herrlichkeit und Regiment. Das ist: Warhaffte / eygentliche und außführliche Beschreibung / der in aller Welt hochberühmbten Statt Venedig [. . .]. Gedruckt zu Franckfurt am Mayn / durch Joachim Brathering / 1602. S. 42 f.

Henry Wotton: Erdbeben. Aus: Brief Wottons an George Calvert vom 6. 5. 1622 aus Venedig. – In: The Life and Letters of Sir Henry Wotton. Hrsg. v. Logan Pearsall Schmidt Smith. Bd. 2. Oxford: Clarendon 1966. S. 235 f. (= Nachdruck d. Ausg. 1907). Übersetzt v. Doris Maurer.

Ippolito Nievo: Napoleon besiegelt das Schicksal der Republik. Aus: Pisana oder Die Bekenntnisse eines Achtzigjährigen. Roman. Übers. v. Charlotte Birnbaum. (Frankfurt am Main:) Suhrkamp (1956). S. 484 ff.

Johann Gottfried Seume: Bettelei. Aus: Spaziergang nach Syrakus im Jahre 1802. Erster Theil. Von Leipzig nach Syrakus. Berlin o. J. S. 71 f. (= Prosaische und poetische Werke von J. G. Seume. Zweiter Theil).

Pfalzgraf Friedrich Michael von Zweibrücken: Galeerensklaven. Aus: Pfalzgraf Friedrich Michael von Zweibrücken und das Tagebuch seiner Reise nach Italien. Hrsg. v. Ludwig Trost und Friedrich Leist. München/Bamberg/Leipzig: Buchner (1862). S. 66 f.

Richard Dehmel: »Punta della Salute«. – In: Gesammelte Werke. Bd. 3. Berlin: Fischer 1907. S. 135.

Edgar Allan Poe: Ein unheimliches Erlebnis. Aus: Das Stelldichein. – In: Edgar Allan Poe: Erzählungen. Übers. v. A. v. Bosse u. a. München: Winkler (1966). S. 38 f.

Effie Ruskin: Mord im Arsenal. Aus: Brief Effie Ruskins an ihre Mutter vom 15. 12. 1849. – In: Effie in Venice. Unpublished Letters of Mrs. John Ruskin written from Venice between 1849-1852. Hrsg. v. Mary Lutyens. (London:) John Murray (1965). S. 87 f. Übers. v. Doris Maurer.

Anton von Steinbüchel: Beginn der Revolution 1848. Aus: Der Fall Venedig's in den Märztagen und die Lage Italien's zu Österreich. Wien: Volke's Buchhandlung 1848. S. 4-8.

Konrad Sickinger: Totenbarke. Aus: Reisebilder aus Italien. 1. Vom St. Gotthard bis Rom. 2. Rom. 3. Von Neapel bis zum Brenner. Würzburg: Woerl 1894. S. 451 f.

Jos. Victor von Scheffel: Cholera. Aus: Gedenkbuch über stattgehabte Einlagerung auf Castell Toblino im Tridentinischen. Juli und August 1855. Stuttgart: Adolf Bonz ³1901. S. 3-7.

Hieronymus Megiser: Das Arsenal. Aus: Venediger Herrlichkeit und Regiment. Das ist: Warhaffte / eygentliche und außführliche Beschreibung / der in aller Welt hochberühmbten Statt Venedig [. . .]. Gedruckt zu Franckfurt am Mayn / durch Joachim Brathering / 1602. S. 264 f.

Sebastian Brunner: Gondeln und andere Wasserfahrzeuge. Aus: Aus dem Venediger- und Langobardenland. Für Hinreiser und Heimbleiber. Zweite wesentl. verm. Aufl. Wien: Braumüller 1860. S. 152-155.

Detlev Freiherr von Liliencron: »Unvermutetes Zusammentreffen«. – In: Detlev von Liliencron: Werke. Hrsg. v. Benno von Wiese. Bd. 1. Gedichte, Epos (Frankfurt am Main: Insel 1977). S. 309 f.

René Schickele: »Il felze«. Aus: Maria Capponi. Roman. Singen: Oberbadischer Verlag o. J. S. 96 f.

Antonio Lamberti: »Gondolierlied«. Übers. v. Johann Diederich Gries. – In: Johann Diederich Gries: Gedichte und poetische Übersetzungen. Zweites Bändchen. Stuttgart: F. C. Löflund und Sohn 1829. S. 254 f.

Johann Wilhelm von Archenholtz: Gondolieri. Aus: England und Italien. Vierter Theil. Leipzig: Dyk 1787. S. 52-55.

James Edwards Smith: Geschicklichkeit der Gondolieri. Aus: James Edwards Smith's Reise durch Holland, Frankreich und Italien aus dem Englischen übersetzt von D. Gottfried Christian Reich. Zweiter Theil. Leipzig 1796. S. 210 f.

Pierre Jean Grosley: Niedergang des Handels. Aus: Neue Nachrichten oder Anmerkungen über Italien und über die Italiener, In drey Theilen von zween schwedischen Edelleuten. Übers. v. [Joh. Matthias Schröckh]. Leipzig: Breitkopf und Sohn 1766. S. 336-339.

Carl Czoernig: Die Eröffnung des Freihafens. Aus: Italienische Skizzen. Bd. 1. Mailand: Pirotta 1838. S. 77-81.

Max von Boehn: Ironie der Geschichte. Aus: Italien. Ein Buch der Erinnerung. Berlin-Grunewald: Klemm o. J. S. 137.

Ferdinand Gustav Kühne: Markt am Rialto. Aus: F. Gustav Kühne: Sospiri. Blätter aus Venedig. Braunschweig: Westermann 1841. S. 88 f.

Ernest Hemingway: Auf dem Fischmarkt. Aus: Über den Fluß und in die Wälder. Roman. Übers. v. Annemarie Horschitz-Horst. Reinbek: Rowohlt 1979. S. 131 f.

Juan Andres: Optiker und Buchhändler. Aus: Reise durch verschiedene Städte Italiens in den Jahren 1785 und 1788 in vertrauten Briefen an seinen Bruder Don Carlos Andres. Übers. v. E. A. Schmid. Bd. 2. Weimar: Industrie-Comptoire 1792. S. 86-90.

A. Ebert: Glasblasen auf Murano. Aus: Auli Apronii vermehrte Reisebeschreibung, von Franco Porte Der Chur-Brandenburg Durch Teutschland / Holland und Braband / England / Franckreich; [. . .] Ferner nach Turin, gantz Italien, Rom, Neapolis [. . .] Zur Freude der Welt und ewigen Zeiten. Franco Porto 1724. S. 57 ff.

Friedrich Johann Lorenz Meyer: Advokaten. Aus: Darstellungen aus Italien. Berlin: Voss 1792. S. 34 ff.

Industrie um 1800. Aus: Streifzüge durch Innerösterreich, Triest, Venedig, und einen Theil der Terra ferma im Herbste 1800. Leipzig 1801. S. 104 f.

Otto Julius Bierbaum: ». . . alles mit Ausnahme des Wassers, ist Kunst«. Aus: Eine empfindsame Reise im Automobil. Von Berlin nach Sorrent und zurück an den Rhein. In Briefen an Freunde geschildert. Berlin: Julius Bard 1903. S. 69 ff.

Albert Zacher: Wasserträgerinnen. Aus: Italia incognita. Sommerfahrten eines römischen Journalisten. Frankfurt am Main: Neuer Frankfurter Verlag 1912. S. 79 f.

Charles de Brosses: Kurtisanen. Aus: Des Präsidenten de Brosses vertrauliche Briefe aus Italien an seine Freunde in Dijon. 1739-1740. Übers. v. Werner Schwartzkopff. Bd. 1. München: Georg Müller 1918. S. 141-144.

Pierre Jean Grosley: Geschichtenerzähler auf der Piazza San Marco. Aus: Neue Nachrichten oder Anmerkungen über Italien und über die Italiener, In drey Theilen von zween schwedischen Edelleuten. Übers. v. [Joh. Matthias Schröckh]. Leipzig: Breitkopf und Sohn 1766. S. 270 f.

Johann Jakob Volkmann: Karneval. Aus: Historisch-kritische Nachrichten von Italien, welche eine genaue Beschreibung dieses Landes, der Sitten und Gebräuche [. . .] enthalten. Aus den neuesten französischen und englischen Reisebeschreibungen und aus eignen Anmerkungen zusammengetragen. Bd. 3. Leipzig: Fritsch 1771. S. 608 ff.

E. T. A. Hoffmann: Doge und Dogaressa am Giovedi grasso. Aus: Doge und Dogaressa. – In: E. T. A. Hoffmann: Die Serapions-Brüder. Darmstadt: Wissenschaftliche Buchgesellschaft 1971. S. 355-400. Hier S. 380 ff.

Giorgio Baffo: Aus Anlaß der Ankunft des Duke of York in Venedig (Per la venuta in Venezia del Duca di York). – In: Giorgio Baffo: Poesie. Hrsg. v. Piero Chiara. (Mailand:) Mondadori (1974). S. 96. Übers. von Arnold E. Maurer.

Johann Caspar Goethe: Stierhetze. Aus: Goethes Vater reist in Italien. ›Reise durch Italien‹ von J. Caspar Goethe. Hrsg. v. Erwin Koppen. Mainz/Berlin: Florian Kupferberg (1972). S. 30 ff.

Im Ridotto. Aus: Curieuse und vollständige Reiß-Beschreibung Von gantz Italien / Worinnen der gegenwärtige Zustand nicht allein des Päbstlichen Hofs/ sondern auch anderer Höfen / Republiquen und Städten in Italien beschrieben [. . .] wird. Dritter Theil. Freyburg: Wahrmund 1701. S. 46 f.

Lorenzo Da Ponte: Spielleidenschaft. Aus: Geschichte meines Lebens. Memoiren eines Venezianers. Aus dem Italienischen übertragen und hrsg. v. Charlotte Birnbaum mit einem Vorwort von Hermann Kesten. Tübingen: Rainer Wunderlich Verlag Hermann Leins 1969. S. 48 ff.

R. Schlüter: Karneval unter den Österreichern. Aus: Aus und über Italien. Briefe an eine Freundin. Hannover: Rümpler 1857. S. 310 ff.

Giacomo Casanova: Geschichte meines Lebens. Hrsg. v. Erich Loos. Erstmals nach der Urfassung übers. v. Heinz von Sauter. Bd. 4. Berlin: Propyläen Verlag (1965). S. 93 ff.

Theater. Aus: Ephemeriden der italiänischen Litteratur für Deutschland. Hrsg. v. Joseph Wismayr. 2. Jg. Bd. 1. Salzburg: Mayrische Buchhandlung 1801. S. 196–199.

Pompeo Molmenti: Die Compagnie della Calza. Aus: Die Venezianer. Geschichte und Privatleben. Von der Gründung bis zum Verfall der Republik. Übersetzt von M. Bernardi. Hamburg: Richter 1886. S. 380 ff.

Jos. von Hammer-Purgstall: Konzerte in den Konventen. Aus: Zeichnungen auf einer Reise von Wien über Triest nach Venedig, und von da zurück durch Tyrol und Salzburg. Im Jahre 1798. Berlin: Daniel Sander 1800. S. 164–167.

Die Vermählung des Dogen mit dem Meer. Aus: Italiänische Anekdoten aus dem Reisejournal eines teutschen Gelehrten vom vorigen Jahrhundert. – mit Herrn Rath Jagemanns Vorrede. Leipzig 1787. S. 26–29.

Johann Georg Keyßler: Der Bucintoro. Aus: Johann George Keyßlers Fortsetzung Neuester Reisen, durch Teutschland, Böhmen, Ungarn, die Schweitz, Italien und Lothringen, worinn der Zustand und das merckwürdigste dieser Länder beschrieben wird. Hannover 1741. S. 712 ff.

Rainer Graf: Das Redentore-Fest. Aus: Die Feste der Republik Venedig. Klagenfurt: Leon 1866. S. 87 ff. (= Sonderdruck der Gymnasial-Programme von 1865 und 1866).

Die Regatta: Rainer Graf: Die Feste der Republik Venedig. Klagenfurt: Leon 1866. S. 116 f. u. 118 ff.

Charles de Brosses: Mit dem Burchiello zur Villa Pisani in Stra. Aus: Des Präsidenten de Brosses vertrauliche Briefe aus Italien an seine Freunde in Dijon. 1739-1740. Übers. v. Werner Schwartzkopff. Bd. 1. München: Georg Müller 1918. S. 133 f.

Philipp Monnier: Vergnügungen auf dem Land. Aus: Venedig im achtzehnten Jahrhundert. Übers. v. R. Engel. München: Georg Müller 1928. S. 45 ff.

Giuseppe Baretti: Entenjagd in der Lagune. Aus: An Account of the Manners and Customs of Italy with Observations on the Mistakes of Some Travellers, with Regard to that Country. Bd. 2. London 1768. S. 230 f. Übers. von Doris Maurer.

Johann Wolfgang von Goethe: Ökologische Probleme. Aus: Italienische Reise. Erster Teil. – In: Goethe. Poetische Werke. Autobiographische Schriften II. Italienische Reise. (Berlin/Weimar:) Aufbau-Verlag ²1972. S. 248-252.

Joseph Addison: Gefahr der Versandung. Aus: Anmerkungen über verschiedene Theile von Italien, etc. aus dem Englischen des Herrn Addison übersetzt. Altenburg: Richter 1752. S. 69.

Josef Victor Widmann: Torcello. Aus: Jenseits des Gotthard. Menschen, Städte und Landschaften in Ober- und Mittel-Italien. Zweite, vom Verf. durchgesehene, verm. und veränd. Aufl. Frauenfeld: Huber 1897. S. 235 ff.

Sebastian Brunner: San Servolo. Aus: Aus dem Venediger- und Langobardenland. Für Hinreiser und Heimbleiber. Zweite bedeutend verm. Aufl. Wien: Braumüller 1860. S. 83 ff.

Adolf Stahr: San Lazzaro. Aus: Herbstmonate in Oberitalien. Oldenburg: Schulzesche Buchhandlung 1860. S. 447-452.

Albert Zacher: Auf dem Lido. Aus: Italia incognita. Sommerfahrten eines römischen Journalisten. Frankfurt am Main: Neuer Frankfurter Verlag 1912. S. 77 f.

Hitler und Mussolini auf dem Markusplatz. Aus: Die Miliz defiliert vor Mussolini und Hitler. Große Begeisterung in Venedig. – In: Völkischer Beobachter (Berlin). Ausgabe A / Norddeutsche Ausgabe. 47. Jg. Nr. 167 v. 16. 6. 1934. S. 1.

Marinetti, Boccioni, Carrà, Russolo: Gegen das passatistische Venedig. Aus:

Contro Venezia passatista. 27 aprile 1910. – Zitiert nach: Christa Baumgarth: Geschichte des Futurismus. Reinbek: Rowohlt 1966. S. 58 (= rde Bd. 248/249).

Otto Julius Bierbaum: Venedig ohne Kanäle? Aus: Die Yankeedoodle-Fahrt und andere Reisegeschichten. Neue Beiträge zur Kunst des Reisens. München: Georg Müller 1910. S. 23 ff.

August Wilhelm Ambros: Restaurierungsarbeiten. Aus: Aus Italien. Pressburg/Leipzig: Heckenast's Nachfolger 1880. S. 28 ff. (= Kleinere Schriften aus dem Nachlasse von A. W. Ambros. Bd. 1).

Peggy Guggenheim: Die erste Nachkriegs-Biennale. Aus: Von Kunst besessen. Autobiographie. Übers. v. Lilly v. Sauter. München: Kindler 1962. S. 137-143.

Kristine Hecker: Der jüdische Friedhof auf dem Lido. Aus: Venedigs vergessene Toten. Der jüdische Friedhof auf dem Lido ist vom Verfall bedroht. – In: Süddeutsche Zeitung (München). Nr. 299 v. 27./28. 12. 1980. S. 15.

Peter Rosei: Angst. Aus: Wer war Edgar Allan? Roman. Salzburg: Residenz (1977). S. 46 f.

Venedig, eine Stadt der Trinker? Ein Interview. Aus: Interview mit Prof. Guido Saraceni im Film »Venedig. Die Insel der Glückseligen am Rande des Untergangs« von Christian Rischert (1977/78). – Abgedruckt in: Venedig. Die Insel der Glückseligen am Rande des Untergangs. Presseheft. München: Team-Film o. J. o. S.

Giulio Obici: Der 4. November 1966, »der längste Tag«. Aus: Venezia fino a quando? Mit einer Einleitung von Teresa Foscari Foscolo und einer historischen Anmerkung von Cesare De Michelis. Padua: Marsilio Editori 1967. S. 11 f. Übers. von Arnold E. Maurer.

Gigi Bevilacqua: Wirksamer Schutz gegen das Hochwasser durch bewegliche Zylinder? Aus: Venezia divisa sul nuovo piano della diga contro le acque alte. Opinioni duramente contrastanti davanti al progetto Nicolazzi. – In: La Stampa. 115. Jg. Nr. 181 v. 1. 8. 1981. S. 7. Übers. von Arnold E. Maurer.

Günter Kunert: »Venedig II«. – In: Günter Kunert: Verlangen nach Bomarzo. Reisegedichte. (Frankfurt am Main:) Fischer (1981). S. 37.

Geschichte

Willy Andreas: Staatskunst und Diplomatie der Venezianer. Leipzig: Köhler u. Amelang 1943

Aspetti e cause della decadenza economica veneziana nel secolo XVII. Atti del convegno 27 giugno – 2 luglio 1957, Venezia. Venedig/Rom: Istituto per la Collab. Culturale 1961 (= Civiltà veneziana. Studi. Bd. 9)

Gino Benzoni: Venezia nell'età della controriforma. Mailand: Mursia (1973)

Marino Berengo: La civiltà veneziana del Settecento. Florenz 1960

Marino Berengo: La società veneta alla fine del Settecento. Ricerche storiche. Florenz: Sansoni (1956)

Sergio Bettini: Venezia. Nascita di una città. Mailand: Electa (1978)

Ph. Braunstein/R. Delort: Venise. Portrait historique d'une cité. Paris: Éditions du Seuil (1971)

Manlio Brusatin: Venezia nel Settecento. Stato, architettura, territorio. (Turin:) Einaudi (1980)

George Bull: Venice. The most Triumphant City. London: The Folio Society 1980

Peter Burke: Venice and Amsterdam: A Study of 17th Century Elites. London: Temple Smith 1974

A. Carile/G. Fedalto: Le origini di Venezia. Bologna: Pàtron (1978) [= Il mondo medievale. Sezione di storia bizantina e slava. Bd. 1]

Carlo Carozzi: Venezia. – In: Storia d'Italia. Bd. 6. Atlante. (Turin:) Einaudi (1976). S. 274-289

Roberto Cessi: Storia della Repubblica di Venezia. Bd. 1-2. Mailand/Messina: Principato 1944-1946 (= Biblioteca storica Principato. Bd. 23 u. 26) [Nachdruck 1968]

D. S. Chambers: The Imperial Age of Venice. 1380-1580. London: Thames and Hudson (1970) [= Library of European Civilization. Hrsg. v. Geoffrey Barraclough]

Cesco Chinello: Storia di uno sviluppo capitalistico. Porto Marghera e Venezia. 1951-1973. Rom: Editori Riuniti 1975

James Cushman Davis: The Decline of the Venetian Nobility as a Ruling Class. Baltimore: John Hopkins 1962

Ekkehard Eickhoff: Venedig, Wien und die Osmanen. München: Callwey
(1970)

Ugo Fugagnollo: Bisanzio e l'Oriente a Venezia. Triest: Lint (1974)

Ugo Fugagnollo: Venezia così. (Mailand:) Mursia (1969)

René Guerdan: L'oro di Venezia. Splendori e miserie della Serenissima.
(Mailand/Verona:) Mondadori (1967) [= I Record Mondadori. Bd. 38]

Manfred Hellmann: Grundzüge der Geschichte Venedigs. Darmstadt: Wissenschaftliche Buchgesellschaft 1976 (= Grundzüge. Bd. 28)

Edward Jaime: Kleine Geschichte Venedigs. Frankfurt a. M.: Scheffler
(1955)

Norbert Jonard: La vita a Venezia nel XVIII secolo. Mailand: Martello
(1967)

Heinrich Kretschmayr: Geschichte von Venedig. Bd. 1-3. Aalen: Scientia
1964 (= Nachdruck der Ausg. Gotha 1920)

Franz Kurowski: Venedig – Das tausendjährige Reich im Mittelmeer.
Herbig 1980

Antonio Lamberti: Ceti e classi nel '700 a Venezia. Hrsg. v. Manlio Dazzi.
Bologna: Commissione per i testi di lingua 1959 (= Scelta di curiosità
letterarie inedite o rare dal secolo XIII dal XIX)

Frederic C. Lane: Seerepublik Venedig. München: Prestel 1980

*Frederic Chapman Lane: Venetian Ships and Shipbuilders of the Renais-
sance*. Baltimore: John Hopkins 1934

Reinhard Lebe: Als Markus nach Venedig kam. Die Erfolgsgeschichte der
Republik von San Marco. (Frankfurt a. M.:) Fischer Taschenbuch
Verlag (1980)

Oliver Logan: Culture and Society in Venice, 1470-1790. The Renaissance
and its Heritage. London: Batsford (1972) [= Studies in Cultural
History]

Gino Luzzato: Storia economica di Venezia dall' XI al XVI secolo. Venedig: Centro Internazionale delle Arti e del Costume (1961)

Giovanni Marangoni: Le associazioni di mestiere nella Repubblica Veneta.
Venedig: Filippi (1974)

Giuseppe Maranini: La costituzione di Venezia. Bd. 1-2. Florenz: La
Nuova Italia (1974) [= Strumenti]

Barbara Marx: Venezia – altera Roma? Ipotesi sull'umanesimo veneziano. Venedig 1978 (= Centro Tedesco di Studi Veneziani. Quaderni. Nr. 10)

Hansjörg Maus/Wolfram zu Mondfeld: *Alles Gold gehört Venedig. Die Weltmacht in der Lagune.* München: Bertelsmann (1978)

Eugenio Miozzi: Venezia nei secoli. Bd. 1-4. Venedig: »Libeccio« [1]1968-1969 (Bd. 1-2 [2]1972)

P[ompeo] G[herardo] Molmenti: Die Venetianer. Geschichte und Privatleben. Von der Gründung bis zum Verfall der Republik. Übers. v. M. Bernardi. Hamburg 1886

Pompeo G[herardo] Molmenti: La storia di Venezia nella vita privata. Dalle origini alla caduta della Repubblica. Bd. 1. La grandezza. Bd. 2. Lo splendore. Bd. 3. Il decadimento. Triest: Lint ([2]1978) [= Nachdruck der 7. Aufl. 1927-1929]

Philipp Monnier: Venedig im achtzehnten Jahrhundert. München: Georg Müller 1928

Jan Morris: Großmacht Venedig. Eine Seereise durch die Geschichte. München/Zürich: Piper (1981)

Andrea Da Mosto: I dogi di Venezia nella vita pubblica e privata. Mailand: Martello (1966)

Eugenio Musatti: Storia di Venezia. Bd. 1-2. Venedig 1962 (= Nachdruck der Ausg. Mailand 1936)

Giuseppe Ortolani: Voci e visioni del Settecento veneziano. Bologna: Zanichelli 1926

Guido Perocco/Antonio Salvadori: Civiltà di Venezia. Bd. 1-3. Venedig: La stamperia di Venezia 1973-1976

Terisio Pignatti: Le scuole di Venezia. Mailand: Electa 1981

Paolo Preto: Peste e società a Venezia nel 1576. (Vicenza:) Neri Pozza (1978)

Brian Pullan: Rich and Poor in Renaissance Venice. The Social Institutions of a Catholic State, to 1620. Oxford: Blackwell 1971

Leopold von Ranke: Zur Venezianischen Geschichte. Leipzig 1878 (= Leopold von Ranke's Sämmtliche Werke. Bd. 42)

Renaissance Venice. Hrsg. v. J. R. Hale. London: Faber and Faber (1973)

Ernst Rodenwaldt: Die Gesundheitsgesetzgebung des Magistrato della Sanità Venedigs. 1486-1550. Heidelberg: Springer 1956

Giandomenico Romanelli: Venezia Ottocento. Rom: Officina Edizioni 1977

Hermann Schreiber: Das Schiff aus Stein. Venedig und die Venezianer. München: dtv/List 1981

Domenico Sella: Commerci e industrie a Venezia nel secolo XVII. Venedig/Rom: Istituto per la Collab. Culturale (1961) [= Civiltà veneziana. Studi. Bd. 11]

Storia della civiltà veneziana. Hrsg. v. Vittore Branca. Bd. 1. Dalle origine al secolo di Marco Polo. Bd. 2. Autunno del Medioevo e Rinascimento. Bd. 3. Dall'età Barocca all'Italia contemporanea. (Florenz:) Sansoni (1979)

Henry Simonsfeld: Der Fondaco dei Tedeschi in Venedig. Aalen: Scientia 1968 (= Nachdruck der Ausg. 1887)

Wolfgang von Stromer: Bernardus Teotonicus e i rapporti commerciali tra la Germania Meridionale e Venezia prima della istituzione del Fondaco dei Tedeschi. Venedig 1978 (= Centro Tedesco di Studi Veneziani. Quaderni. Nr. 8)

Giuseppe Turcato: Kim e i suoi compagni. (Venedig:) Marsilio (1980) [= Ricerche Marsilio. Bd. 56]

Gaetano Zompini: Le arti che vanno per via nella città di Venezia. Einl. v. Goffredo Parise. Mailand: Longanesi (1980) [= I tascabili del bibliofilo. Bd. 6]

Alvise Zorzi: La Repubblica del Leone. (Mailand:) Rusconi (1979)

Hans v. Zwiedineck-Südenhorst: Venedig als Weltmacht und Weltstadt. Bielefeld/Leipzig: Velhagen & Klasing 1899

Kulturgeschichte

Antonio Barzaghi: Donne o cortigiane? La prostituzione a Venezia. Documenti di costume dal XVI al XVIII secolo. Im Anhang: Catalogo di tutte le principale et più honorate cortigiane . . . La tariffa delle puttane di Venegia. Verona: Bertani (1980) [= Evidenze. Bd. 42]

Romolo Bazzoni: 60 anni della Biennale di Venezia. Prefazione di Rodolfo Pallucchini. Venedig: Lombroso 1962

D[omenico] G[iuseppe] Bernoni: Giochi e indovinelli popolari veneziani. Venedig: Filippi (1968)

D[omenico] G[iuseppe] Bernoni: Tradizioni popolari veneziane. Venedig: Filippi (1969)

Giulio Bistort: Il Magistrato alle Pompe nella Repubblica di Venezia. Studio storico. Hrsg. v. d. Reale Deputazione Veneta di Storia Patria.

Venedig: Emiliana 1912 (= Miscellanea di Storia Veneta. Serie III. Bd. 5)

Horatio F. Brown: *The Venetian Printing Press. 1469-1800*. An Historical Study Based upon Documents for the most Part hitherto Unpublished. Amsterdam: van Heusden 1969 (= Nachdruck der Ausg. 1891)

Franco Brunello: Arti e mestieri a Venezia nel Medioevo e nel Rinascimento. Vicenza: Neri Pozza 1981

Gabriella Cargasacchi Neve: La gondola. Storia, tecnica, linguaggio. Venedig: Arsenale Cooperativa Editrice (1979)

Giovanni Comisso: Agenti segreti di Venezia. Mailand: Longanesi 1963 (= I cento libri. Bd. 15)

G. Crovato/M. Crovato/L. Divari: Barche della laguna veneta. (Venedig:) Arsenale Cooperativa Editrice (1980)

Gino Damerini/Gastone Geron/Vittorio Coccato et al.: La gondola. Venedig: Nuova editoriale (1956)

Manlio Dazzi: Goldoni in der Gesellschaft seiner Zeit. – In: Sinn und Form. 10. Jg. H. 4-6. 1958. S. 846-889

Giovanni Dolcetti: Le bische ed il giuoco d'azzardo a Venezia. 1172-1807. Venedig: Libreria Aldo Manuzio 1903

W. Theodor Elwert: Venedigs literarische Bedeutung. – In: Archiv für Kulturgeschichte. Bd. 36. 1954. S. 261-300

Marco Foscarini: Della letteratura veneziana ed altri scritti intorno ad essa. Einleitung v. Ugo Stefanutti. (Bologna:) Forni (1976) [= Collana di Bibliografia e storia veneziana. Hrsg. v. Ugo Stefanutti. Bd. 9] ⟨= Nachdruck der Ausg. 1854⟩

Gianni Ghirardini: Cento antiche ricette di cucina veneziana. Venedig: Alfieri (1967)

Nicola Mangini: I teatri di Venezia. (Mailand:) Mursia (1974)

Giovanni Marangoni: Gondola e Gondolieri. Venedig: Filippi 1970

Maschere e travestimenti nella tradizione del carnevale di Venezia. Einl. u. Revision v. Margherita Obici. Bibliographie und Text v. Danilo Reato. (Venedig:) Arsenale Cooperativa Editrice (1981) [= Quaderni di Materiali Veneti. Bd. 12]

Antonio Medin: La storia della Repubblica di Venezia nella poesia. Mailand: Hoepli 1904

Walter Pabst: Satan und die alten Götter in Venedig. Entwicklung einer literarischen Konstante. – In: Euphorion. Bd. 49. 1955. S. 335-359

Antonio Pilot: La bottega da caffè. Venedig: Filippi 1980 (= Nachdruck der Ausgabe 1916)

Alberto Rizzi: Le vere da pozzo pubbliche di Venezia e del suo estuario. Hrsg. v. d. Comune di Venezia. Assessorato alla Cultura e alle Belle Arti [Venedig:] o. J. (= Supplemento del Bollettino dei Musei Civici Veneziani. 21. Jg. 1976)

Bianca Tamassia Mazzarotto: Le feste veneziane. I giochi popolari, le ceremonie religiose e di governo. Illustrate da Gabriel Bella. Florenz: Sansoni (²1980)

Giuseppe Tassini: Cenni storici e leggi circa il Libertinaggio in Venezia dal secolo decimoquarto alla Caduta della Repubblica. Venedig: Filippi (1968)

Giuseppe Tassini: Feste, spettacoli, divertimenti e piaceri degli antichi veneziani. Venedig: Filippi 1961 (= Nachdruck der Ausgabe 1890)

Giuseppe Tassini: Veronica Franco. Celebre poetessa e cortigiana del secolo XVI. Con una introduzione sui costumi e il libertinaggio nella Repubblica di Venezia tratta dal libro ›Storie intime di Venezia Repubblica‹ del Cav. Enrico Volpi. Hrsg. v. G. Ghirardini. Venedig: Alfieri (1969)

Ignazio Toscani: Die venezianische Gesellschaftsmaske. Ein Versuch zur Deutung ihrer Ausformung, ihrer Entstehungsgründe und ihrer Funktion. Phil. Diss. Saarbrücken 1972/1973

Simon Towneley Worsthorne: Venetian Opera in the Seventeenth Century. Oxford: Clarendon 1954

Giuseppe Maria Urbani de Gheltof: Le maschere in Venezia. Venedig: Naratovich 1877

N. Elena Vanzan Marchini: La follia, una nave, una città. Storia di pazzi e di pazzie a Venezia nel '700. Mira (Venedig): Brenctani Editrice 1981

Elio Zorzi: Osterie veneziane. Venedig: Filippi 1967

Ludovico Zorzi: Il teatro e la città. Saggi sulla scena italiana. (Turin:) Einaudi (1977) [= Saggi. Bd. 587]

Kunstgeschichte

Erwin von Busse-Granand: Francesco Guardi und die Kleinmeister des venezianischen Rokoko. Leipzig: Seemann (1925)

Otto Demus: Die Mosaiken von San Marco in Venedig 1100-1300. Baden b. Wien (1935)

Erik Forssmann: *Venedig in der Kunst und im Kunsturteil des 19. Jahrhunderts.* Stockholm 1971 (= Acta Universitatis Stockholmiensis. Stockholm Studies in History of Art. Bd. 22)

Eduard Hüttinger: *Die Bilderzyklen Tintorettos in der Scuola di San Rocco zu Venedig.* Phil. Diss. Zürich 1962

Eduard Hüttinger: *Venezianische Malerei.* Stuttgart: Hatje 1959

Rodolfo Pallucchini: *Die venezianische Malerei des 18. Jahrhunderts.* München: Bruckmann 1961

Leo Planiscig: *Venezianische Bildhauer der Renaissance.* Wien: Schroll 1921

Juergen Schulz: *Venetian Painted Ceiling of the Renaissance.* Berkeley/Los Angeles: Univ. of California Press 1968

Michel Serres: *Carpaccio.* Ästhetische Zugänge. Reinbek: Rowohlt 1981 (= dnb. Bd. 158)

Fritz Stüber: *Die Rosse von San Marco.* Ein Abenteuer der Kunst. Graz/Stuttgart: Stocker (1977)

Gerhard Ulrich: *Mit Canaletto in Venedig.* Gütersloh: Mohn (1961)

Architektur und Restaurierung

Edoardo Arslan: *Das gotische Venedig.* Die venezianischen Profanbauten des 13. bis 15. Jahrhunderts. München: Beck (1971)

Atti del convegno per la conservazione e difesa della laguna e della città di Venezia. Hrsg. v. Istituto Veneto di Scienze, Lettere ed Arti. Venezia, 14-15 giugno 1960. Venedig: Palazzo Loredan 1960

Elena Bassi: *Palazzi di Venezia.* Venedig: Stamperia di Venezia 1976

Leonardo Benevolo: *Città in discussione. Venezia/Roma.* Rom/Bari: Laterza 1979 (= Tempi nuovi. Bd. 111)

Leonardo Benevolo/Luigi Calcagni/Pier Luigi Cervellati/Roberto d'Agostino/Giorgio Lombardi/Boleslaw Malisz: *Report on Regional Planning (Venice and its Region).* Venedig: Unesco. Spetember 1976

Carlo Bonato (*Text*)/Benjamin Hertzberg (*Photos*): *L'antico cimitero ebraico di San Nicol'o di Lido a Venezia.* Hrsg. v. Comitato per il centro storico ebraico di Venezia. Venedig 1980

Ingrid Brock: *Venedig: Ursachen des Verfalls und Maßnahmen zu seiner Erhaltung.* – In: Veränderung der Städte. Vortragsreihe. München 1974. S. 258-298

Burano. Kommunikation. Sozio-Ökonomie. Städtebau. Eine Stadtbeob-achtungs-Methode zur Beurteilung der Lebensqualität. Hrsg. v. d. Forschungsstelle Eisenheim für Arbeiterwohnen im Ruhrgebiet. (Oberhausen ⁴1980)

Antonio Capolongo: Il Forte di S. Andrea a Venezia. Venedig: Comune di Venezia (1980)

Casabella. 45. Jg. Nr. 465 v. Januar 1981. Mailand: Electa

Paolo Ceccarelli: Venice: Urban Renewal, Community Power Structure, and Social Conflict. – In: The Conservation of European Cities. Hrsg. v. Donald Appleyard. Cambridge (Mass.)/London: MIT Press (1979). S. 52–64

Codice delle leggi su Venezia. Hrsg. v. Sandro Nardi. Mit Anm. v. Armando Ciralli. [Venedig:] Edizioni General Consult 1976

Stephen Fay/Phillip Knightley: Venezia muore. Mailand: Garzanti (1977)

Giordani Soika: Venezia e il problema delle acque alte. Venedig: Museo civico di Storia Naturale 1976

Itinerari di archeologia industriale a Venezia. Materiali di documenta-zione. Hrsg. v. d. Comune di Venezia. Assessorato alla Cultura e Belle Arti. Assessorato alla Pubblica Istruzione. Assessorato all'Urbanistica. [Venedig:] (1979)

Robert Laffont: Sauver Venise. Hrsg. v. d. UNESCO. (Paris:) Editions Robert Laffont (1969)

Cesare Augusto Levi: I campanili di Venezia. Venedig: Filippi 1975 (= Nachdruck der Ausgabe 1890)

Pietro Marchesi: Il Forte di Sant' Andrea a Venezia. Venedig: Stamperia di Venezia (1978)

Sandro Meccoli: La battaglia per Venezia. Vorwort v. Bruno Visentini. (Mailand:) Sugarlo (1977) [= Fatti e misfatti. Bd. 45]

Giulio Obici: Venezia fino a quando? Einl. v. Teresa Foscari Foscolo. Hi-storische Anmerkung v. Cesare De Michelis. (Padua:) Marsilio (1967)

I piani particolareggiati del centro storico di Venezia 1974-76. Hrsg. v. d. Comune di Venezia. (Padova:) Marsilio 1977

Lionello Puppi: Andrea Palladio. Das Gesamtwerk. Bd. 1-2. Stuttgart: Deutsche Verlags-Anstalt 1977

Gian Domenico Romanelli: Ottant'anni di architettura e allestimenti alla Biennale di Venezia. (Venedig:) La Biennale di Venezia. Archivio storico delle arti contemporanee 1976 (= Contributi. Bd. 5)

John Ruskin: The Stones of Venice. Bd. 1-3. London/New York: 1903/
1904 (= The Works of John Ruskin. Library Edition. Hrsg. v. E. T.
Cook und Alexander Wedderburn. Bd. 9-11)
Statuto dei Consigli di Quartiere e nuova delimitazione dei Quartieri. Hrsg.
v. d. Comune di Venezia, Ripartizione decentramento. Venedig o. J.
Manfredo Tafuri: Jacopo Sansovino e l'architettura del '500 a Venezia.
Padua: Marsilio (1969)
*Giuseppe Tassini: Edifici di Venezia distrutti o vôlti ad uso diverso da quello
a cui furono in origine destinati.* Venedig: Filippi (1969) [= Nachdruck
der Ausg. 1885]
Egle Renata Trincanato: Venezia minore. Mailand: Ed. del Milione 1948
Unesco: Venice restored. o. O. u. J.
Venezia e i problemi dell'ambiente. Studio e impiego di modelli mate-
matici. Bologna: Il Mulino (1975) [= Studi e richerche. Bd. 47]
Eugenio Vittoria: I cavalli di Venezia. Venedig: EVI (1972)
Pietro Zampetti: Il problema di Venezia. (Florenz:) Sansoni (1976) [=
Sansoni Scuola aperta. Bd. 79]
Alvise Zorzi: Venezia scomparsa. Bd. 1-2. Mailand: Electa 1972

Reise- und Kunstführer

*Elena Bassi/Egle Renata Trincanato: Führer durch den Dogenpalast in
Venedig.* Mailand: Martello-Pirola (1969)
Giorgio Bellavitis: Venezia. Mit Beiträgen v. Vittorio Sgarbi, Antonio
Niero und Gabriele Rossi-Osmida. (Rom:) l'Espresso (1980) [= Guide
de l'Espresso]
Marinella Caneri/Guiseppe Maffidi: La Guida di Venezia. Rom: l'Es-
presso 1981
Umberto Franzoi: Der Dogenpalast in Venedig. Venedig 1973
Ein Führer durch Venedig: Wohnstätten-Architektur. »Venezia minore«
von Egle Renata Trincanato. Bearb. v. Renzo Salvadori. Venedig:
Canal Books 1980
Hugh Honour: Venedig. Ein Führer. München: Prestel (1966)
Eberhard Horst: Venedig. Die Stadt im Meer. Ein Reiseführer. Mit
einem Bilderteil von Josef Rast. Olten/Freiburg i. Breisgau: Walter
(^{3}1979)

Erich Hubala: Venedig, Brenta-Villen, Chioggia, Murano, Torcello. Stuttgart: Reclam 1974

Peter Kammerer/Ekkehart Krippendorf: Reisebuch Italien. Über das Lesen von Landschaften und Städten. Berlin: Rotbuch (1979) [= Rotbuch. Bd. 209]

Marianne Langewiesche: Venedig. Geschichte und Kunst. Eine Bildungsreise. Reinbek: Rowohlt 1962 (= rde. Sonderband Bildungsreisen)

Marianne Langewiesche: Venedig. Geschichte und Kunst. Erlebnis einer einzigartigen Stadt. Köln: DuMont (^{3}1979)

Giulio Lorenzetti: Venezia e il suo estuario. Guida storico-artistica. Presentazione di Nereo Vianello. Triest: Lint (1977) [= Nachdruck der Ausgabe 1963] ⟨auch in englischer Sprache⟩

Mary McCarthy: Florenz und Venedig. (München/Zürich:) Knaur Taschenbuch (1973)

Merian. Venedig. Heft 9/XXVII. Hamburg: Hoffmann und Campe o. J.

Stefania Moronato/Maurizio Fenzo: Museo del Risorgimento. Guida breve. (Venedig:) Civici Musei Veneziani (1980)

Giannina Piamonte: Venezia vista dall'acqua. Guida dei rii di Venezia e delle Isole. (Venedig:) Stamperia di Venezia (1966)

Venedig. Stadt und Provinz. Bearb. v. Herbert Dellwing. Darmstadt: Wissenschaftliche Buchgesellschaft 1974 (= Kunstdenkmäler in Italien. Ein Handbuch. Hrsg. v. Reinhardt Hootz)

Günter Wachmeier: Venedig. Mit Torcello, Murano, Brenta-Villen und Chioggia. Zürich/München: Artemis (1976) [= Artemis-Cicerone. Kunst- und Reiseführer]

Bildbände

Giorgio Bassani/Mario Soldati (Text)/Gianni Berengo Gardin (Photos): Venedig. Stadt auf 118 Inseln. Mit einem Beitrag v. Giuliano Manzutto. (Starnberg:) Josef Keller Verlag (1965)

Marcel Brion: Schatzkammer Venedig. Glanz und Größe der Lagunenrepublik. Frankfurt a. M.: Umschau (1963)

André Fraigneau (Text)/Jean Imbert (Photos): Mein geliebtes Venedig. Einl. v. Jean Cocteau. Bonn: Hieronimi o. J.

Peter Lauritzen (Text)/Alexander Zielcke (Photos): Venezianische Paläste. München: Bruckmann (1979)

Giuseppe Mazzariol: I palazzi del Canal Grande. Novara: de Agostini (1981) [= documenti d'Arte]

Lino Moretti: Vecchie immagini di Venezia. Venedig: Filippi (1966)

Michelangelo Muraro/André Grabar: Venedig und seine Kunstschätze. Die Basilika San Marco. Der Schatz von San Marco. Der Dogenpalast. Die Galerien der Akademie. Architektur und Denkmäler Venedigs. (Genf:) Skira 1963

Terisio Pignatti: Der Markusplatz in Venedig. München: Goldmann 1957 (= Galerien und Kunstdenkmäler Europas)

Fulvio Roiter: Die Lagune von Venedig. München: Schroll (1979)

Fulvio Roiter: Venedig. Museum in der Lagune. Zürich/Freiburg: Atlantis (1973)

Fulvio Roiter (Photos)/Andrea Zanzotto: Traumhaftes Venedig. München: Schroll 1978

Ernst Schnabel (Text)/Ernst Haas/Lord Snowdon (Photos): Venedig. Vineta. – In: Geo. Nr. 3. März 1978. S. 98-124

Colin Thubron: The Venetians. Alexandria: Time-Life Books (1980)

Francesco Valcanover: Le gallerie dell'Accademia. Venedig: Storti 1981

Diego Valeri (Text)/Giulio Corinaldi (Photos): Venedig. Müder Glanz auf versinkenden Pfählen. Wien/München: Schroll (1970)

Venedig. Bearb. v. Wolfgang Krönig. Bonn: Athenäum 1957

Venezia. Hrsg. v. Giuliano Manzutto. Mit Photos v. Toni Nicolini. Einl. v. Bruno Visentini. (Mailand:) Touring Club Italiano (1978)

Ausstellungskataloge

Ottant'anni di allestimenti alla Biennale. Hrsg. v. Giandomenico Romanelli. Ca' Corner della Regina, 3 dicembre 1977 – 29 gennaio 1978. (Venedig:) La Biennale di Venezia. Archivio storico delle arti contemporanee 1977 (= Fonti, cataloghi, bibliografie. Bd. 7)

Architettura e Utopia nella Venezia del Cinquecento. Hrsg. v. Lionello Puppi. Venezia, Palazzo Ducale. Luglio-ottobre 1980. (Mailand:) Electa (1980)

Lucia Bellodi Casanova/Valeria Cargasacchi et al: La scuola dei merletti di

Burano. Hrsg. v. Consorzio Merletti Burano/Comune di Venezia/ Fondazione »Andriana Marcello«, Venezia. Burano 1981

Caricature di Anton Maria Zanetti. Catalogo della Mostra. Hrsg. v. Alessandro Bettagno. Venedig/Vicenza: Neri Pozza 1969 (= Fondazione Giorgio Cini. Cataloghi. Bd. 29)

Giorgio Crovato/Maurizio Crovato: Mostre isole abbandonate della laguna. Com'erano e come sono. Venezia, 4-20 giugno 1978. Scuola grande di S. Teodoro. [Venedig:] Patrocinio Associazione Settemari (1978)

I giochi veneziani del Settecento nei dipinti di Gabriel Bella. Hrsg. v. Madile Gambier/Massimo Gemin/Ettore Merkel. Venezia, Fondazione Querini Stampalia. 20 gennaio-febbraio 1978. (Venedig:) Alfieri (1978)

Immagini di Venezia e della laguna nelle fotografie degli Archivi Alinari e della Fondazione Querini Stampalia. Einl. v. Ashley Clarke. Venezia, Palazzo Querini Stampalia. Aprile-maggio 1979. Florenz: Edizioni Alinari (1979)

Immagini e materiali del Laboratorio Fortuny. Hrsg. v. d. Comune di Venezia. Assessorato alla Cultura e alle Belle Arti. (Venedig:) Marsilio (1978)

10 immagini per Venezia. Hrsg. v. Francesco Dal Co. Mostra dei progetti per Cannaregio Ovest. Venezia. Ala Napoleonica. 1 aprile-30 aprile 1980. [Rom:] Officina Edizioni (1980)

Mostra storica della Laguna veneta. Venezia, Palazzo Grassi, 11 luglio-27 settembre 1970. Venedig 1970

Giandomenico Romanelli/Filippo Pedrocco: Bissone, peote e galleggianti. Addobbi e costumi per cortei e regate. (Venezia:) Alfieri (1980)

Venezia e Bisanzio. Venezia, Palazzo Ducale, 8 giugno-30 settembre 1974. Saggio introduttivo di Sergio Bettini. Hrsg. v. Italo Furlan/ Giovanni Mariacher et al. Mailand: Electa (1974)

Venezia, città industriale. Gli insediamenti produttivi del 19° secolo. Hrsg. v. d. Comune di Venezia. Assessorato alla Cultura e alle Belle Arti. (Venezia:) Marsilio (1980)

Venezia nell' età di Canova. 1780-1830. Hrsg. v. Elena Bassi/Attilia Dorigato/Giovanni Mariacher/Giuseppe Pavanello/Giandomenico Romanelli. Venezia, Ala Napoleonica, Museo Correr, ottobre-dicembre 1978. (Venedig:) Alfieri (1978)

Venezia e la peste. 1348/1797. Hrsg. v. d. Comune di Venezia. Assessorato alla Cultura e alle Belle Arti. (Venedig:) Marsilio (^{2}1980)

Venezia Vivaldi. Hrsg. v. d. Comune di Venezia. Assessorato alla Cultura e alle Belle Arti. Chiesa di S. Maria della Pietà. Settembre-ottobre 1978. (Venedig:) Alfieri (1978)

Vetri di Murano dell'800. Hrsg. v. Rosa Barovier Mentasti. Murano, Museo Vetrario. Luglio-ottobre 1978. (Venedig:) Alfieri (1978)

Viaggiatori stranieri a Venezia. Quaderno guida della mostra commemorativa per il decimo anniversario della donazione di Angiolo Tursi alla Biblioteca Nazionale Marciana di Venezia. Hrsg. v. Centro Inter-universitario di Ricerche sul »Viaggio in Italia«. (Moncalieri/Venedig 1979)

Literarische Texte

Dorothy Adelson: *Cupido in Venedig.* (Hamburg:) Wolfgang Krüger (1956)

Alfred Andersch: *Die Rote.* Roman. Neue Fassung. (Zürich:) Diogenes (1974)

Fred Andreas: *Tödlicher Carneval.* (München/Konstanz:) Südverlag (1953)

Gabriele d'Annunzio: *Feuer.* Roman. (München:) Hyperionverlag o. J.

Cristina di Beliojoso: *Il 1848 a Milano e a Venezia.* Con uno scritto sulla condizione delle donne. Hrsg. v. Sandro Bertone. (Mailand:) Feltri-nelli (1977) [= Universale economica Feltrinelli Bd. 745]

Giuseppe Berto: *Anonimo veneziano.* (Mailand:) Rizzoli ²1980

Käthe Braun: *Die Wiederbegegnung.* Roman. (Frankfurt a. M./Berlin/Wien:) Ullstein (1980)

Michel Butor: *Orte.* (Frankfurt a. M.:) Fischer (1966)

Roberta di Camerino: *R come Roberta.* (Mailand:) Mondadori (1981)

Victor Canning: *Im Schatten von San Marco.* (Gütersloh:) Bertelsmann (1953)

Kasimir Edschmid: *Feine Leute oder die Großen dieser Erde:* (Frankfurt a. M./Berlin/Wien:) Ullstein (1981)

Alice Ekert-Rotholz: *Gastspiel am Rialto.* Roman. (Reinbek:) Rowohlt (1981)

Richard Errel: *Abrechnung in Venedig.* (Wien/Berlin:) Neff (1976)

Bruno Frank: *Ein Abenteuer in Venedig.* München: Musarion-Verlag 1919

Hans Habe: Palazzo. Roman. (München:) Heyne (1978)

Geno Hartlaub: Die Tauben von San Marco. Roman einer Ehe. (Bergisch-Gladbach:) Bastei Lübbe (1981)

Ernest Hemingway: Über den Fluß und in die Wälder. Roman. (Reinbek:) Rowohlt (1979)

Patricia Highsmith: Venedig kann sehr kalt sein. Kriminalroman. (Reinbek:) Rowohlt (1975)

Helen McInnes: Auftrag in Venedig. Thriller. (München/Zürich:) Droemer Knaur o. J. [1981]

Thomas Mann: Der Tod in Venedig. – In: Thomas Mann: Der Tod in Venedig und andere Erzählungen. (Frankfurt am Main:) Fischer Taschenbuch Verlag (1965). S. 7-82

Ippolito Nievo: Pisana oder Die Bekenntnisse eines Achtzigjährigen. (Frankfurt a. M.:) Suhrkamp (1956)

Aldo Palazzeschi: Der Doge. (Zürich/Einsiedeln/Köln:) Benziger (1968)

Pier Maria Pasinetti: Venezianisch Rot. (München:) Biederstein (1961)

Margarete von Rohrer: Gaspara Stampa. Roman einer Leidenschaft aus dem Venedig der Hochrenaissance. Krefeld: Scherpe 1950

Peter Rosei: Wer war Edgar Allan? Roman. (Reinbek:) Rowohlt (1979)

Arthur Schnitzler: Casanovas Heimfahrt. – In: Arthur Schnitzler: Casanovas Heimfahrt. Erzählungen. (Frankfurt a. M.:) Fischer Taschenbuch Verlag (1978). S. 157-243

Gaby von Schoenthan: Die Löwin von San Marco. München: Heyne 1978

Rolf Schroers: Der Hauptmann verläßt Venedig. – In: Rolf Schroers: Der Hauptmann verläßt Venedig. Erzählungen. (Stuttgart:) DVA (1980). S. 7-25

Silvio Toddi: Gültig zehn Tage. Roman für Optimisten. Zürich: Diogenes (1955)

Diego Valeri: Fantasie veneziane. (Mailand:) Martello (1972)

Diego Valeri: Poesie. (Mailand:) Mondadori (^{2}1967)

Diego Valeri: Venedig-Brevier. (Mailand:) Martello (1966)

Daniele Varè: Schatten vom Rialto. Frankfurt a. M.: Scheffler (1956)

Gian Antonio Cibotto: Teatro Veneto. Parma: Guanda 1960

Der poetische Cicerone. Städte und Länder in der Dichtung. I. Venedig. Hrsg. v. Ignaz Ježower. Berlin: Behr 1908

Echos de la chute de la Republique de Venise dans la littérature populaire (Textes inédits ou rares). Rennes: Imprimerie Bretonne 1961

Bartolomeo Gamba: Serie degli scritti impressi in dialetto veneziano. 2. Aufl. Mit Ergänzungen und Korrekturen durchgesehen und mit Anm. versehen v. Nereo Vianello. Venedig/Rom: Istituto per la Colab. Culturale (1959). [= Civiltà veneziana. Saggi. Bd. 8]

Il fiore della lirica veneziana. Hrsg. v. Manlio Dazzi. Bd. 1-5. Venedig: Neri Pozza. 1956-1959

(Carl Emil v. Lorck:) Venedig. Briefe, Berichte und Bilder aus vier Jahrhunderten. Dresden: Jess (1938)

Hans-Joachim Madaus: Arbeiten zu Venedig 1980. Vorwort, Auswahl der Texte mit Übersetzungen von Gio Batta Bucciol [Umschlagtext: Mythos Venedig. Il mito veneziano]. Tübingen: Narr (1980)

Guido A. Quarti: Quattro secoli di vita veneziana, nella storia, nell'arte et nella poesia. Scritti rari e curiosi dal 1500 al 1900. Bd. 1-2. Mailand: Gualdoni 1941

Scrittori inglesi e Venezia. English Writers and Venice. 1350-1950. Antologia di testi. Hrsg. v. Marilla Battilana. (Venedig:) Stamperia di Venezia (1981)

Venezia nel canto de' suoi poeti. Hrsg. v. Raffaello Barbiera. Mailand: Treves 1925

1943-1945. Venezia nella Resistenza. Testimonianze. Hrsg. v. Giuseppe Turcato und Agostino Zanon Dal Bo. (Venedig:) Comune di Venezia 1975-76

Venice. A Portable Reader. Hrsg. v. Toby Cole. Westport (Conn.): Lawrence Hill (1979)

Sprache

Gianni Ghirardini: El parlar figurato. 1269 modi di dire veneziani. Mit einer Einl. v. Anito Scarpa. (Venedig:) Alfieri (1970)

Gianni Ghirardini: Motti e detti veneziani. Venedig: Helvetica 1977 (=
Venezia e Veneto vivo)
Giuda ai dialetti veneti. Hrsg. v. Manlio Cortelazzo. Bd. 1-4. Padua:
CLEUP 1979-1982
Gianna Marcato: Parlarveneto. (Florenz:) Edizioni del Riccio (1981) [=
Regioni italiane. Bd. 4]
Cesare Musatti: Motti storici del popolo veneziano. Venedig: Ferrari 1931
Eugenio Vittoria: Detti veneziani ovvero a Venezia si dice ancora così.
Venedig: EVI ³1977

Karten und Ansichten

Heide Bideau: Heiteres Venedig. Kupferstich-Veduten nach Gemälden
von Canaletto. (Dortmund:) Harenberg (1980) [= Die bibliophilen
Taschenbücher. Bd. 179]
Carta idrografica della Laguna Veneta. Hrsg. v. Ufficio Idrografico del
Magistrato alle Acque. Venedig 1975
Giocondo Cassini: Piante e vedute prospettiche di Venezia (1479-1855).
Venedig: Stamperia di Venezia 1971
Moretti: Der Markusplatz zu Venedig. Nachw. v. Harald Keller. (Dort-
mund:) Harenberg (1978) [= Die bibliophilen Taschenbücher. Bd. 36]
Terisio Pignatti: Venedig in Kupferstichen des 18. Jahrhunderts. Mainz:
Kupferberg (1968)
*Juergen Schulz: The printed plans and panoramic views of Venice (1486-
1797).* Florenz: Olschi 1970 (= Saggi e memorie di storia dell'arte.
Bd. 7)
*Enzo Visceglia: Carta amministrativa, idrografica e nautica del Comune e
della laguna di Venezia.* Rom: Ist. Geogr. Visceglia (1970)

Comics und Kinderbücher

Imaginaria 1: comics. Venezia nel fumetto. Hrsg. v. d. Comune di
Venezia. marzo-maggio 1980. (Venedig:) Arsenale Cooperativa Edi-
trice (1980)
Otto Jägersberg (Text)/Leo Leonhard (Zeichnungen): Glückssucher in Ve-

nedig. Flabby Jacks fantastische Abenteuer. (Frankfurt a. M.:) Fischer Taschenbuch Verlag (1974)

Otto Jägersberg (Text)/Leo Leonhard (Zeichnungen): Flucht aus den Bleikammern. Flabby Jacks fantastische Abenteuer. (Frankfurt a. M.:) Fischer Taschenbuch Verlag (1975)

Stefano Reggiani: Alcune proposte per distruggere Venezia. (Turin: Ruggiero Aprile 1972)

Štěpán Zavřel: Venedig morgen. (Mönchaltorf/Hamburg:) Nord-Süd Verlag (1981)

Inhalt

Geschichte und Verfassung

Ortsbeschreibung

Alltag

Lagune und Umgebung

Gegenwart